PROCÉDURE

MILITAIRE.

TRAITÉ

DE

LA PROCÉDURE CRIMINELLE

DEVANT LES TRIBUNAUX MILITAIRES

ET MARITIMES DE TOUTE ESPÈCE,

OU

MANUEL général des Conseils de guerre permanens et spéciaux, des Conseils de révision, des Commissions militaires, des Tribunaux maritimes ordinaires et spéciaux, des Conseils maritimes de révision, des Conseils de justice et des Conseils de guerre maritimes ordinaires et spéciaux ;

DÉDIÉ

A S. E. Mgr. LE GRAND-JUGE MINISTRE DE LA JUSTICE,

Comte de l'Empire, décoré du grand-aigle de la Légion d'honneur, etc. etc.

PAR J. M. LE GRAVEREND,

Avocat, chef du bureau de justice criminelle au ministère du Grand-Juge.

PARIS.

GARNERY, LIBRAIRE, RUE DE SEINE,

DE L'IMPRIMERIE DE VALADE.
DÉCEMBRE 1808.

[illegible]

A

SON EXCELLENCE MONSEIGNEUR

LE GRAND-JUGE.

Monseigneur,

C'est contracter un grand engagement que de faire paraître cet ouvrage sous vos auspices; mais j'ai été soutenu par cette idée même et par le desir de ne pas me montrer indigne d'une si haute protection.

La France entière, Monseigneur, admire votre sagacité, vos vertus, vos lumières et toutes ces qualités qui vous distinguent éminemment comme homme public, et qui semblent encore ajouter à l'éclat de la magistrature dont vous êtes revêtu : il appartient plus spécialement à ceux qui ont le bonheur d'avoir avec Votre Excellence des relations fréquentes et directes,

de pouvoir vanter cette affabilité et cette bien-
veillance paternelle qui vous caractérisent ; et
lorsque le plus grand des Monarques vous a
associé à une partie de ses illustres travaux,
en vous confiant le département de la justice
au moment de la confection de tous les codes ;
lorsque votre nom se trouve lié à ces beaux
monumens que vous avez concouru à élever à
la gloire du Souverain et au bonheur des Peuples,
n'est-ce pas, de la part de Votre Excellence,
le plus doux, le plus précieux témoignage de
bonté que d'agréer aujourd'hui le faible hommage que j'ai l'honneur de lui présenter.

Je suis avec le plus profond respect et la
plus vive reconnaissance

De V. E.,

MONSEIGNEUR,

Le très-humble et très-obéissant
serviteur LE GRAVEREND.

AVERTISSEMENT

DE L'AUTEUR.

Sɪ les lois sur la procédure militaire et sur la procédure maritime ne sont pas aussi multipliées que celles qui dirigent les opérations des tribunaux ordinaires de répression, elles ne laissent pas encore que d'exiger des recherches pénibles : le militaire français, plus accoutumé à se battre qu'à rendre des jugemens, et plus familiarisé avec l'épée de la gloire qu'avec le glaive de la justice, rencontre mille difficultés lorsqu'il est appelé à prononcer sur le sort de ses camarades ; et cette vérité si palpable, dont j'ai eu souvent occasion de me convaincre, m'a donné l'idée de présenter, dans un seul cadre, tout ce qu'il importe le plus aux juges militaires et maritimes de connaître.

Les tribunaux, institués pour l'armée de terre et pour l'armée de mer, forment une seule et même exception au droit commun ; tout ce qui les concerne devait être réuni sous un seul point de vue.

Ce traité comprend deux grandes divisions; savoir : la procédure militaire et la procédure maritime : chaque partie est ensuite subdivisée en chapitres, en sections et en paragraphes.

J'ai examiné successivement, en matière militaire, la composition des conseils de guerre permanens, leur compétence, la manière de procéder devant eux, les formalités qu'ils doivent remplir pour l'information, pour les débats, le jugement et l'exécution ; et en suivant la procédure depuis son origine jusqu'à sa fin, j'ai indiqué naturellement les devoirs et les attributions de chacun des membres qui concourent à la formation des conseils de guerre.

J'ai suivi le même plan pour les conseils

de révision, les conseils de guerre spéciaux et les commissions militaires.

En matière maritime, j'ai détaillé de même les opérations des tribunaux maritimes ordinaires et spéciaux et des conseils maritimes de révision, et celles des divers tribunaux formés à bord des vaisseaux pour la répression des délits commis par les individus qui composent l'armée navale.

J'ai apporté le plus grand soin dans la citation des lois, des décrets, des arrêtés et des réglemens sur lesquels repose mon travail ; l'on y trouvera même rappelés plusieurs arrêtés ou décrets impériaux, qui consacrent des principes dont la connaissance est utile aux tribunaux militaires, et qui n'ont point été imprimés ni insérés au bulletin des lois.

Dans le silence de la législation militaire ou maritime sur des points intéressans, j'ai recouru à l'usage, fondé sur la législation criminelle ordinaire, pour aplanir les difficultés ; et si j'ai énoncé quelques opinions sur des cas non prévus, je crois pouvoir assurer qu'elles ne sont point hasardées.

Je me suis attaché à mettre beaucoup d'ordre et de clarté dans l'exposé des règles ; mon travail étant plus spécialement destiné à des militaires qui ne sont juges qu'accidentellement, et dont les fonctions ordinaires et habituelles sont peu analogues à l'étude des lois, j'ai pensé que ce genre de mérite était celui que je devais rechercher avec le plus de soin. Au lieu de me livrer à des discussions prolongées, qui sont toujours plus ou moins fastidieuses, j'ai évité scrupuleusement tout ce qui n'était pas indispensable au développement des principes, et, pour rendre sensibles certaines observations qui m'ont paru importantes, j'ai quelquefois proposé des exemples.

La première partie de l'ouvrage est plus considérable, plus étendue que la seconde ; le mode de procéder devant les tribunaux maritimes diffère peu de celui qui est en usage devant les tribunaux militaires, et en marquant les différences , je renvoie fréquemment de la seconde à la première partie, lorsque l'analogie est parfaite.

La procédure militaire forme la première partie ; la seconde se compose de la procédure maritime.

Chaque partie est précédée d'une analyse qui , sous le titre d'introduction , offre au lecteur le tableau fidèle de la législation militaire , ou de la législation maritime depuis 1789.

Pour rendre plus faciles et plus régulières les opérations des capitaines et commissaires-rapporteurs , des juges militaires et maritimes, j'ai joint à mon travail des formules auxquelles ils peuvent recourir ; j'ai rectifié, d'après les lois et les réglemens publiés jusqu'à ce jour, les formules arrêtées, au mois de frimaire de l'an 6, par le directoire exécutif, pour les tribunaux de l'armée de terre, et j'ai ajouté à ces modèles qui ne concernent que les jugemens, plusieurs autres formules pour les actes de procédure antérieurs. Les modèles que j'ai proposés sont extraits en grande partie du code ordinaire des délits et des peines.

A la suite des formules, j'ai placé dans chaque partie une table chronologique des lois, des arrêtés et des décrets militaires maritimes ou ordinaires, rendus en matière criminelle, qui sont cités dans le cours de l'ouvrage, et dont la connaissance intéresse les juges militaires et maritimes (1).

____

(1) J'avais l'intention de réunir et de faire imprimer ensemble ces lois et ces décrets, en élaguant les dispositions abrogées et en rappelant celles qui sont maintenues ; ce recueil formerait à lui seul un volume qui serait véritablement le code pénal et criminel militaire, et qui préviendrait toutes les erreurs dans l'application des lois, au moyen des notes dont il serait accompagné ; mais j'ai suspendu l'exécution de ce projet ; j'ai pensé qu'il serait toujours facile de le réaliser, si les avantages en sont reconnus par ceux qui liront ce traité, et je me suis borné à y insérer eu

Mon ouvrage se termine par une table générale alphabétique et raisonnée, qui doit faciliter au lecteur la recherche de l'article qu'il veut consulter. Cette table embrasse tous les objets compris dans la première et dans la seconde partie, et relatifs aux tribunaux de l'armée de terre et à ceux de l'armée navale.

La matière que j'ai traitée était absolument neuve, et dans les nombreux volumes qui sont chaque jour publiés sur les diverses branches de la législation, aucun écrivain, aucun jurisconsulte ne s'était occupé d'offrir aux magistrats armés un manuel raisonné et fondé sur les lois, qui les instruisît de leurs droits, comme de leurs devoirs : cette tâche m'a paru importante et honorable ; j'ai essayé de la remplir, et si j'ai réussi, cet ouvrage sera utile.

---

entier ou par extraits quelques lois et quelques décrets que les tribunaux de l'armée de terre et de mer sont dans la nécessité de consulter à chaque instant.

AVIS IMPORTANT

POUR LA PARTIE MILITAIRE.

PAGE 6 de l'introduction, ligne 28, au lieu de : *deux espèces de tribunaux de répression furent établis* ; lisez : *des tribunaux de répression de deux especes furent établis.*

Pag. 17, *id.* lig. 22, au lieu de : *décret du 15 messidor*, lisez : *du 16.*

Pag. 25. chap. 2. sect. 1re., lig. 1re. de la seconde note, au lieu de : *la loi du 26 fructidor an 6*, lisez : *du 27.*

Pag. 49. au lieu de : § V. *De la compétence*, lisez : § VI.

Pag. 54, au lieu de : § VI. *Dans quel cas, etc.*, lisez : § VII.

Pag. 70, lig. 10, au lieu de : *elle avait rapporté*, lisez : *elle avait rappelé.*

Pag. 90, lig. 1re., après le mot *d'articles*, effacez la virgule.

Pag. 107, note 2, au lieu de : *Code du 7 brumaire an 4*, lisez : *du 3.*

Pag. 116, lig. 1re., au lieu de : *aussi*, lisez : *ainsi.*

Même page, ligne 16, lisez : *les angoisses.*

Même page, ligne 19, au lieu de : *suppléé*, lisez : *supplée.*

Pag. 117, note 1re., au lieu de : *voyez l'article 549, ibid* ; lisez : *voyez l'article 549 de la loi du 3 brumaire an 4.*

Pag. 118, note, au lieu de : *voyez l'article 554, ibid*, lisez : *voyez l'article 554 de la loi du 3 brumaire an 4.*

Pag. 140, SECTION 1re., *etc.* : reportez ce titre à la pag. 141, après la 3e. ligne, et lisez de suite la page 140 après la page 139.

Pag. 189, lig. 1re., au lieu de : *envoyée*, lisez : *envoyé.*

TABLE

DES CHAPITRES

DE LA PARTIE MILITAIRE.

(1) Ce titre doit être reporté à la page 141, après la troisième ligne; et la page 140 doit être lue de suite après la page 139.

TRAITÉ

DE

LA PROCÉDURE CRIMINELLE

DEVANT LES TRIBUNAUX MILITAIRES

ET MARITIMES DE TOUTE ESPÈCE.

INTRODUCTION

A LA PROCÉDURE MILITAIRE.

Avant de présenter le tableau de la législation actuelle, concernant les tribunaux militaires, il me paraît utile de retracer rapidement les changemens qui s'y sont succédés depuis 1789 jusqu'à ce jour ; ce rapprochement peut servir à faire mieux apprécier les principes sur lesquels repose aujourd'hui cette partie intéressante de l'administration publique, et peut même faire naître quelques idées pour l'amélioration et le perfectionnement de ce qui existe.

Ce fut à la fin de 1790, que l'assemblée nationale s'occupa, pour la première fois, de la répression des délits des militaires et des fautes commises par eux contre la discipline. Deux de ses décrets, sanctionnés le 29 octobre, fixèrent de nouvelles règles à cet égard : l'un détermina la compétence des tribunaux militaires, leur organisation et la manière de procéder devant eux ; l'autre, en désignant les fautes de discipline, indiqua aussi les peines qui devaient être infligées à ceux qui s'en rendaient coupables , et les formes qui devaient être observées pour l'application de ces peines.

La loi du 29 octobre 1790, relative aux tribunaux militaires, ne contient aucune disposition pénale ; l'assemblée nationale y manifestait l'intention prochaine de s'occuper de cet objet, et l'un des articles du décret ordonnait que jusqu'à la promulgation du nouveau code pénal militaire, les anciennes ordonnances seraient exécutées en tout ce qui n'était pas contraire aux dispositions décrétées.

Les tribunaux institués par la loi du 29 octobre 1790, prirent le nom de cours martiales ; ces cours étaient établies pour l'intérieur et pour l'armée ; chaque arrondissement militaire, soumis à la surveillance d'un commissaire ordonnateur , avait une cour martiale. Ce tribunal était composé du commissaire ordonnateur , faisant fonctions de président, sous le nom de grand-juge , et de deux commissaires - auditeurs des guerres , ayant le titre d'assesseurs. Un commissaire - auditeur, après avoir dirigé l'instruction, faisait , auprès de la cour , les fonctions d'accusateur public et de commissaire du roi: celles de greffier étaient remplies par l'écrivain de la place, dans les villes où il y en avait ; et dans les autres lieux par le greffier de la commune.

Les cours martiales prononçaient sur les délits *militaires* commis dans leur ressort respectif et susceptibles d'emporter des peines afflictives et infamantes ; mais leur pouvoir était restreint à l'application de la peine.

L'assemblée nationale venait d'établir la procédure par juré, en matière criminelle ordinaire ; elle crut devoir appliquer ce nouveau système à la répression des délits militaires , et la cour martiale ne pouvait être saisie d'une affaire qu'après l'admission de l'accusation , par un jury d'accusation militaire ; elle n'avait à prononcer de peines que sur la déclaration d'un jury de jugement portant que l'accusé était coupable.

En parcourant la loi du 29 octobre 1790, on voit que, suivant les formes introduites pour la formation des deux jurys militaires, dans l'accusation la plus simple, celle qui ne comprenait qu'un seul individu, quarante-cinq personnes, indépendamment du commisssaire-auditeur-instructeur, et des membres de la cour martiale, concouraient au jugement définitif; savoir : neuf pour la composition du jury de la plainte ou d'accusation, et trente-six pour celle du jury de jugement : le nombre de ces trente-six jurés était aussi réduit à neuf; mais tous étaient obligés de se rendre au prétoire de la cour martiale, parce que ce n'était qu'après l'ouverture de l'audience et en présence des jurés que se faisaient les récusations, soit par le sort, soit par la désignation des accusés qui ne pouvaient alléguer aucun motif.

Dans les accusations qui comprenaient plusieurs militaires, le nombre des personnes appelées à la formation du jury de jugement, augmentait encore de huit par chacun des accusés.

On trouve dans cette loi du 29 octobre 1790, la distinction établie entre les délits militaires et les délits civils. Le délit civil était défini : une contravention aux lois générales qui obligent indistinctement tous les habitans de l'empire, et la répression en était attribuée à la justice ordinaire, quand même il eût été commis par un officier ou par un soldat.

On pourra voir dans le cours de cet ouvrage qu'une définition à-peu-près semblable est consignée dans un avis récent du conseil d'état approuvé par S. M. l'Empereur.

Toutefois, le législateur, en proclamant ces principes

pour l'intérieur de l'empire, déclara qu'en tems de guerre et lorsque l'armée serait hors du territoire français, ceux qui la composent et ceux qui y sont attachés ou qui la suivent, seraient jugés, pour les délits civils, par les tribunaux militaires, et condamnés aux peines fixées par les lois civiles.

Le délit militaire était défini : une contravention à la loi militaire accompagnée de circonstances aggravantes qui la font sortir du cercle des fautes de discipline et la rendent susceptible de peines afflictives ou infamantes.

La connaissance de cette espèce de délit était exclusivement réservée à la justice militaire.

Suivant la loi du 29 octobre 1790, les complices de délits militaires, encore bien qu'ils ne fussent pas militaires eux-mêmes, devaient être jugés par les cours martiales. On est sans doute étonné de voir un pareil principe consacré par une loi de cette époque, mais il faut remarquer qu'il était très-modifié, soit par la distinction entre les délits militaires et les délits civils ou communs, soit encore parce que les tribunaux militaires ne pouvaient exercer leur juridiction sur un citoyen non militaire, que dans le cas où un militaire était *le principal auteur* du délit auquel ce citoyen avait concouru comme complice. Le jury d'accusation et le jury de jugement étaient d'ailleurs formés alors suivant des règles particulières; chacun de ces jurys était doublé, c'est-à-dire que dix-huit personnes concouraient à donner une déclaration sur l'admission de l'accusation, et dix-huit autres à résoudre les questions proposées par la cour martiale; et la moitié des jurés était prise sur la liste des jurés civils ou parmi les notables du lieu.

Cette loi accordait des conseils aux militaires accusés pour les aider dans leur défense; elle ne circonscrivait point leur choix dans les militaires de tel ou tel grade, dans telle ou telle classe de citoyens.

Elle établissait la procédure par contumace et voulait qu'elle fût instruite avec le curateur qu'elle faisait donner à l'absent, comme elle l'eût été avec l'accusé lui-même; si l'absent venait à être arrêté ou à se représenter volontairement pendant l'instruction de la contumace, tout ce qui avait été fait avec le curateur était réputé non avenu et recommencé avec l'accusé; en cas de condamnation, le jugement par coutumace devait être exécuté par effigie lorsqu'il prononçait des peines afflictives ou infamantes; néanmoins le condamné contumax était toujours admis au moment de son arrestation ou en se représentant volontairement à faire valoir ses moyens de défense et de justification.

Le 19 octobre 1791, l'assemblée nationale publia un code pénal militaire. Le pillage, la trahison, l'espionage, la maraude, l'insubordination, la révolte, le vol, la désertion et divers autres délits, y étaient prévus et caractérisés; et la loi déterminait la peine applicable à chacun d'eux. Un de ses titres était aussi consacré à définir de nouveau les délits militaires et les délits communs. Tout ce qui n'attaquait pas *immédiatement* le devoir, la discipline ou la subordination, était rangé dans cette dernière classe, et les contraventions aux lois militaires proprement dites, commises par des individus attachés à l'armée, étaient seules réputées délits militaires.

Les juges ordinaires étaient déclarés compétens pour connaître contre les officiers, sous-officiers ou soldats, comme contre toute autre personne, de tous délits qui n'étaient pas réellement militaires; il ne fut pas permis de chercher à décliner la juridiction de ces tribunaux pour les délits communs sous prétexte de service militaire, et dès-lors, les règles prescrites par la loi de 1790, à l'égard des complices non militaires, furent entièrement réformées; il fut, au contraire, défendu de traduire jamais une personne étrangère à l'armée devant les juges délégués par la loi militaire, et la compétence des tribunaux ordinaires fut reconnue pour tous les cas qui comprendraient à-la-fois des militaires et des non militaires, pour tous ceux où il y aurait complication de délit militaire et de délit commun, pour tous ceux enfin où une personne, quoiqu'attachée à l'armée, serait prévenue à-la-fois de deux faits, dont l'un offrirait les caractères du délit commun, et l'autre, ceux du délit militaire.

Cette loi proclama, au reste, la faculté du recours en cassation contre les jugemens des cours martiales, avec les mêmes formalités qu'en matière ordinaire de la part du condamné et du commissaire auditeur; elle autorisa aussi l'accusé à prendre à partie et à dénoncer au tribunal de cassation les juges qui auraient prévariqués; et comme l'inconvénient du mode relatif à la formation des juges militaires se faisait sans doute déjà sentir, elle voulut que dans les accusations qui comprendraient plus de six personnes, on se bornât à augmenter la liste des jurés en proportion de ce nombre, sans égard au reste des co-accusés (1).

Des insurrections et des actes d'insubordination qui s'étaient manifestés dans l'armée au commencement de la campagne de 1792, nécessitèrent de nouvelles dispositions législatives sur la manière de poursuivre les délits militaires, et la loi du 16 mai fut rendue. Deux espèces de tribunaux de répression furent établis pour les armées, indépendamment des conseils militaires qui demeurèrent chargés d'appliquer les peines de pure dis-

____

(1) On a vu que la loi de 1790 ordonnait une augmentation de jurés, outre la liste ordinaire, pour chacun des co-accusés, quelqu'en pût être le nombre.

cipline. Les cours martiales continuèrent de connaître des crimes susceptibles d'emporter, ou la privation de la vie, ou la perte de l'état de l'accusé reconnu coupable; les délits moins graves furent attribués à un tribunal de police correctionnelle, formé à l'instar des tribunaux créés pour le jugement des délits correctionnels commis par les citoyens; chaque commissaire auditeur instructeur près la cour martiale, fut déclaré président de ce tribunal; il était assisté de deux commissaires ordinaires des guerres ou de deux capitaines qui siégeaient avec lui, et concouraient à rendre le jugement.

Les cours martiales, aux termes de cette loi, et les tribunaux de police correctionnelle militaire, prononçaient suivant leur compétence respective sur tous les délits communs ou militaires, commis par des personnes attachées à l'armée, et les citoyens non militaires prévenus de complicité devaient être jugés avec les militaires; la loi indiquait seulement quelques formalités à remplir en cette occasion pour la formation des jurés qui se trouvaient conservés avec de légères modifications.

L'appel et le recours en cassation furent formellement interdits contre les jugemens des tribunaux de police correctionnelle et contre ceux des cours martiales.

Les principales dispositions de la loi du 19 octobre 1791 furent ainsi tout-à-fait anéanties; mais il est essentiel de considérer que l'innovation introduite par la loi du 16 mai 1792 était uniquement relative au service en campagne.

Deux décrets rendus par la convention nationale, à la date du 12 mai 1793, apportèrent de grands changemens dans l'administration de la justice militaire; les cours martiales furent supprimées et remplacées par des tribunaux criminels militaires. Il en fut créé deux par chaque armée. Le tribunal était composé de trois juges chargés d'appliquer la loi sur la déclaration d'un jury de jugement ; un accusateur militaire portait au tribunal les actes d'accusation qui devaient être dressés par les juges de paix faisant fonctions d'officiers de police de sûreté. Ces derniers exerçaient leur surveillance sur deux brigades de l'armée ; ils recevaient les dénonciations, dressaient les procès-verbaux de délits, formaient avec le commandant en second du corps du prévenu et le plus ancien militaire de son grade une espèce de jury qui décidait à la majorité s'il y avait ou non lieu à accusation ; ils transmettaient les pièces à l'accusateur public, et concouraient à tour de rôle à la formation du tribunal militaire , sans pouvoir toutefois connaître, comme juges, des affaires qu'ils avaient instruites.

Le tribunal criminel militaire était déclaré compétent pour juger tous les délits , et pouvait même prononcer les peines de discipline résultant des procès portés devant lui.

L'accusateur militaire et les officiers de police de sûreté ne devaient être choisis , ni parmi les militaires, ni parmi les individus employés dans les armées.

La loi d'organisation des tribunaux criminels militaires , en modifiant, comme on vient de le voir, le jury de la plainte ou d'accusation , maintint à-peu-près les dispositions antérieures sur la formation du jury de jugement. Elle rappela les mêmes principes sur l'instruction des contumaces , sur l'application de la peine la plus douce, en cas de partage d'opinions entre les juges ; et un grand nombre de ses articles réglait les formalités qui devaient être observées dans l'instruction et dans le jugement : mais en la lisant attentivement, on voit qu'elle respirait déjà dans quelques-unes de ses dispositions cet esprit qui ne tarda pas à éclater dans la convention et dans la France ; on est surtout frappé du pouvoir immense que cette loi accordait aux accusateurs militaires. Les juges étaient soumis à leur surveillance ; une négligence, un retard, autorisait contre eux des poursuites comme la prévarication. Les généraux en chef n'étaient point eux-mêmes à l'abri des atteintes de la verge de fer dont se trouvaient armés les accusateurs militaires. Ces magistrats pouvaient les dénoncer et même les poursuivre devant le tribunal militaire, sauf toutefois à faire décider par le corps législatif s'il y avait lieu de donner suite à l'accusation ; et comme si cette attribution, déjà si extraordinaire, et dont le moindre abus était si propre à porter le trouble dans les armées, n'eût pas été suffisante, la loi autorisait encore la dénonciation contre les généraux de la part des officiers, des soldats, des volontaires et de tous les individus attachés à l'armée, et avait même pris soin d'organiser ce système de délation.

Hâtons-nous cependant de rappeler ici, pour rendre hommage à la vérité, qu'à côté de ces dispositions étranges, le Code pénal militaire décrété le même jour 12 mai, prévoyait dans un de ses articles (1) le cas où un dénonciateur aurait fait poursuivre un prévenu sans preuves suffisantes, et voulait qu'il fût lui-même alors poursuivi par l'accusateur militaire, et puni de la même peine qu'aurait supportée le dénoncé, s'il avait été convaincu du délit qu'on lui imputait ; mais que l'on convienne aussi que ce principe n'est pas moins bizarre et moins dangereux que ceux dont nous avons parlé précédemment.

Ce Code pénal, déclaré alors applicable à toutes les

______

(1) Voyez art. 17, sect. 4, tit. 1er. de la loi du 12 mai 1793, connue sous le nom de Code pénal militaire.

troupes en tems de guerre, définissait, avec détail, la désertion, la trahison, le vol, l'insubordination, etc., etc.; il désignait les espèces, les caractères différens de chaque délit, et indiquait les peines qui devraient être prononcées contre les coupables.

Huit mois après (le 3 pluviôse an 2), la convention décréta encore une nouvelle organisation de la justice militaire, qu'elle divisa comme l'avait fait l'assemblée nationale par la loi du 16 mai 1792 en trois espèces de juridictions, savoir : les conseils de discipline, les tribunaux de police correctionnelle et les tribunaux criminels militaires. Je n'ai point à parler des conseils de discipline.

Les tribunaux de police correctionnelle étaient composés de trois personnes ; un officier de police militaire les présidait : les fonctions de ce magistrat étaient sous un nom à-peu-près semblable, les mêmes que celles des juges de paix, officiers de police de sûreté, dont il était question dans la loi du 12 mai 1793; les deux autres membres du tribunal correctionnel étaient ordinairement un militaire du grade du prévenu et un citoyen de la commune où siégeait le tribunal, et désigné par la municipalité. La composition du tribunal correctionnel éprouvait des modifications lorsque l'armée était en campagne, ou lorsqu'il s'agissait de juger un individu non militaire, mais attaché à l'armée, ou enfin, lorsque l'un ou plusieurs des prévenus n'étaient ni militaires, ni attachés à l'armée ; car cette loi proclamait le principe que dans tous les cas où plusieurs individus seraient prévenus d'un délit *commis à l'armée*, il suffisait qu'un seul d'entre eux fût militaire ou employé à l'armée, ou attaché à sa suite, pour établir la compétence des tribunaux militaires. Mais les tribunaux criminels ordinaires et les juges de paix civils étaient en même tems déclarés compétens pour connaître contre

les militaires des délits commis par eux, *hors du terri-*
ritoire occupé par les armées (1).

Le tribunal criminel militaire ne prononça plus que
sur les délits susceptibles d'emporter la perte de la vie
ou de l'état du prévenu ; les autres étaient du ressort
de la police correctionnelle. Les élémens de ce tribunal
étaient un président, un vice-président, un accusateur militaire, un substitut de l'accusateur militaire et
un greffier, tous nommés par la convention nationale.
Le greffier s'adjoignait un commis. Un jury de jugement composé de cinq militaires et de quatre citoyens
donnait sa déclaration sur les faits, quatre voix formaient
la majorité en faveur de l'accusé. La peine était appliquée, s'il y avait lieu, sur la réquisition de l'accusateur
militaire ou de son substitut. Si l'opinion du président
était conforme à la réquisition, il prononçait seul ; s'il
était d'un avis contraire, le vice-président et le substitut
de l'accusateur militaire, ou l'accusateur militaire lui-
même, si son substitut avait porté la parole, se réunissaient au président et déterminaient à la majorité la
peine applicable au délit. Ainsi, le plus ordinairement,
le tribunal criminel militaire n'était réellement formé
que d'un seul homme, et dans les autres cas, le magistrat chargé de présenter et de soutenir l'accusation,
venait donner son avis comme juge.

La loi du 3 pluviôse an 2 n'introduisit point d'ailleurs
de formes nouvelles ; le jury de jugement y était maintenu, et des citoyens entraient même avec des militaires
dans sa composition. Les contumax étaient jugés comme
les accusés présens, sauf à recommencer l'instruction
lorsqu'ils venaient à être arrêtés ou à se représenter. Le
recours en cassation contre les jugemens militaires était

---

(1) Voyez art. 20, tit. 13 de la loi du 3 pluviôse an 2.

interdit de nouveau, et les juges militaires étaient autorisés à appliquer les lois pénales ordinaires dans les cas non prévus par les lois militaires. La dénonciation était provoquée comme dans la loi du 12 mai 1793; mais les généraux en chef, pendant la durée de leur commandement, ne pouvaient être arrêtés que par l'ordre de la convention nationale, de ses comités ou des représentans en mission près des armées. Le tribunal révolutionnaire devait connaître des délits qui leur étaient imputés, et s'il était possible d'oublier un instant quel était le résultat inévitable d'un renvoi devant ce prétendu tribunal, on reconnaîtrait en principe que cette attribution était moins subversive de l'ordre et de la discipline militaires que les dispositions de la loi du 12 mai 1793, qui permettaient à un accusateur militaire de faire arrêter un général en chef et de le traduire devant son tribúnal.

Les juges et les accusateurs militaires ne pouvaient également être jugés que par les tribunaux ordinaires ou par le tribunal révolutionnaire.

La procédure par juré, introduite pour les jugemens militaires par la loi du 19 octobre 1791, fut maintenue, du moins en droit (1), jusqu'à la fin de l'an 3. Le deuxième jour complémentaire de cette année, un nouveau décret supprima les tribunaux militaires, les tribunaux de police correctionnelle, les officiers de police et les accusateurs militaires, et en réservant aux conseils de discipline la connaissance des fautes qui leur étaient soumises par les lois antérieures, la Convention nationale attribua à des conseils militaires le jugement de tous les délits emportant des peines afflictives ou infamantes,

---

(1) La plupart des représentans en mission avaient institué, en 1793 et en l'an 2, des commissions militaires révolutionnaires qui jugeaient sans jurés et à-peu-près sans formes, conformément à leur institution.

et des peines correctionnelles. Les conseils militaires, composés de neuf personnes, savoir : trois officiers, dont un supérieur ; trois sous-officiers et trois soldats, prononçaient seuls, sans le concours de jurés, et sans que l'accusation eût été préalablement admise ; leurs jugemens étaient rendus à la majorité absolue ; cette majorité devait toutefois se composer des deux tiers des voix pour appliquer la peine capitale.

Il est bon de remarquer que le décret du deux complémentaire an 3, précéda de peu de jours la mise en activité de la constitution promulguée le 1er vendémiaire an 4 ; cette constitution, malgré tous les germes de dissolution qu'elle renfermait dans son propre sein, était du moins un retour à l'ordre, si long-tems troublé par une épouvantable anarchie, et en choisissant cette époque pour abroger dans les armées l'institution du jury, le législateur montra suffisamment combien l'expérience repoussait l'application qu'on en avait faite à la procédure militaire, et combien il importait de substituer dans l'armée des formes simples et expéditives aux nombreuses et pénibles opérations relatives à la formation des listes et à la convocation des jurés.

Tout général dans le commandement duquel il avait été commis des délits, devait convoquer un conseil militaire ; il en désignait les membres conformément à la loi, et le conseil était dissous aussitôt qu'il avait prononcé sur le délit ou les délits qui avaient donné lieu à sa convocation.

Les fonctions de rapporteur étaient remplies, dans chaque affaire, par un des capitaines que désignaient à l'avance les conseils d'administration des différens corps de l'armée, à raison d'un par bataillon ou par escadron. Cette désignation était renouvelée tous les trois mois. Le conseil militaire devait choisir hors de son sein un secrétaire pour tenir la plume et inscrire ses jugemens. Ce secrétaire pouvait être pris indifféremment dans tel ou tel grade. La loi exigeait que tous les membres des conseils militaires sussent écrire; les jugemens rendus devaient être signés de chacun d'eux.

Lorsqu'il s'agissait de juger des crimes de nature à être punis de mort, la liste des militaires destinés à faire partie du conseil devait être doublée dans chaque grade, et le prévenu ou les prévenus avaient la faculté de la réduire au nombre fixé par la loi; à défaut de réduction de la part des prévenus, les plus âgés de chaque grade se réunissaient pour prononcer.

Un des articles de cette loi fait supposer que la tourmente révolutionnaire avait rendu certains délits plus fréquens à l'armée; on voit en effet que les crimes d'assassinat, de viol, d'incendie, de vol avec effraction, attroupement ou violence y sont désignés comme devant être punis de mort, et la loi n'offrant pas d'autres dispositions pénales, il est naturel d'en conclure que la multiplicité de ces crimes avait fixé particulièrement l'attention du législateur.

La loi du deuxième jour complémentaire ne permettait aux prévenus de choisir leur défenseur officieux que parmi les militaires ou parmi les individus attachés à l'armée, s'ils étaient eux-mêmes dans cette dernière classe. Elle n'indiquait point la manière de procéder contre les complices non militaires; mais ce silence autorisait à se reporter au dernier état de la législation sur ce point; on continua, en conséquence, de faire juger militairement les citoyens complices de militaires, et cette marche ne fut proscrite que le 22 messidor de l'an 4.

La loi du deuxième jour complémentaire n'ayant également rien dit du recours en cassation ou en révision, les jugemens des conseils militaires durent être exécutés sans délai, conformément aux lois antérieures; mais le 17 germinal an 4, le législateur prescrivit un mode de révision pour les jugemens à rendre par ces conseils, il étendit même le bienfait de cette mesure aux jugemens rendus depuis la loi du deuxième jour complémentaire contre des individus encore vivans.

La loi du 18 fructidor suivant déclara que la révision ne pourrait être ordonnée que dans le cas où il y aurait violation des formes prescrites, ou lorsque la peine infligée serait plus forte que celle que les lois appliquent au délit.

La loi qui créait les conseils militaires, leur permettait de commuer ou de diminuer les peines; elle leur défendait de les augmenter en aucun cas, et cette prérogative, qui paraît avoir remplacé alors la faculté que les lois accordaient aux jurés militaires de déclarer l'accusé convaincu, mais *excusable*, a donné lieu par la suite à des prétentions mal fondées de la part des conseils de guerre permanens : on croit au reste que les conseils militaires ne pouvaient pas en user régulièrement pour les crimes d'assassinat, de viol, d'incendie et de vols avec effraction, attroupemens ou violence; et les termes de la loi autorisent cette opinion.

L'organisation de la justice militaire demeura dans cet état jusqu'au 13 brumaire de l'an 5. Un conseil de guerre *permanent* fut alors établi dans chaque division de l'intérieur et de l'armée pour juger les délits militaires; ce mode est encore aujourd'hui en vigueur. Les membres de ces conseils, dont le nombre est fixé à sept, sont choisis par le général commandant la division, dans les différens grades déterminés par la loi; ils exercent leurs fonctions sans interruption jusqu'au moment où des ordres supérieurs et le bien du service appellant sur d'autres points les corps auxquels ils appartiennent, ils sont remplacés par d'autres militaires. Le capitaine rapporteur et le capitaine procureur impérial (1), placés près d'eux sont aussi à poste fixe ; et l'on sent combien cette fixité est propre à régulariser les opérations des tribunaux militaires.

La loi du 13 brumaire an 5, en défendant de traduire devant les conseils de guerre d'autres individus que les militaires et les individus attachés à l'armée, désigne les personnes qui sont comprises sous cette dénomination, et malgré la difficulté de faire à cet égard une nomenclature bien exacte, malgré le danger de prévoir, dans la loi, trop d'espèces particulières, on ne peut se dissimuler que cette précaution qu'a eue le législateur est d'une grande utilité pour se fixer sur la compétence.

Cette loi règle la manière d'instruire les procédures, de diriger les débats, de poser les questions, de recueillir les suffrages, de prononcer et de faire exécuter le jugement, et quoiqu'elle offre des lacunes assez importantes, la méthode et la clarté qui ont présidé à sa rédaction peuvent servir de modèle en ce genre.

Le corps législatif, en même tems qu'il organisa les conseils de guerre permanens, promulgua un nouveau code militaire des délits et des peines. Ce code, sous la date du 21 brumaire an 5, est beaucoup plus détaillé que ceux du 19 octobre 1791 et du 12 mai 1793, qui, cependant, ont servi de base à sa confection : il définit, dans huit titres différens, la désertion à l'ennemi et à l'intérieur, la trahison, l'embauchage et l'espionnage ; le pillage, la dévastation et l'incendie ; la maraude, le vol, l'infidélité dans la gestion et la manutention, et enfin, l'insubordination. Les peines applicables à chaque fait, à chaque espèce, à chaque circonstance, y sont indiquées, et un des articles de ce code autorise les conseils

____

(1) Cette désignation remplace celle de commissaire du pouvoir exécutif, qui se trouvait dans la loi du 13 brumaire an 5.

de guerre à punir conformément aux lois précédemment rendues les délits militaires, qui ne seraient pas prévus par ses dispositions.

Le 18 vendémiaire an 6, des conseils *permanens* de révision furent créés dans chaque division, et on y établit en même tems un second conseil de guerre permanent, à l'instar de ceux dont la loi du 13 brumaire an 5 avait ordonné la formation : ces seconds conseils, d'abord institués pour prononcer seulement en cas d'annulation, et de renvoi de la part des conseils de révision sur les procédures qui avaient été portées primitivement devant les premiers conseils, connaissent aujourd'hui concurremment avec ces derniers, ainsi que l'ordonna la loi du 27 fructidor an 6, de tous le délits commis dans la division militaire à laquelle ils sont attachés.

Les décrets des 13 et 21 brumaire an 5, 18 vendémiaire, 15 brumaire et 27 fructidor an 6, sont encore les lois fondamentales de la justice militaire; les changemens les plus remarquables qu'aient subis ces lois y ont été apportés par l'arrêté du 19 vendémiaire an 12, qui soumet à des conseils de guerre spéciaux tous les cas de désertion; et par le décret du 15 messidor de la même année, qui attribue à des commissions militaires spéciales le jugement des embaucheurs et des espions; mais cet arrêté et ce décret n'ont fait que restreindre la compétence des conseils de guerre permanens et des conseils de révision, sans rien changer à leur organisation et aux formes de procéder devant eux, et c'est cette organisation et cette procédure, c'est aussi l'organisation de tous les tribunaux militaires, et les formalités qui précèdent, accompagnent et suivent leurs décisions, que je me suis proposé d'examiner, de discuter et de faire connaître dans le traité que je publie.

Après avoir ainsi rapproché les différentes lois rendues sur la matière, qu'il me soit permis d'énoncer quelques opinions sur les nouveaux changemens qui me paraîtraient propres à perfectionner l'organisation de la justice militaire. L'expérience vient ici à mon secours, et tous les principes importans étant à-peu-près fixés d'une manière irrévocable, ce n'est guère que par l'application plus ou moins heureuse que l'on en peut faire, qu'on doit espérer à cet égard des résultats plus ou moins utiles.

D'abord l'avantage de la *permanence* des tribunaux militaires me paraît trop évident pour être révoqué en doute. Ce système, qui déjà depuis douze ans est introduit dans la justice militaire, doit surtout convenir au prince dont toutes les institutions ont un caractère imposant de stabilité, et tout ce qui doit rendre plus régulières, plus uniformes les décisions des tribunaux militaires, et sans doute un pas vers l'amélioration. En admettant donc à-peu-près l'organisation du 13 brumaire an 5, je crois qu'on pourrait la modifier de la manière suivante.

Il serait établi dans chaque division de l'intérieur et de l'armée une seule cour militaire, qui remplacerait les deux conseils de guerre actuellement existans, et jugerait tous les crimes et les délits militaires commis dans son arrondissement. Elle suffirait à cette attribution, et c'est un vice que de multiplier sans nécessité les tribunaux de répression.

Cette cour serait composée d'un président, de six autres juges, d'un procureur général militaire et d'un greffier.

Le président, le procureur général et le greffier seraient nommés par S. M. l'Empereur, et assujétis aux lois générales sur l'ordre judiciaire; le président serait pris parmi des officiers supérieurs en activité ou réformés avec pension , le procureur général serait choisi parmi des officiers versés dans la connaissance des lois militaires ou parmi des jurisconsultes éclairés; le traitement de ces deux fonctionnaires serait égal. Si le choix de S. M. appelait aux fonctions de président ou de procureur général , des militaires en activité , ils cesseraient dès-lors de faire partie d'aucun corps d'armée, sauf à compter comme tems d'activité leur service à la cour militaire , lorsqu'il s'agirait de fixer leur retraite. Le procureur général réunirait , comme les procureurs généraux des cours criminelles ordinaires , les fonctions remplies aujourd'hui par les capitaines rapporteurs et les capitaines procureurs impériaux.

Les juges faisant partie de la cour militaire seraient choisis , comme le sont les membres des conseils de guerre permanens , par les généraux de divisions , en suivant les règles prescrites à cet égard.

La jurisprudence de la cour militaire serait invariable, parce que le président et le procureur général l'empêcheraient de diverger, et que les archives de la cour, régulièrement tenues par un greffier inamovible, offriraient à chaque instant les moyens de s'éclairer par l'examen des arrêts maintenus et de ceux qui auraient été annullés.

Le président et le procureur général exerceraient sans doute une grande influence sur les opérations de la cour militaire; mais cette influence serait toute dans l'intérêt de la société et des accusés; les réquisitions de l'un , l'opinion de l'autre , ne seraient point pour les membres de la cour une règle à laquelle ils dussent se soumettre aveuglément; mais les procédures seraient encore mieux instruites qu'elle ne peuvent l'être aujourd'hui; les débats seraient dirigés avec plus de soin , l'accusation serait développée avec plus de méthode, parce que le président et le procureur général militaires, ne devant point être distraits de leurs fonctions judiciaires par d'autres occupations, ne tarderaient pas à acquérir une grande habitude des affaires, une grande facilité à les traiter, et c'est ainsi qu'ils influeraient sur les jugemens qui émaneraient de la cour militaire.

Les délits communs et les délits militaires seraient bien distingués, comme ils le sont aujourd'hui par les lois et les décrets existans; les crimes de nature à être jugés par des cours spéciales seraient aussi déterminés avec exactitude; la désertion continuerait d'être soumise à des conseils spéciaux; les embaucheurs et les espions seraient traduits devant des commissions militaires spéciales; le code pénal militaire serait restreint aux faits essentiellement militaires, et il ne comprendrait que quelques pages : pour les autres cas dont les cours militaires auraient à s'occuper, elles appliqueraient à leurs justiciables le code pénal ordinaire, dont un exemplaire, officiellement adressé à chaque cour, resterait constamment déposé au greffe. Le code pénal ordinaire détermine nécessairement plus d'espèces de délits qu'un code militaire, il les caractérise avec plus de précision, il prévoit mieux les circonstances aggravantes; et l'application à en faire aux délits des militaires, rendue facile par la stabilité des fonctions du président et du procureur général de la cour militaire, le deviendrait surtout en ce moment où il nous est permis d'espérer que la réunion des dispositions pénales en un seul corps de lois ne tardera pas à faire suite au Code Napoléon, au Code de Procédure et au Code de Commerce, rédigés et publiés dans un si court espace de tems, et qui sont pour l'humanité l'un des plus grands bienfaits du plus grand des souverains.

On conserverait la manière de recueillir les suffrages telle qu'elle est établie pour les conseils de guerre ; la faculté dont jouissent les prévenus de développer leur défense, serait maintenue, ainsi que tout ce qui est prescrit pour le complément des procédures. L'audition orale des témoins devant la cour serait expressément ordonnée; la procédure par contumace serait fixée et régularisée ; le recours en révision pourrait être exercé par le procureur général et par le condamné; le recours en cassation serait formellement interdit; la compétence, lorsqu'elle aurait été déclinée, serait jugée par le conseil de révision.

Ce conseil serait composé du chef de l'état-major de la division qui le présiderait toujours, du commissaire ordonnateur de la division, de deux officiers supérieurs, du procureur impérial près le tribunal de l'arrondissement où siégerait le conseil, et d'un juge de ce tribunal désigné à cet effet par S. M. I et R. Le commissaire ordonnateur ferait fonction de rapporteur ; il concourrait au jugement, et en cas de partage, l'avis le plus favorable à l'accusé serait préféré; ainsi, dans cette hypothèse, le jugement serait annulé, si l'annulation était demandée par le condamné; il serait confirmé si le pourvoi était formé au nom du procureur général près la cour militaire.

En cas d'annulation de la part du conseil de révision, le procès et les prévenus seraient renvoyés devant la cour militaire de la division la plus voisine du lieu du délit. L'instruction antérieure aux débats ne serait point recommencée à moins que le conseil de révision ne l'eût formellement ordonné. Les décisions du conseil de révision, lorsqu'on y aurait recouru seraient toujours inscrites en marge des arrêts de la cour militaire.

Ces réflexions, que je ne fais qu'indiquer, auraient besoin, pour être appréciées, d'un développement qu'il ne m'appartient point de leur donner; je les ai placées ici parce que je les crois utiles et susceptibles du moins de faire naître l'idée d'une réforme salutaire; elles ne se rattachent au reste qu'indirectement au plan de cet ouvrage, et je me hâte d'en aborder le véritable objet.

CHAPITRE PREMIER.

Des Tribunaux militaires en général.

Les délits des militaires sont soumis par les constitutions de l'empire à des tribunaux spéciaux et à des formes particulières de jugement (1); mais la loi en plaçant ainsi l'armée hors de la ligne des citoyens, soit pour son régime judiciaire, soit pour son organisation et sa police, qui sont déterminées par des réglemens d'administration publique (2), n'a point privé les braves qui la composent du bienfait d'une justice régulière. L'organisation des tribunaux militaires repose sur des bases certaines. Leur compétence est réglée, leurs attributions respectives sont désignées d'une manière précise, et les formes de procéder devant eux ne sont pas moins fixes, pas moins rigoureusement prescrites qu'à l'égard des tribunaux ordinaires de répression.

Les tribunaux militaires sont de plusieurs espèces; on distingue les conseils de guerre permanens, les conseils de révision, les conseils de guerre spéciaux et les commissions militaires. Chacun de ces tribunaux a une organisation qui lui est propre; ils sont formés et convoqués d'après un mode particulier, et leur compétence est essentiellement distincte.

(1) Article 85 de l'acte constitutionnel, en date du 22 frimaire an 8.

(2) Art. 48 du même acte.

CHAPITRE II.

Des Conseils de guerre permanens.

L ES conseils de guerre permanens sont les tribunaux naturels des militaires et des individus attachés à l'armée ou réputés tels : ils sont au nombre de deux dans chaque division militaire de l'armée ou de l'intérieur (1) ; ils prononcent sur tous les délits et les crimes, la désertion exceptée (2) ; leurs jugemens sont en dernier ressort, soumis seulement à la révision, ainsi qu'il sera dit ci-après au titre des conseils de révision ; et lorsque par le fait d'un jugement de ces derniers conseils, ceux des conseils de guerre ont été annullés, l'affaire est portée au premier conseil, si elle a d'abord été jugée par le second, et au second, si elle l'a été par le premier.

---

(1) La loi du 13 brumaire, de l'an 5 n'avait établi qu'un conseil de guerre par division ; mais celle du 18 vendémiaire an 6, en même tems qu'elle créa les conseils de révision, ordonna aussi la formation d'un second conseil de guerre permanent sur les bases consacrées par la loi du 13 brumaire an 5. Ces conseils ne devaient d'abord connaître des affaires qu'après l'annulation des jugemens rendus par les autres ; mais la loi du 27 fructidor an 6 investit ensuite ces seconds conseils de guerre des mêmes droits, des mêmes pouvoirs que les premiers.

(2) Le décret impérial du 19 vendémiaire an 12 a créé des conseils de guerre spéciaux pour le jugement des déserteurs.

(Voir ci-après le titre relatif à ces conseils.)

SECTION Ire.

De la formation et de la convocation des conseils de guerre permanens.

———

§ Ier. *Quel est le nombre des juges, comment et par qui ils sont choisis ?*

Les conseils de guerre permanens sont composés de sept juges, savoir : un colonel qui remplit toujours les fonctions de président; un chef de bataillon ou d'escadron, deux capitaines, un lieutenant, un sous-lieutenant et un sous-officier. Un capitaine y fait les fonctions de rapporteur (1); un greffier choisi par ce capitaine assiste à tous les actes d'instruction, et les signe, ainsi que le jugement qui doit être écrit par lui en présence du conseil (2). Un capitaine remplit le ministère de commis-

———

(1) L'article 2 de la loi du 13 brumaire an 5, et les art. 19 et 20 de celle du 18 vendémiaire an 6, qui s'y rapportent, désignent ainsi les grades des membres des conseils de guerre permanens ; mais un décret impérial du 16 février 1807 a prévu le cas où il serait impossible de se conformer à ces dispositions. L'article 1er. est ainsi conçu :

« Dans les divisions militaires de l'intérieur où il ne se » trouverait pas au chef lieu un nombre suffisant d'officiers du » grade prescrit par les lois et arrêtés, pour former les conseils » de guerre et de révision permanens, on pourra, pour com- » pléter ces tribunaux militaires, mettre à la place de chaque » officier manquant, un officier de tout autre grade inférieur, » pourvu qu'il ait au moins celui de sous-lieutenant.

» Dans tous les cas, chacun de ces conseils ne pourra être » présidé que par un officier supérieur. »

(2) La loi du 26 fructidor an 6 a déterminé, articles 3 et 4, que lorsque le nombre des affaires portées à un conseil de

saire ou procureur impérial ; il est spécialement chargé de surveiller l'observation des formes (1). Dix personnes concourent donc à la composition d'un conseil de guerre, et tous les membres, sauf le greffier, en sont nommés par le commandant de la division qui, dans les cas d'empêchement momentanée ou absolu de quelqu'un d'eux, pourvoit à son remplacement (2). Le titre de *permanent* que portent ces conseils de guerre, indique assez qu'ils ne sont pas formés pour chaque affaire, et qu'ils ont le caractère d'un véritable tribunal ; cependant le commandant de la division est autorisé à changer, en tout ou en partie, les membres d'un conseil de guerre lorsqu'il le croit nécessaire pour le bien du service (3) ; mais cette faculté lui est interdite lorsque le prévenu est arrêté, ou l'information commencée, et cette prohibition, sauvegarde de l'innocence, offre une garantie au prévenu, et

---

guerre est tel que le capitaine-rapporteur ne puisse pas suffire à leur instruction, sur l'exposé qu'il en fait au conseil, le président peut demander qu'il soit adjoint à ce fonctionnaire un ou plusieurs substituts, lesquels sont nommés comme les autres membres du conseil, par le général commandant la division.

On peut également, aux termes de cette loi, adjoindre des commis au greffier du conseil de guerre, s'il est reconnu que le travail dont il est chargé soit trop considérable ; et ces commis-greffiers sont choisis par le capitaine-rapporteur, auquel la loi remet le choix du greffier.

Les substituts du capitaine-rapporteur sont pris dans le grade de capitaine ou de lieutenant.

La durée de leurs fonctions, ainsi que de celles des commis-greffiers, ne doit être que de trois mois, à moins que le service exige qu'ils soient continués ; et pour obtenir leur prorogation, on doit remplir les mêmes formalités que pour leur création.

(1) Voyez l'article 3 de la loi du 13 brumaire an 5.

(2) Voyez l'article 4 de la même loi.

(3) Voyez l'article 5 de la même loi.

lui donne l'assurance qu'il n'aura point à redouter l'effet de quelque vengeance particulière, et que le tribunal qui prononcera sur son délit, ne sera point composé en haine de sa personne.

Néanmoins, si dans l'intervalle qui s'écoule nécessairement entre l'arrestation et le jugement du prévenu, il arrive que des membres du conseil soient appelés à d'autres fonctions, ou soient empêchés de siéger par quelque cause que ce soit, il devient alors indispensable de les remplacer, et ce remplacement ne peut pas être considéré comme une violation de la loi.

Le général commandant la division et le chef de l'état-major ne peuvent pas faire partie des conseils de guerre (1).

§ II. *Quelles sont les qualités exigées pour les membres des conseils de guerre ?*

Pour être membre d'un conseil de guerre permanent, il suffit d'avoir vingt-un ans accomplis, c'est-à-dire, d'être majeur; l'article de la loi du 18 vendémiaire an 6, qui prescrit l'âge de trente ans pour les membres des conseils de révision, ne concerne point les membres des conseils de guerre, et la loi qui veut que les juges criminels aient trente ans accomplis, est également étrangère aux conseils de guerre, puisque la constitution ayant décidé que l'armée de terre et de mer est soumise à des règles particulières pour la discipline, la forme des jugemens et la nature des peines, décide par-là même que les

---

(1) Cette prohibition est évidente pour les généraux commandant les divisions; elle est explicitement prononcée pour les chefs d'état-major, par l'article 6 de la loi du 27 fructidor an 6, lequel est ainsi conçu :

« Le chef d'état-major d'une division ne peut être membre » des conseils de guerre, ni du conseil de révision. »

juges militaires ne sont pas astreints aux mêmes conditions que les juges criminels ordinaires. La loi du 13 brumaire an 5 ne parle point de l'âge nécessaire pour faire
partie des conseils de guerre ; celle du 2e. jour complémentaire an 3, sur les conseils militaires, gardait aussi
le silence sur cet objet ; d'où il faut conclure que l'âge de
la majorité suffit ; à l'appui de cette opinion, on doit faire
observer que la loi du 3 pluviôse de l'an 2, sur les tribunaux militaires, exigeait seulement l'âge de vingt-un ans,
de la part des militaires, pour être jurés (1), et que les
membres des conseils de guerre remplissent maintenant
les fonctions de jurés avant d'appliquer les peines.

Il est donc constant qu'il suffit que les membres des
conseils de guerre aient vingt-un ans accomplis ; que
ces conseils sont régulièrement composés, lorsqu'il
s'y trouve des juges âgés seulement de vingt-un ans, et
que leurs jugemens ne peuvent pas être annullés par ce
motif. Néanmoins, comme l'importance des fonctions
de juges militaires, et le pouvoir qui y est attaché, exigent une raison solide et exercée, on a pensé qu'il con-
venait de n'y appeler que des hommes dont la maturité
offrît une garantie suffisante à la société et aux accusés ;
cette considération détermina, en l'an 5, le ministre de
la justice à inviter celui de la guerre à donner des ordres
pour que les conseils de guerre ne fussent jamais composés de militaires âgés de moins de vingt-cinq ans. Le
ministre de la guerre accueillit cette sage proposition,
et les instructions de ces deux ministres sur la formation
des conseils de guerre, ont toujours été conformes à ces
principes, dont il ne pourrait être que dangereux de s'é-
carter ; le ministre de la guerre les a même renouvelées
par sa circulaire du 18 avril 1807.

Les individus, parens ou alliés entre eux, les parens

____

(1) Voyez l'art. 15, titre 10, de la loi du 3 pluviôse an 2.

ou alliés du prévenu, au degré prohibé par les constitutions, ne peuvent pas être simultanément membres du même conseil de guerre. Toutefois, quoiqu'un conseil de guerre ne soit pas complet sans le capitaine-rapporteur et le capitaine procureur impérial, et que ces fonctionnaires fassent réellement partie du conseil, on estime que la prohibition pour cause de parenté ou d'alliance entre eux, ou avec les juges, ne les atteint pas comme ceux-ci; il est reconnu en principe général, à l'égard de tous les tribunaux de l'empire, que cette prohibition n'atteint pas les organes du ministère public; et cette règle, qui s'applique spécialement aux capitaines procureurs impériaux, doit être commune aux capitaines-rapporteurs, car ces deux magistrats militaires se partagent les fonctions que remplit seul le procureur général impérial auprès des cours de justice criminelle, et qui étaient aussi divisées avant la nouvelle organisation judiciaire entre l'accusateur public et le commissaire du pouvoir exécutif.

Les conseils de guerre permanens se réunissent d'après l'ordre du général commandant la division militaire, auquel le capitaine-rapporteur est tenu de faire connaître l'état des procédures qu'il instruit.

§ III. *Quelles sont les formalités particulières qui doivent être remplies lorsque le prévenu est général ou officier supérieur ?*

Je n'ai parlé que de la composition des conseils de guerre permanens, telle qu'elle est réglée dans les cas ordinaires; une loi, sous la date du 4 fructidor an 5, a prévu le cas où des généraux en chef, des généraux de division ou de brigade, des colonels ou autres officiers supérieurs (et par cette dénomination, on entend les lieutenans-colonels, les chefs de bataillon et d'escadron,

et les majors des régimens) (1); des commissaires ordonnateurs et ordinaires des guerres peuvent être prévenus de délits. Elle règle la manière dont le conseil de
guerre doit être composé pour chacune de ces espèces;
par qui il est présidé; dans quel grade les membres en
sont choisis; qui remplit les fonctions de rapporteur et
celles de commissaire ou procureur impérial; enfin,
comment le conseil est convoqué et réuni.

Ainsi, lorsqu'un général en chef est prévenu d'un délit
prévu par le Code pénal, le ministre de la guerre, d'après
l'ordre du gouvernement, le fait traduire en jugement,
désigne, conformément aux règles que la loi détermine,
les membres du conseil et le général qui doit présider. Le
conseil est alors composé d'un général ayant commandé
en chef, de trois généraux de division et de trois généraux
de brigade. La loi veut que le plus ancien général de
division soit désigné comme président. Les fonctions de
procureur impérial sont remplies par un commissaire
ordonnateur des guerres, et le rapporteur, qui est au
choix du président, doit être pris parmi les adjudans-
généraux, aujourd'hui adjudans-commandans, ou parmi
les chefs de brigade, aujourd'hui les colonels.

Lorsqu'il y a lieu de mettre en jugement des généraux
de division ou de brigade, des adjudans commandans ou
des colonels, des majors, des chefs d'escadron ou de bataillon, des commissaires ordonnateurs ou ordinaires des
guerres, le conseil de guerre permanent de la division
n'est pas entièrement changé, et suivant les circonstances,
les trois ou les deux derniers membres du conseil sont

---

(1) Voyez le décret impérial du 3 novembre 1807, portant que
les dispositions de la loi du 4 fructidor an 5, relatives à la composition des conseils de guerre, devant lesquels doivent être
traduits, en cas de délit, les officiers supérieurs, et à la manière
de procéder au jugement de ces affaires, sont applicables aux
majors.

remplacés par des généraux, des officiers supérieurs du grade correspondant à celui du prévenu, ou par des commissaires ordonnateurs, ou des commissaires ordinaires des guerres de première ou de seconde classe.

La loi prescrit encore d'autres formalités qui varient à raison de la qualité et du grade des prévenus ; mais comme ces dispositions toutes spéciales ne changent rien au mode d'instruction, de procédure et de jugement (1), j'ai cru devoir me borner à citer cette loi, et à en indiquer l'objet, pour que les généraux et les juges militaires puissent y recourir au besoin dans les circonstances où elle est susceptible de trouver son application.

Je rappelle qu'un paragraphe de l'art. 43 du sénatus-consulte organique du 28 floréal an 12, autorise le connétable à présider le conseil de guerre lorsqu'il y a lieu de juger un général d'armée, prévenu d'un délit spécifié au Code pénal militaire, et que, conformément aux dispositions de l'article 101 du même sénatus-consulte, les généraux prévenus, soit de prévarications ou abus de pouvoir, soit du fait de désobéissance, sont soumis à la juridiction de la haute cour impériale (2), sans préju-

---

(1) Voyez l'article 17 de la loi du 4 fructidor an 5, ainsi conçu :

« Dans tous les cas prévus par la présente résolution, les » prévenus seront poursuivis et jugés conformément aux dis- » positions de la loi du 13 brumaire dernier. »

(2) Cette cour, dont l'existence est consacrée et dont l'organisation est déterminée par le titre 13 du sénatus-consulte du 28 floréal an 12, peut, aux termes de l'art. 101, quatrième paragraphe, connaître des prévarications et abus de pouvoir commis soit par des capitaines généraux des colonies . . . . . ., des commandans des établissemens français hors du continent . . . . . ., soit par des généraux de terre ou de mer ; et le cinquième paragraphe du même article 101, lui attribue aussi la connaissance du fait de désobéissance des généraux de terre ou de mer qui contreviennent à leurs instructions.

dice toutefois des poursuites militaires ordinaires dans les cas déterminés par les lois.

§. IV. *Comment sont formés les conseils de guerre dans les places assiégées ?*

La loi du 11 frimaire an 6 a prévu le cas où une place de guerre serait investie et assiégée, et les membres des conseils de guerre et de révision qu'elle prescrit d'y former alors, doivent être désignés par le commandant en chef de la place, qui remplace en cette partie le général de division ; ils sont choisis parmi les officiers et sous-officiers de la garnison (1).

La durée des fonctions de ces conseils ne se prolonge pas au-delà de l'état de siége ; des copies authentiques des jugemens qu'ils rendent sont adressées au ministre de la guerre, par les présidens de ces conseils, aussitôt que les communications sont rétablies, et toutes les lois relatives aux conseils de guerre et de révision ordinaires sont communes à ces conseils extraordinaires, et doivent être exécutées dans toutes les dispositions qui ne contrarient pas leur création (2).

SECTION II.

De la compétence des conseils de guerre permanens.

La compétence de ces tribunaux résulte, le plus ordinairement, de la qualité des personnes, quelquefois

---

(1) L'article 10, titre 7, de la loi du 3 pluviôse an 2, indiquait aussi la manière d'organiser des tribunaux criminels militaires provisoires dans les villes assiégées.

(2) Voyez les articles 1, 2, 3 et 4 de la loi du 11 frimaire an 6.

pourtant elle est établie par la nature de la prévention ; dans d'autres cas , le lieu , l'époque où le délit a été commis servent à la déterminer.

§ Ier. *De la compétence à raison des personnes.*

Avant l'avis du conseil d'état , approuvé , le 7 fructidor an 12, par S. M. I. (1), il existait quelque incertitude sur les circonstances qui devaient faire saisir les tribunaux militaires au lieu des tribunaux ordinaires , lorsque toutefois il ne se trouvait pas de complices non militaires ; mais cet avis a détruit tous les doutes , et il est reconnu maintenant que le militaire qui se *trouve sous les drapeaux ou à son corps* , est justiciable des tribunaux militaires , soit que le délit , qui lui est imputé , viole les lois particulières auxquelles l'armée est assujétie , soit qu'il blesse les lois générales de la société ; et ce principe , consacré en termes formels , doit servir de règle en cette matière (2).

____

(1) Voyez , au bulletin des lois, l'avis approuvé par S. M. sous la date du 7 fructidor an 12.

(2) Un décret impérial du 21 février 1808 porte :

« Tout militaire sous les drapeaux , marchant avec son corps » dans un pays ami ou neutre , prévenu d'un délit , doit être » traduit au conseil de guerre de la division à laquelle il ap- » partient. »

D'après ces dispositions , le militaire français présent aux drapeaux , prévenu d'un délit commis en pays étranger , ne peut jamais être soustrait à la juridiction de ses juges naturels , les tribunaux militaires ; ses complices , s'il y en a parmi les sujets du pays où il se trouve , doivent être jugés par les tribunaux de ce pays : la procédure est ainsi divisée ; et le capitaine-rapporteur communique à ces tribunaux les renseignemens extraits de la procédure militaire, qui peuvent concerner les non militaires, et réclame auprès d'eux les communications qui peuvent éclairer la religion du conseil de guerre sur la culpabilité ou la non culpabilité du militaire ou des militaires qui y sont traduits.

I.   3

§ II. *De ceux qui sont assimilés aux militaires.*

On assimile aux militaires en activité, les individus qui sont réputés attachés à l'armée ou à sa suite. La loi du 13 brumaire an cinq (1), a désigné ceux qui sont dans ce cas. Les termes de la loi sont clairs, et ne paraissent pas susceptibles de donner lieu à des difficultés, cependant quelques paragraphes, notamment le quatrième, qui comprend tous les préposés aux administrations pour le service des troupes, ont été interprétés de diverses manières ; des généraux et des conseils

____

(1) L'art. 10 de la loi du 13 brumaire an 5 est ainsi conçu :

Sont seuls réputés attachés à l'armée et à sa suite et comme tels justiciables du conseil de guerre,

1°. Les voituriers, charretiers, muletiers et conducteurs de charrois employés au transport de l'artillerie, bagages, vivres et fourrages de l'armée dans les marches, camps, cantonnemens, pour l'approvisionnement des places en état de siége ;

2°. Les ouvriers suivant l'armée ;

3°. Les gardes - magasins d'artillerie, ceux des vivres et fourrages pour les distributions, soit au camp, soit dans les cantonnemens, soit dans les places en état de siége ;

4°. Tous les préposés aux administrations, pour le service des troupes ;

5°. Les secrétaires commis et écrivains, et ceux des états-majors ;

6°. Les agens de la trésorerie pour les armées ;

7°. Les commissaires des guerres ;

8°. Les individus chargés de l'établissement et de la levée de la requisition pour le service ou l'approvisionnement des armées, et ceux preposés à la répartition et perception des contributions militaires ;

9°. Les médecins, chirurgiens et infirmiers des hôpitaux militaires et ambulances, les aides ou élèves des chirurgiens desdits hôpitaux et ambulances ;

10°. Les vivandiers, les munitionnaires et les boulangers de l'armée ;

11°. Les domestiques au service des officiers et des employés à la suite de l'armée.

de guerre ont pensé que, sous la dénomination de préposés, on entendait également ceux qui, étant chargés d'un service quelconque, sont agens des administrations; et ceux qui ne sont, pour ainsi dire, que les agens des agens et, par conséquent, étrangers, en quelque sorte, au service public. Cette question très-importante s'est sur-tout élevée dans une circonstance que je rapporterai ici comme propre à fixer l'attention. Voici à-peu-près le point de difficulté.

Le secrétaire d'un garde-magasin, ayant été préposé momentanément à des distributions pendant l'absence de cet agent, avait, à ce que l'on prétendait, insulté un commissaire des guerres; celui-ci, du moins se plaignait qu'on l'eût injurié dans sa propre maison, et il en avait dressé procès-verbal. Ce même commissaire des guerres avait ordonné les arrêts et la prison au secrétaire du garde-magasin qui, d'abord, avait obéi à ses ordres; mais qui ne tarda pas à s'y soustraire, et déclina la juridiction militaire que l'on voulait exercer sur lui; cette querelle et ce conflit d'attribution eurent un éclat très-fâcheux. L'autorité civile, dont le prévenu ou prétendu tel, avait réclamé la protection, éprouva l'opposition la plus constante de la part de l'autorité militaire. L'incompétence de celle-ci était cependant certaine; elle fut déclarée successivement par deux jugemens, l'un du conseil de guerre, l'autre du conseil de révision, sans même que ces conseils eussent encore reçu aucune instruction à cet égard, et l'affaire fut terminée par un jugement du tribunal de simple police, auquel les pièces avaient été renvoyées, et qui prononça l'absolution du prévenu.

On peut juger par la décision de compétence, portée dans cette occasion, du sens que l'on doit donner tant au paragraphe, auquel il se rapporte, qu'à ceux qui peuvent offrir quelques expressions équivoques.

Dans la nomenclature des personnes désignées comme attachées à l'armée, on ne trouve ni les concierges des prisons militaires, ni les portiers des villes fermées et fortifiées, et l'on sent que la loi n'a pas pu désigner nominativement tous les justiciables ; mais ces différentes classes d'individus sont soumises à la juridiction militaire.

La raison indique suffisamment à l'égard des portiers des villes de guerre, que les gardiens de cette espèce, ont des fonctions réellement militaires, et que pour les délits qui s'y rapportent, ils doivent être assujétis aux lois et réglemens qui régissent l'armée (1).

Quant aux concierges des prisons militaires, il faut distinguer entre ceux qui sont nommés par l'autorité militaire, placés sous sa surveillance, et n'ont jamais à garder que des prisonniers militaires, et ceux qui, nommés par l'autorité administrative, gardiens ordinaires de prisonniers civils, ne reçoivent qu'accidentellement et par emprunt des militaires dans les prisons qui leur sont confiées ; les premiers sont soumis à la juridiction des conseils de guerre (2) ; les autres sont toujours traduits devant les tribunaux ordinaires pour

---

(1) Un portier-consigne d'une place de guerre est justiciable des conseils de guerre pour les délits qui concernent son service, et des tribunaux ordinaires, pour les délits étrangers au service militaire ; et s'il s'agissait, par exemple, d'une introduction de marchandises prohibées opérée ou favorisée par lui, elle ne pourrait être soumise à l'examen du conseil de guerre sous le rapport de la fraude des droits, qui est de la compétence des tribunaux ordinaires, mais seulement comme présentant une contravention aux réglemens militaires.

(2) Un concierge même militaire, prévenu d'avoir laissé évader des *condamnés*, est toujours justiciable de la cour spéciale formée en vertu de la loi du 18 pluviôse an 9, lorsqu'il en existe une de cette espèce dans le département où il est placé,

les délits qu'ils commettent, quand même ils seraient prévenus d'avoir favorisé l'évasion d'un prisonnier militaire (1).

§ III. *Dans quels cas les femmes peuvent être justiciables des conseils de guerre.*

On pourrait aussi concevoir des doutes sur la compétence à l'égard des femmes, qui suivent quelquefois l'armée, soit qu'elles soient épouses de militaires, soit qu'elles n'aient pas ce caractère. Mais pour se fixer sur ce point d'une manière précise, on doit d'abord examiner si ces femmes sont vivandières, et pour être reconnues en cette qualité, il faut qu'elles soient autorisées par un général commandant, conformément à la loi du 30 avril 1793 (2) : si elles sont blanchisseuses attachées au corps, et pour être rangées dans cette classe, ils faut qu'elles soient commissionnées par lettre d'un chef d'escadron ou de bataillon, visée d'un commissaire des guerres, ainsi que le prescrit la même loi du 30 avril 1793.

Dans l'une ou l'autre de ces deux hypothèses, ces femmes sont justiciables des conseils de guerre, parce qu'elles sont réellement attachées à l'armée; mais si les

---

parce que ce délit est rangé parmi ceux qui sont attribués à cette cour. (Voir l'interprétation donnée aux mots *toutes personnes*, qui se trouvent dans les lois sur les cours spéciales.)

(1) La loi du 4 vendémiaire an 6 porte des peines contre les préposés à la garde des détenus qui favorisent l'évasion des prisonniers par connivence ou par négligence.

(2) Cette loi permet de désigner des vivandières suivant le besoin de l'armée, et d'attacher à chaque bataillon ou escadron quatre blanchisseuses pour le service des militaires. Ces femmes doivent porter une marque distinctive. (Voyez art. 7 de la loi du 30 avril 1793.)

femmes, qui peuvent quelquefois accompagner des militaires, ne sont, ni vivandières, ni blanchisseuses, leur présence à l'armée, qui est une espèce de contravention aux réglemens militaires, ne peut les faire assimiler aux militaires; elles rentrent dans la classe commune, et ne peuvent être justiciables que des tribunaux ordinaires; ces distinctions fondées sur les lois, ont été consacrées par l'usage, par des décisions fréquentes du ministre de la guerre et par la cour de cassation.

§ IV. *Dans quels cas les officiers réformés sont soumis à la juridiction militaire.*

On doit regarder comme militaires en activité, et comme tels justiciables des conseils de guerre, les officiers réformés, qui sont employés *activement* par les généraux commandans; pendant la durée de ce service momentanée, ils sont réellement militaires quoiqu'ils ne soient pas brevetés par le gouvernement, mais il n'en est pas ainsi des militaires réformés, tant qu'ils ne sont pas remis en activité, ils ne peuvent être considérés que comme des citoyens malgré la pension ou le traitement de retraite, dont ils jouissent; et la connaissance des délits qui leur sont imputés, appartient aux tribunaux ordinaires.

§ V. *Des membres de la gendarmerie, des militaires invalides, des vétérans, des gardes nationales, des compagnies de réserve, de gardes - côtes, des prisonniers de guerre.*

Les tribunaux ordinaires connaissent également, de tous les délits commis par les officiers, sous-officiers de gendarmerie. et par les gendarmes, lorsque ces délits sont étrangers à la discipline militaire, et la loi en leur réservant l'exercice de leur juridiction, lorsque les membres de la gendarmerie sont prévenus tout à-la-fois d'un délit militaire et d'un délit relatif au service de la police générale ou judiciaire, les autorise à appliquer les peines portées au code militaire, dans le cas où les prévenus auraient encouru, pour le délit militaire, une peine plus forte que celle résultant d'un délit relatif au service de la police générale et judiciaire ou de tout autre délit qui ne serait pas militaire par sa nature (1).

Les dispositions de la loi semblaient ne pas avoir besoin d'explication ou d'interprétation; cependant, au mois de vendémiaire de l'an 12, on soumit à l'examen du conseil d'état une question que faisaient naître à l'égard d'un gendarme les prétentions contraires d'un général commandant une division, et d'un procureur général impérial d'une cour de justice criminelle. Le conseil d'état confirma de plus en plus ces sages principes rappelés dans la loi, et son avis, sous la date du 8 vendémiaire, fut revêtu, le 13, de l'approbation du premier consul (2).

----

(1) Voyez les articles 97 et 98, titre 8, loi du 28 germinal an 6.

(2) Quoique cet arrêté soit relatif à une espèce particulière, comme il énonce des principes généraux, on a cru devoir le transcrire ici.

EXTRAIT *du registre des délibérations.*

CONSEIL D'ÉTAT.

Séance du 8 vendémiaire an 12 de la république.

AVIS.

Le Conseil d'état, qui, d'après le renvoi fait par le gouvernement, a entendu le rapport de la section de législation, sur celui du grand-juge, ministre de la justice, ayant pour objet

Ainsi la compétence des conseils de guerre est restreinte, en ce qui concerne la gendarmerie, aux délits
essentiellement militaires, et ne peut, sous aucun prétexte, être étendue au-delà de ces bornes étroites, que
le législateur a pris tant de soin de fixer.

Les militaires invalides continuant, aux termes des
lois, d'être soumis *au régime et à la discipline militaire*,
de recevo r la solde, les vivres, etc., et étant en tous
points organisés militairement, les délits dont ils peuvent

---

d'expliquer le sens des art. 97 et 98 de la loi du 28 germinal
an 6 sur l'organisation de la gendarmerie, à l'effet d'arrêter
l s usurpations des conseils de guerre de la . . . . . . division
militaire, qui se déclarent compétens pour juger les délits
commis par les gendarmes hors de l'exercice de leurs fonctions,
et de faire remettre à la disposition du tribunal criminel du
département de . . . . , le nommé . . . . . ,
gendarme à la résidence de . . . . , prévenu d'avoir,
hors de ses fonctions militaires, mutilé à coups de sabre le
citoyen . . . . , fermier à . . . . , lequel est
mort de ses blessures ;
    Vu l'article 97 de ladite loi du 28 germinal an 6, portant
que « les officiers et gendarmes seront justiciables des tribu-
» naux criminels, pour les délits relatifs au service de la
» police générale et judiciaire dont ils sont chargés; et des
» conseils de guerre, pour les délits relatifs au service et à la
» discipline militaire » et l'article 98, ainsi conçu :
    « Si l'officier, sous-officier ou gendarme est accusé tout à
» la fois d'un délit relatif au service de la police générale
» ou judiciaire, la connaissance appartiendra au tribunal cri-
» minel, qui appliquera, s'il y a lieu, les peines portées au
» code pénal militaire, quand, pour raison du délit militaire,
» les officiers, sous-officiers et gendarmes auront encouru
» une peine plus forte que celle résultant du délit relatif au
» service de la police générale, ou de tout autre délit qui ne
» serait point militaire par sa nature ; »
    Vu l'information faite par le juge de paix du canton d'H . . . ,
sur le délit imputé à L . . . . et le jugement rendu, le
13 messidor dernier, par le second conseil de guerre de

se rendre coupables doivent être jugés par les conseils de guerre; les motifs de la compétence des conseils de guerre à leur égard sont puisés dans toutes les lois et tous les réglemens qui concernent l'organisation des militaires invalides, et comme ils n'ont point cessé d'être militaires, les lois qui gouvernent l'armée leur sont toujours applicables.

La même règle doit être observée à l'égard des vétérans, lorsqu'ils sont soldés et enregimentés, mais il faut

---

la . , ... division militaire, qui se déclare compétent pour le juger sur le motif que « ce militaire n'était point de » service pour la police générale ou judiciaire, lorsqu'il a » commis les voies de fait, ainsi qu'il résulte du rapport du » maréchal-des-logis T . . . . , à son lieutenant, en » date du 22 germinal, et de la lettre du chef de légion, du 5 » de ce mois, au capitaine-rapporteur; »

Est d'avis qu'il n'y a point de doute, d'après les termes mêmes des articles 97 et 98 de la loi du 28 germinal an 6, que les attributions des conseils de guerre sont restreintes aux seuls délits relatifs au service et à la discipline militaire; que dans tous les autres cas et même dans ceux où il y aurait complication d'un délit militaire et d'un délit relatif au service de la police générale, la connaissance en appartient aux tribunaux criminels ordinaires; et qu'en conséquence le second conseil de guerre de la . . . . . . division militaire doit se dessaisir de l'affaire de . . . . . . L . . . . . . , et la remettre au tribunal criminel du département de . . . . , séant à . . . . . .

Pour extrait conforme :

Le secrétaire général du conseil d'état ,

Signé J. G. Locré.

Approuvé à Saint - Cloud , le 13 vendémiaire an 12.

Le premier consul, signé Bonaparte.

Par le premier consul :

Le secrétaire d'état, signé Hugues B. Maret.

excepter de la juridiction des conseils de guerre ceux qui ne sont pas sur le pied militaire.

Cette distinction, dont la justesse est exacte et bien sentie, sert aussi à déterminer la compétence des tribunaux à l'égard des gardes nationales.

On a toujours pensé que lorsque cette partie si intéressante de la force de l'empire est mise en *réquisition*, qu'elle est appelée, par quelques circonstances, à faire un service militaire, qu'elle est en conséquence traitée momentanément comme l'armée active, elle doit être assujétie à la juridiction militaire; que ces cas exceptés, les membres de la garde nationale, même dans leur service, ne peuvent être considérés que comme des citoyens et que leurs délits ne doivent être réprimés que par les tribunaux ordinaires (1).

La *réquisition* formelle a paru si indispensable pour établir la compétence des conseils de guerre envers les gardes nationales, que, dans le cours de l'an 8, un citoyen, ayant commis un délit en faisant un service militaire dans une place de guerre, il fut renvoyé devant les tribunaux ordinaires, par décision du ministre de la guerre; et cependant la garde nationale, dont ce citoyen faisait partie, avait été peu de tems auparavant requise par l'autorité et mise sur le pied militaire : il est vrai que le terme de la réquisition était expiré au moment du délit; mais la réquisition avait continué d'avoir son effet,

---

(1) S. M. I. et R. ayant, par son décret du 12 novembre 1806, créé des légions de gardes nationales sédentaires dans plusieurs divisions militaires de l'empire, avait ordonné que les individus qui n'obéiraient pas aux réquisitions qui leur seraient adressées, seraient punis, suivant l'exigence des cas, de peines déterminées par l'arrêté, et traduits devant des conseils de guerre formés en exécution de la loi du 13 brumaire an 5, et composés indistinctement de juges pris dans les troupes de ligne ou dans la garde nationale.

mais elle avait été renouvelée depuis le délit, mais on avait accordé à la garde nationale le rappel de sa solde pendant le tems qui s'était écoulé entre l'expiration du terme de la première réquisition et son renouvellement, et certes ces circonstances étaient bien propres à fournir des argumens en faveur de la compétence militaire; quoiqu'il en soit, on ne pensa pas qu'elles fussent de nature à faire fléchir la sévérité des principes pour enlever un citoyen à ses juges naturels, et il fut déclaré expressément que la garde nationale, ne pouvant être soumise aux lois militaires que lorsqu'elle est *légalement* requise, le service volontaire qu'elle avait fait dans l'espèce, et la solde qui lui avait été accordée pour indemnité, ne pouvaient suppléer à la réquisition formelle exigée par les lois pour donner aux citoyens le caractère militaire (1).

______

(1) S. M. I. ayant, par décret du 22 décembre 1807, licencié, à dater du 10 janvier suivant, les cohortes de gardes nationales, créées par le décret du 12 novembre 1806, a rendu, le 15 janvier 1808, un autre décret sur la manière de faire juger les individus ayant appartenu aux cohortes de gardes nationales, qui auraient été jugés par contumace pendant l'activité de ces cohortes, et n'auraient pas purgé leur contumace à l'époque du licenciement; elle a ordonné que ces individus, dans le cas où ils viendraient à se représenter ou à être arrêtés, seraient traduits devant les conseils de guerre permanens de leurs divisions respectives; et que pour ce cas seulement, ces conseils de guerre seraient composés des trois membres ordinaires les plus élevés en grade, et de quatre autres membres pris parmi les individus qui ont rempli, dans les gardes nationales en activité, les fonctions d'officiers et de sous-officiers; les fonctions de capitaine-rapporteur et de procureur impérial doivent être remplies par les officiers qui font, en cette qualité, partie des conseils de guerre permanens; et lorsqu'il y aura pourvoi en révision, les trois derniers membres du conseil de révision seront aussi remplacés par trois officiers des gardes nationales mises en activité. (Voyez les art. 1 et 2 du décret du 15 janvier 1808.)

Quoique la garde nationale en activité militaire soit soumise à la même discipline, aux mêmes tribunaux et aux mêmes peines que le reste de l'armée, cependant, hors les cas de révolte et de désobéissance en présence de l'ennemi, on ne peut exécuter contr'elle des jugemens qui prononcent des peines afflictives ou infamantes, qu'après que les généraux en ont rendu compte au ministre de la guerre, qui doit prendre à ce sujet les ordres de l'Empereur : un avis du conseil d'état, en date du 25 mars 1807, approuvé par S. M., prescrit cette formalité (1). L'Empereur s'est ainsi réservé la faculté d'examiner si, dans certaines circonstances, les peines infligées pour des délits relatifs au service, ne seraient point trop

---

(1) *EXTRAIT des minutes de la secrétairerie d'état.*

CONSEIL D'ÉTAT.

Avis du 25 mars 1807.

Le Conseil d'état, qui, en exécution d'un renvoi fait par S. M. l'Empereur et Roi, a entendu la section de la guerre sur un rapport du ministre de ce département, ayant pour objet de faire décider si les lois pénales militaires sont applicables à la garde nationale en service actif,

Vu l'art. 18 du décret du 12 novembre 1806, ainsi conçu :

« Le service d'activité militaire, requis selon l'article 17 » ci-dessus, que fait la garde nationale, l'assimile à la troupe » de ligne pour le traitement, les honneurs et les récompenses, » ainsi que pour la discipline ; »

Considérant que dans les lois et réglemens relatifs aux troupes, le mot discipline a toujours été employé pour exprimer l'ensemble des dispositions destinées à maintenir parmi elles, sous tous les rapports, l'obéissance et le bon ordre, et que le code des délits et des peines en constitue la partie la plus importante ;

Considérant que quel que soit le bon esprit dont la masse des gardes nationales est animée, il peut se trouver parmi elles

rigoureuses envers des individus étrangers au régime militaire, qui ne sont appelés que momentanément sous
les drapeaux; et l'on reconnaît, dans cette mesure paternelle, les effets de sa constante sollicitude.

Parmi les individus justiciables des conseils de guerre
permanens, il faut compter les membres des compagnies
de réserve départementales : ces compagnies, créées par
le décret impérial du 24 floréal an 13, ont une espèce
d'organisation mixte, qui a d'abord présenté quelques doutes sur la manière dont devaient être réprimés les délits
commis par ceux qui les composent; mais il a été décidé
que ces compagnies, faisant réellement partie de la force
armée active, ont, sous ce rapport, un caractère pure-
ment militaire. Tous les délits dont se rendent coupables
les membres de ces compagnies, dans le département

---

des hommes qui, pour être contenus, ont besoin d'un frein
plus fort que celui des peines morales;

Que des hommes qui combattent pour la même cause, dans
les mêmes rangs, avec le même grade et sous le même chef,
doivent être soumis aux mêmes lois et réglemens;

Est d'avis que les gardes nationales en service actif, ont été,
par décret du 12 novembre 1806, soumises aux lois militaires
ordinaires; et qu'en conséquence, elles doivent être traduites,
en cas de désertion, devant les conseils de guerre spéciaux, et
pour les autres délits dont elles peuvent se rendre coupables,
devant les conseils de guerre permanens ou les commissions
militaires compétentes : le conseil estime aussi que, vu la
clarté de l'article précité et son exécution dans ce sens, toute
interprétation est inutile, et la publication et l'impression du
présent avis superflu.

Toutefois le conseil pense que, hors les cas de désobéissance
en présence de l'ennemi, ou de révolte, les généraux, lorsqu'il
y a lieu à infliger des peines afflictives ou infamantes à des
gardes nationales en activité militaire, doivent suspendre
l'exécution du jugement et en référer au ministre de la guerre,
chargé de prendre les ordres de S. M.

Approuvé : signé NAPOLÉON.

auquel ils appartiennent et pendant l'activité de leur service, sont donc de la compétence des conseils de guerre,
et la ligne de démarcation entre les délits soumis à ces
conseils et ceux attribués aux tribunaux ordinaires, est
tracée pour les compagnies de réserve départementale,
comme pour le reste de l'armée, par le décret du 7 fructidor an 12; ainsi, les dispositions de ce décret, les principes généraux et les circonstances particulières de chaque
délit, servent à déterminer, à l'égard des membres des
compagnies de réserve, comme de tous autres militaires,
les cas où ils doivent être traduits devant les conseils de
guerre, et ceux où ils doivent être jugés par les tribunaux
ordinaires.

Il en est de même à l'égard du bataillon franc ou des
compagnies franches de l'île d'Elbe, de la Corse, et de
tous autres corps qui sont ou pourraient être organisés
sur le même pied (1).

Les individus faisant partie des cent compagnies de
canonniers gardes-côtes, créées par l'arrêté du gouvernement du 8 prairial an 11 (rendu sur le rapport
du ministre de la guerre) (2), sont aussi assimilés en
tous points aux militaires, et soumis, comme eux et
dans les mêmes cas, à la juridiction des conseils de guerre
permanens.

Quant aux membres des vingt-huit compagnies de canonniers gardes-côtes, créées par le même arrêté, et dé-

---

(1) Voyez l'arrêté du 26 prairial an 11, sur l'organisation
des bataillons francs de l'île d'Elbe et des compagnies franches
de la Corse ; et le décret impérial du 9 ventôse an 13, sur la
réunion en un seul bataillon des deux bataillons de l'île d'Elbe,
formés en exécution de l'arrêté du 26 prairial an 11.

(2) Voyez l'article 1er, de l'arrêté du 8 prairial an 11.

signées sous le nom de *sédentaires*, ils ne doivent point
être considérés comme militaires; mais seulement
comme gardes nationales (1), ainsi que le porte l'arrêté.
Lorsqu'ils ne sont pas requis et soldés, tous les délits
dont ils peuvent se rendre coupables sont de la compétence des tribunaux ordinaires de répression, et ce n'est
que pendant leur service qu'ils ont le caractère militaire.
Un avis du conseil d'état, en date du 11 thermidor
an 11, a fixé la ligne de démarcation qui existe entre les
compagnies de canonniers gardes-côtes, formées en exécution de l'art. 1er. de l'arrêté du 8 prairial an 11, et les
compagnies de canonniers gardes-côtes sédentaires, et
dissipé les incertitudes que cet arrêté de création pouvait
laisser sur la compétence (2).

---

(1) Voyez l'art. 7 de l'arrêté du 8 prairial an 11.

(2) Cet avis n'ayant pas été imprimé, je crois devoir le rapporter ici dans son entier.

EXTRAIT *des registres des délibérations du gouvernement de
la république.*

CONSEIL D'ÉTAT.

Extrait du registre des délibérations.

Séance du 11 thermidor an 11.

AVIS.

Le Conseil d'état, qui, d'après le renvoi du gouvernement,
a entendu le rapport de la section de la guerre sur celui du
ministre de ce département, tendant à faire décider comment
doivent être punis les individus composant les compagnies de
canonniers gardes-côtes qui ne se rendraient pas à leurs postes
ou qui les abandonneraient;

Considérant que les individus qui composent les cent compagnies de gardes-côtes, formées en exécution de l'article 1er.

Les prisonniers de guerre étrangers sont aussi justiciables des conseils de guerre permanens pour tous les

---

de l'arrêté du 8 prairial an 11, contractent un engagement,
qu'ils sont habillés par l'état, qu'ils reçoivent une solde an-
nuelle et constante, que leur service est compté pour arriver
à la solde de retraite et aux autres récompenses militaires, que
la sûreté intérieure pourrait être compromise, si lesdits gardes
interrompaient ou négligeaient leur service,

Est d'avis que les individus formant les cent compagnies de
gardes-côtes ci-dessus désignées, doivent être constamment
soumis, pendant la guerre maritime, à la même discipline et
police et aux mêmes peines que le reste des troupes françaises;
que pendant la paix, lesdits gardes-côtes ne doivent être soumis à la même police discipline et peines que les jours de
revue et de réunion, et lorsqu'ils seront commandés ou requis
pour un service extraordinaire.

Quant aux individus composant les vingt-huit compagnies
distinguées par le nom de gardes-côtes sédentaires, et dési-
guées dans l'article 7 du susdit arrêté, vu que le réglement
qui les crée les considère comme gardes nationales, qu'il ne
leur accorde ni solde ni fournitures, mais uniquement une
indemnité pour chaque jour de service;

Est d'avis que les susdits individus ne peuvent et ne doivent
être soumis à la discipline police et aux peines militaires que
lorsqu'ils auront été commandés ou requis de se trouver à leurs
postes, et dans le cas où, un jour d'alarme, ils manqueraient
volontairement de se rendre au lieu qui leur aurait été préalablement indiqué.

Le ministre de la guerre doit être chargé de tirer, par ses
décisions, une limite bien précise entre les différens cas, et de
faire rédiger une instruction sur la police et discipline intérieure des deux classes de gardes-côtes.

Pour extrait conforme :

Le secrétaire général du conseil d'état,

Signé J. G. LOCRÉ.

Le ministre de la guerre,

Signé ALEX. BERTHIER.

délits dont ils sont prévenus (1). Le crime de révolte à main armée est seul excepté, et la connaissance en est attribuée aux commissions militaires.

§ V. *De la compétence des conseils de guerre à raison de la matière.*

On voit par la nomenclature des individus sur lesquels s'étend la juridiction des conseils de guerre que, si la nature du crime ou du délit et les circonstances qui l'accompagnent servent souvent à régler la compétence de ces tribunaux, la qualité des personnes concourt toujours à établir cette compétence. Il est cependant une espéce de crime sur laquelle les conseils de guerre doivent prononcer dans tous les cas, quelles que soient les personnes qui s'en sont rendues coupables; il s'agit de la provocation à la désertion (2). Ce délit, qui ne doit point être confondu avec l'embauchage, est resté dans les attributions des conseils de guerre, auxquels la loi en avait déféré le jugement, et n'a point été soumis, ainsi que l'embauchage, aux commissions militaires par le décret du 17 messidor an 12. Les conseils de guerre doivent donc continuer à juger tous ceux qui en sont prévenus : des arrêts récens de la cour de cassation l'ont prescrit ainsi; mais les conseils de guerre, en s'occupant de l'instruction, doivent y donner une attention particulière, et ne pas appliquer à des individus qui n'ont fait que favoriser la désertion, et qui doivent, sous ce rapport, être jugés par les tribunaux

---

(1) Voyez l'arrêté du gouvernement du 17 pluviôse an 8.

(2) L'article 4 de la loi du 4 nivôse an 4 est ainsi conçu : « Celui qui, sans être embaucheur pour l'ennemi, l'étran- » ger ou les rebelles, engagerait cependant les défenseurs de » la patrie à quitter leurs drapeaux, sera puni de neuf années » de détention. »

I. 4

correctionnels (1), les peines réservées par la loi à ceux qui provoquent les militaires à déserter leurs drapeaux.

Enfin, il est encore une autre espèce de crime dont le jugement peut appartenir aux conseils de guerre, sans égard à la qualité des personnes qui s'en sont rendues coupables. Je veux parler des rassemblemens armés contre l'autorité légitime.

Tous les individus qui sont prévenus d'être *chefs commandans, capitaines ou instigateurs* de ces rassemblemens; tous ceux aussi qui, sans être chefs, *sont saisis dans les rassemblemens armés*, sont justiciables des conseils de guerre (2). La qualité, ou du moins le rang des rebelles, par rapport à leurs complices, et les circonstances de l'arrestation des prévenus, établissent la compétence militaire, et les conseils de guerre ne peuvent, sous aucun prétexte, juger des individus qui n'ont point été saisis dans les rassemblemens armés, ou qui n'en sont pas désignés comme les chefs ou les instigateurs.

La loi du 30 prairial an 3, dont les dispositions ne s'appliquaient primitivement qu'aux rebelles de l'ouest, fut étendue par la loi du 1er. vendémiaire de l'an 4 à tous les rebelles armés, sous quelque dénomination que ce fût (3), et ces deux lois sont encore aujourd'hui susceptibles d'exécution. Le gouvernement a eu souvent occasion de les rappeler, et la cour de cassation en a

---

(1) Voyez la loi du 24 brumaire an 6, articles 2, 3, 4, 5, 6 et 7; et celle du 17 ventôse an 8, articles 13 et 14.

(2) Voyez les articles 3 et 6 de la loi du 30 prairial an 3.

(3) Voyez les articles 1 et 2 de la loi du 1er. vendémiaire an 4.

reconnu l'existence, et prescrit l'application par différens arrêts (1).

Cependant on doit faire, sur la compétence des conseils de guerre en matière de rassemblemens armés, une remarque bien intéressante : la loi du 18 pluviôse de l'an 9 ayant attribué aux cours spéciales qu'elle a créées la connaissance *des rassemblemens séditieux, à l'égard des personnes surprises en flagrant délit dans ces rassemblemens* (2), il s'ensuit que les conseils de guerre n'ont plus *ordinairement* de juridiction à exercer, sous ce rapport, dans les départemens où il se trouve des cours spéciales de l'espèce créée par la loi du 18 pluviôse an 9 (3); mais leur compétence est maintenue dans tous les autres départemens. et ils doivent continuer de juger, conformément à la loi du 30 prairial de l'an 3, les chefs, les commandans et les instigateurs de rassemblemens, et les simples rebelles qui ont été saisis les armes à la main.

Les conseils de guerre doivent néanmoins observer encore qu'une loi du 19 pluviôse de l'an 13 (4), attribue exclusivement aux cours spéciales organisées en vertu de la loi du 23 floréal an 10 (5), le jugement du crime de rebellion exercée par une seule personne armée, ou par deux ou plusieurs personnes. même sans armes, contre la gendarmerie ou contre toute autre force armée. agissant

---

(1) Voyez notamment l'arrêt de cassation du 1er. floréal an 10 et celui du 17 du même mois, relatif à *J. B. Macarty.*

(2) Voyez l'art. 12, titre 2, de la loi du 18 pluviôse an 9.

(3) Il n'existe de cours spéciales, organisées en vertu de la loi du 18 pluviôse an 9, que dans quelques départemens.

(4) Voyez les articles 1 et 3 de la loi du 19 pluviôse an 13.

(5) Il existe des cours spéciales de cette espèce dans tous les départemens de l'empire. (Voyez les articles 2 et 3 de la loi du 23 floréal an 10).

sur la réquisition d'une autorité compétente ; et l'ordre
des juridictions, ne permet pas que, par un abus des dispositions des lois du 3o prairial an 3 et du 1er. vendémiaire an 4, ils s'attribuent ou conservent la connaissance d'un crime caractérisé par cette loi du 19 pluviôse
an 13, et par la section du Code pénal ordinaire qui s'y
trouve rappelée (1).

On vient de voir que dans les départemens où il existe
des cours spéciales organisées en vertu de la loi du 18
pluviôse an 9, les conseils de guerre ne sont point *ordinairement* dans le cas de connaître des rassemblemens
armés, et l'on a dû en conclure que cette prohibition
n'est point absolue. En effet, la compétence des cours
spéciales n'est établie pour ce crime que contre les personnes *surprises en flagrant délit dans les rassemblemens* (2) ; et si l'attribution faite aux conseils de guerre
par les lois des 3o prairial an 3 et 1er. vendémiaire an 4
est limitée de la même manière pour ce qui concerne les
simples rebelles (3), elle est générale et indépendante de
cette condition pour les chefs, les commandans, les instigateurs des rassemblemens (4) ; et les cours spéciales, au
contraire „ ne pouvant établir leur compétence à l'égard
de ces chefs, comme à l'égard de tous autres, que dans
les cas où ils ont été surpris en flagrant délit, l'attribution faite aux conseils de guerre par les lois antérieures
est restée entière en ce qui concerne les chefs, etc., *lorsqu'ils ont été arrêtés hors des rassemblemens.* Cette distinction est évidente ; elle est fondée sur le texte précis

____

(1) Voyez l'article 1er. de la loi du 19 pluviôse an 13, et les
articles 2, 3, 4, 5, 6, 8, 9 et 10, titre 1er, 4e. section, 2e.
partie du code pénal ordinaire.

(2) Voyez l'art. 12, titre 2, de la loi du 18 pluviôse an 9.

(3) Voyez l'art. 6 de la loi du 3o prairial an 3.

(4) Voyez l'art. 3 de la même loi.

des lois; elle est aussi appuyée sur la jurisprudence de la cour de cassation (1).

J'ajoute que la compétence des conseils de guerre me paraîtrait encore aujourd'hui bien établie, même dans les départemens où il existe des cours spéciales de la création du 18 pluviôse an 9, si les individus saisis en flagrant délit, sur le sort desquels il s'agirait de prononcer, avaient fait partie de rassemblemens séditieux qui eussent une organisation, une consistance quelconque, plus ou moins analogue aux anciennes bandes de rebelles des départemens de l'ouest ou du midi. La compétence exclusive des cours spéciales qui résulte d'un des articles de la loi du 18 pluviôse an 9 (2), me semble concerner plus particulièrement les rassemblemens séditieux qui peuvent être formés subitement pour un objet unique, et qui n'ont qu'une existence absolument éphémère, tandis que les lois du 30 prairial de l'an 3 et du 1er. vendémiaire de l'an 4, semblent désigner des rebelles d'une espèce encore plus dangereuse, et dont le crime ayant en quelque sorte un caractère militaire, doit être réprimé par les tribunaux militaires (3).

---

(1) Voyez l'arrêt de la cour de cassation, du 17 floréal an 10, relatif à *J. B. Macarty.*

(2) Voyez l'article 12, titre 2, de la loi du 18 pluviôse an 9.

(3) Quoique cette marche, que je crois conforme à l'esprit de la loi, dont elle ne contrarie pas les termes, ait aussi été tracée par l'arrêt déjà cité, rendu le 17 floréal an 10, par la cour de cassation, relativement à Macarty, et pour un département où il existe une cour spéciale de l'espèce du 18 pluviôse, le conseil de guerre devrait, en pareille circonstance, s'abstenir de prononcer et même de procéder, si la cour spéciale avait été saisie; et dans le cas où il aurait réclamé la connaissance de l'affaire, ses prétentions et celles de la cour spéciale seraient définitivement réglées par la décision que rendrait la cour de cassation sur l'arrêt de compétence de la cour spéciale.

§ VI. *Dans quels cas les militaires en activité de service sont justiciables des tribunaux ordinaires.*

J'ai dit que les militaires en activité ou les individus réputés tels, sont toujours soumis au conseil de guerre pour les délits qu'ils commettent; c'est en effet le principe général, mais il admet des exceptions; les militaires et ceux qui leur sont assimilés peuvent être distraits de leurs juges naturels pour les délits de la compétence des cours spéciales (1). Le conseil d'état, dans son avis, approuvé le 28 floréal an 11, par le premier consul, a déclaré que les expressions *de toutes personnes*, qui se trouvent dans les lois relatives à la compétence des cours spéciales, sont absolues et générales, qu'elles n'admettent aucune exception, et qu'elles embrassent les militaires en activité comme tous les autres citoyens; ainsi, lorsqu'il s'agit d'un des délits attribués aux cours spéciales par la loi du 18 pluviôse an 9 (2) et par celle du 23 floréal an 10 (3), la compétence de ces cours ne peut être déclinée par le militaire, et les tribunaux militaires doivent même s'abstenir spontanément d'en connaître si l'affaire leur est présentée. Cette décision du conseil d'état diminue de beaucoup la juridiction des tribunaux militaires; mais comme

---

(1) Les cours spéciales, créées par la loi du 18 pluviôse an 9 sont composées de trois juges criminels ordinaires, de trois juges militaires permanens, désignés par décret, ayant au moins le grade de capitaines, et de deux citoyens aussi choisis par S. M.; les cours spéciales créées par la loi du 23 floréal an 10, sont composées de trois juges criminels ordinaires, et de trois juges du tribunal civil du lieu où siége la cour criminelle; la première de ces cours ne peut juger qu'en nombre pair, à huit ou à six au moins, la deuxième juge toujours à six.

(2) Voyez les articles 6, 7, 8, 9, 10, 11 et 12, titre 2, loi du 18 pluviôse an 9.

(3) Voyez les articles 2 et 3, loi du 23 floréal an 10.

les crimes soumis aux cours spéciales intéressent l'ordre public et les lois générales, la connaissance des matières militaires se trouve toujours exclusivement réservée aux tribunaux militaires, et la décision du 7 fructidor an 12, qu'on a déjà citée, n'est sujette, sous ce rapport, du moins, à aucune modification. Cette décision du 7 fructidor an 12 donne lieu à une réflexion importante, c'est que, quoique postérieure de plus d'un an à celle du 28 floréal an 11, et paraissant la contrarier, elle ne doit pas cependant être considérée comme établissant une jurisprudence nouvelle : l'une fixe le sens d'une expression relative anx cours spéciales, qui sont des tribunaux d'exception ; l'autre trace la ligne générale de démarcation entre la juridiction ordinaire et la juridiction militaire.

On doit d'ailleurs rappeler ici qu'à la différence des cours spéciales, instituées par la loi du 23 floréal de l'an 10, qui se composent de juges criminels et de juges civils, et qui sont en activité dans tous les départemens de l'empire, il n'existe que peu de cours spéciales créées en exécution de la loi du 18 pluviôse an 9(1); celles-ci connaissent d'un grand nombre de crimes, tels que tous ceux commis par des vagabonds et gens sans aveu, lorsqu'ils sont susceptibles d'emporter peine afflictive ou infamante, et ceux commis par des condamnés à des peines

---

(1) Il en existe dans les départemens des Alpes, (Hautes, Basses et Maritimes) dans ceux de l'Ardèche, l'Aveyron, Bouches-du-Rhône, Calvados, côtes du Nord, Doire, Drôme, Escaut, Eure, Finistère, Gard, Haute-Garonne, Hérault, Ille-et-Vilaine, Lozère, Indre-et-Loire, Manche, Maine-et-Loire, Marengo, Mayenne, Mont Tonnère, Morbihan, Deux-Nèthes, Orne, Pas-de-Calais, Pô, Pyrénées (Basses) Rhin-et-Mozelle, Roër, Sarre, Sarthe, Seine-Inférieure, Sésia, Stura, Tanaro, Tarn, Var, Vaucluse, Apennins, Gènes et Montenotte.

Les cours spéciales doivent cesser d'exister deux ans après la paix générale.

afflictives, s'ils ont eu lieu depuis l'évasion de ces condamnés, pendant la durée de la peine ou avant leur réhabilitation civique : le vagabondage et l'évasion des condamnés sont aussi de leur compétence, ainsi que les vols sur les grandes routes, violences, voies de fait et autres circonstances aggravantes du délit; les vols dans les campagnes, les habitations et bâtimens de campagne, lorsqu'il y a eu effraction faite aux murs de clôture, au toit des maisons, aux portes et fenêtres extérieures, ou lorsque le crime a été commis avec port d'armes et par une réunion de deux personnes au moins; les assassinats prémédités (concurremment avec les cours criminelles ordinaires), l'incendie, les menaces d'incendie faites par écrit (1), la fausse monnaie, la contrebande avec attroupement et port d'armes (2), les assassinats préparés par des attroupemens armés, les menaces, excès et voies de fait contre des acquéreurs de biens nationaux, à raison de leurs acquisitions et les rassemblemens séditieux, lorsque les prévenus sont surpris en flagrant délit dans les rassemblemens.

La compétence des cours spéciales créées en vertu de la loi du 23 floréal an 10, est, au contraire, restreinte aux faux commis en écritures authentiques ou publiques, à la contrefaçon des effets publics, du sceau de l'état, du timbre national, du poinçon servant à marquer l'or et l'argent, des marques apposées au nom du gouvernement sur toute espèce de marchandises, à la connaissance des violences, voies de fait exercées avec armes ou par deux ou plusieurs personnes, même sans armes, contre la gendarmerie dans l'exercice de ses fonctions, et contre toute autre force armée, agissant sur la réquisition d'une autorité compétente (3); et si elle peut s'étendre aux crimes

(1) Voyez la loi du 12 mai 1806.
(2) Voyez la loi du 13 floréal an 11.
(3) Voyez la loi du 19 pluviôse an 13.

de fausse monnaie, d'incendie de granges, meules de blé
et autres dépôts de grains, à ceux de menaces d'incendie
faites par écrit et à la contrebande avec attroupement et
port d'armes, c'est seulement lorsqu'il ne se trouve pas
dans le département de cour spéciale de l'espèce deter-
minée par la loi du 18 pluviôse an 9 ; et par conséquent
dans les départemens où il n'en a pas été institué, les
militaires en activité qui se rendent coupables de quelques délits prévus par cette loi, et non attribués à la
cour spéciale de la création du 23 floréal an 10, restent
justiciables des tribunaux militaires (1).

Il se rencontre encore beaucoup de circonstances où
les militaires, quoiqu'en activité de service, sont justiciables des cours ou des tribunaux de répression ordinaires, c'est lorsqu'ils ont pour complices de leurs délits
de simples citoyens étrangers à l'armée. La loi du 22
messidor an 4 (2), qui a rapporté en cette partie la jurisprudence introduite par les lois des 16 mai 1792 (3) et
3 pluviôse de l'an 2 (4), et non réformée par celle du 2e.
jour complémentaire an 3, ne permet pas qu'un citoyen
soit aujourd'hui traduit devant les conseils de guerre ; et
cette loi rendant hommage au principe de l'indivisibilité
des procédures, a statué que les tribunaux ordinaires
seraient alors compétens, tant à l'égard des militaires

----

(1) La loi du 2 floréal de l'an 11, a attribué à la cour spéciale de la Seine, la connaissance de tous les faux commis en
pièces de comptabilité, qui intéresse le trésor public ; cette
cour connaissait aussi, conformément à la loi du 28 germinal
an 11, des crimes commis dans les colonies, contre la sûreté
générale et contre le gouvernement français ; mais cette attribution ne devait durer que pendant 5 années, et elle a cessé
d'exister.

(2) Voyez les articles 2 et 3, loi du 22 messidor an 4.

(3) Voyez l'article 1er, titre 1er, loi du 16 mai, 1792.

(4) Voyez l'article 14, titre 3 ; et l'article 2, titre 7, loi du
3 pluviôse de l'an 2.

qu'à l'égard de leurs complices. Peu importe que le militaire ou son co-prévenu soit le principal auteur, la règle doit être la même, et pour bien se pénétrer de ce qui caractérise la complicité, il est bon de recourir au titre 3 de la deuxième partie du Code pénal ordinaire, décrété le 25 septembre 1791, et sanctionné le 6 octobre suivant (1).

SECTION III.

De l'instruction des procédures.

§ Ier. *Des devoirs du capitaine-rapporteur.*

L'instruction de la procédure contre les prévenus militaires est faite par le capitaine-rapporteur près l'un des conseils de guerre, d'après l'ordre qui lui en est donné par le général commandant la division (2) ou par l'officier supérieur commandant sur le lieu (3); cet officier reçoit la plainte, s'il en a été fait une; à défaut de plainte régulière, la dénonciation et l'ordre du commandant en tiennent lieu. Le capitaine-rapporteur doit de suite constater le corps et les circonstances du délit, et dresser à cet égard tous les procès-verbaux nécessaires. Cette opération doit précéder toutes les autres, parce que les preuves peuvent péricliter, se détériorer et s'affaiblir, et que le corps du délit peut disparaître de quelque manière que ce soit, ou au moins être altéré; il importe

---

(1) Voyez les articles 1, 2, 3 et 4, de ce titre trois.
(2) Voyez l'article 12, de la loi du 13 brumaire an 5.
(3) Le chef d'état major, ou l'officier qui en remplit les fonctions, peut régulièrement faire la convocation du conseil de guerre, *au nom* du général ou de l'officier supérieur commandant.

donc que le capitaine-rapporteur remplisse ce premier devoir de tout officier de police judiciaire, et l'on regarde cette obligation comme si impérieuse et si précise, que dans le moment où un délit est commis, tous les fonctionnaires auxquels la loi confie le ministère d'officier de police judiciaire (1), même de simples gendarmes (2),

---

(1) Ces fonctionnaires sont le procureur général impérial, près la cour criminelle de chaque département, ses substituts magistrats de sûreté, pour les divers arrondissemens ; le président et les membres des cours spéciales, dans les affaires de la compétence de ces cours, les directeurs du jury, le procureur impérial près le tribunal de chaque arrondissement, en l'absence du magistrat de sûreté, les juges-de-paix, les capitaines et lieutenans de la gendarmerie, les maires et adjoints, les commissaires de police, les gardes champêtres et forestiers. (Voyez le code des délits et des peines du 3 brumaire an 4, articles 21, 22 et 23 ; la loi du 7 pluviôse an 9, articles 1, 3 et 4, et la loi du 18 pluviôse an 9, articles 15, 16, 18, 23 et 24.

(2) Voyez la loi du 28 germinal an 6, notamment les articles 125 et 132.

Il y a ici une remarque bien intéressante à faire, et qui s'applique à la procédure militaire, comme à l'instruction des affaires criminelles ordinaires ; c'est que si les sous-officiers de la gendarmerie, et les simples gendarmes, peuvent et doivent même constater, par des procès-verbaux, les délits dont ils acquièrent la connaissance, ainsi que le prescrit l'article 125 de la loi du 28 germinal an 6, qui n'est, à cet égard, qu'une répétition littérale de la loi du 16 février 1791, et si les procès-verbaux peuvent être joints à la procédure, ils ne doivent cependant être considérés, jusqu'à un certain point, que comme renseignemens, et ne dispensent pas de dresser les procès-verbaux qui constatent le délit et ses circonstances, et qui doivent nécessairement faire partie des pièces de l'instruction. Les gendarmes et sous-officiers de la gendarmerie n'ont point reçu, de la loi, le caractère d'officiers de police judiciaire, à la différence des officiers de l'arme qui ont ce titre, et dont les procès-verbaux, doivent toujours être annexés à l'accusation, et ne sont pas dans le cas d'être renouvellés par les ma-

peuvent le constater, en saisir les preuves matérielles, faire arrêter les prévenus, sauf à les traduire devant les magistrats désignés par la loi (1); et qu'en matière de juridiction militaire, comme en toute autre, ces premiers indices, quelquefois si importans pour la découverte de la vérité, ne sauraient être recueillis avec trop de soin. Quelle que soit d'ailleurs la qualité des prévenus, quelles que soient les discussions de compétence auxquelles cette qualité, la nature et le théâtre du délit peuvent ensuite donner lieu, les premiers procès - verbaux dressés ne doivent point être écartés de la procédure. Le titre d'officier de police judiciaire suffit, sans qu'il y ait lieu d'examiner si c'est un officier civil ou militaire; et il est constant qu'à défaut de capitaine-rapporteur, présent sur les lieux, les officiers de police judiciaire civils, notamment les magistrats de sûreté, peuvent dresser les procès-verbaux contre des militaires prévenus, les interroger et recevoir la déclaration des témoins qui se présentent, ou sont indiqués comme ayant connaissance des faits, décerner même des mandats de dépôt sans égard à la qualité des prévenus, quoiqu'il n'y ait pas de complices non militaires, et à la charge seulement de renvoyer les prévenus et les premiers actes d'instruction au général commandant la division, dans l'arrondissement de laquelle les délits ont été commis ou les prévenus arrêtés.

§ II. *De l'audition des témoins.*

Après que l'existence du délit est bien reconnue, que les circonstances en sont régulièrement constatées, que

gistrats chargés de l'instruction, à moins qu'ils ne soient reconnus imparfaits et insuffisans.

(1) Les procureurs généraux et leurs substituts, magistrats de sûreté, les directeurs du jury et les juges de paix.

les preuves matérielles et les pièces de conviction, s'il y en a, ont été recueillies, le capitaine-rapporteur procède à l'audition des témoins (1). Chaque déposition est signée du témoin, du capitaine-rapporteur et du greffier (2). Si le témoin ne sait ou ne veut pas signer, il en est fait mention (3); les dépositions sont inscrites de suite sur un même procès-verbal d'information, et séparées seulement par les signatures dont on vient de parler.

L'audition des témoins et la transcription exacte, claire, précise de leurs dépositions, sont des opérations de la plus haute importance; et si dans les procédures ordi-

---

(1) Il semblerait résulter de l'article 13 de la loi du 13 brumaire an 5, qu'après avoir reçu la plainte, et avant d'avoir constaté les preuves matérielles du délit, le capitaine rapporteur devrait entendre les témoins; mais les témoins, dont l'audition peut se faire, pour ainsi dire, au moment même où l'on reçoit la plainte, sont ceux qui se présentent pour rendre compte du délit qui vient de se passer sous leurs yeux, et dont les déclarations spontanées peuvent même être insérées dans le procès-verbal du délit. Quant à l'audition des témoins qui sont appelés pour le complément de l'instruction, elle est nécessairement postérieure au procès-verbal de délit, puisque la rédaction de ce procès-verbal est le premier acte de poursuite, qu'elle doit suivre immédiatement la plainte, et qu'elle peut même, en certains cas, la précéder, parce que tout officier de police judiciaire qui est témoin d'un délit ou qui en est informé par la voix publique, est obligé de le constater, sans attendre qu'il lui en soit porté plainte.

(2) Quoique l'article 13 ne fasse mention que de la signature du témoin; celle du capitaine-rapporteur et celle du greffier doivent également être apposées à la suite de chaque déposition; c'est une formalité d'autant plus nécessaire que les témoins étant libres de se dispenser de signer, c'est le seul moyen alors de constater l'authenticité de leurs dépositions; l'article 14 indique d'ailleurs suffisamment que tout ce qui constitue l'information doit être signé du capitaine rapporteur et du greffier dont il est assisté.

(3) Voyez l'article 13 de la loi du 13 brumaire an 5.

naires cette partie de l'instruction doit être faite avec beaucoup de soin , surtout depuis que, conformément à la loi du 7 pluviôse de l'an 9, qui a créé les substituts magistrats de sûreté , les témoins ne sont plus entendus devant le jury d'accusation, et que leurs déclarations écrites servent de bâse à ses décisions , sans pourtant qu'elles puissent être produites aux jurés de jugement ; dans les procédures militaires, le capitaine-rapporteur a encore de plus grandes obligations à remplir que le magistrat civil, puisque le procès-verbal d'information est mis sous les yeux du conseil de guerre, qui prononce définitivement, que c'est en quelque sorte là le type de la condamnation ou de l'absolution des prévenus, et qu'à la rigueur, et d'après les termes de la loi, le conseil pourrait juger sans recevoir les dépositions orales des témoins.

§ III. *Des mesures qui doivent être prises pour assurer la comparution des témoins , et réprimer leur désobéissance.*

Je crois nécessaire de consigner d'abord ici quelques dispositions législatives qui concernent la manière de faire comparaître les témoins ou de recevoir leurs déclarations : la loi du 13 brumaire an 5 a bien prévu (1) le cas où les témoins refuseraient de déposer, et elle a ordonné qu'il serait passé outre à l'information ; mais elle ne parle point du refus que pourraient faire les témoins de comparaître devant le capitaine-rapporteur. Parmi les lois pénales ordinaires , il en existe une qui a formellement prévu cette circonstance, c'est celle du 11 prairial an 4 ; elle porte des peines correctionnelles contre les

----

(1) Voyez le dernier paragraphe de l'article 13 de la loi du 13 brumaire an 5.

témoins réfractaires et contre les officiers de santé, qui auraient mal-à-propos attesté une maladie ou des infirmités, ou des motifs d'empêchement; et d'après le principe explicitement consigné dans la loi du 16 mai 1792 et dans celle du 3 pluviôse an 2, et rappelé, quoique d'une manière générale, dans celle du 21 brumaire an 5, que dans l'insuffisance des lois pénales militaires il y a lieu de recourir aux lois pénales ordinaires, on peut, en vertu de cette loi du 11 prairial de l'an 4, faire prononcer des peines contre les témoins qui ne comparaissent pas devant le capitaine-rapporteur.

Les dispositions de cette loi ne s'appliquent pas, il est vrai, à tous les cas de non comparution des témoins en matière criminelle ordinaire; elle ne parle que des témoins non comparans devant le directeur du jury et devant le jury d'accusation, et elle ne peut conséquemment être étendue à ceux qui sont appelés devant les cours criminelles ou devant les juges de ces cours, chargés de l'instruction des procédures. Mais les capitaines-rapporteurs peuvent être considérés tout à-la-fois comme faisant fonctions de directeurs du jury et de jurys d'accusation : et quoiqu'en matière pénale on ne puisse pas étendre les dispositions d'un cas à un autre, il est certain que la peine résultante de l'article 2 de la loi du 11 prairial an 4, est régulièrement applicable à un témoin dans le cas de non comparution devant un capitaine-rapporteur. Si le témoin est militaire, et ne peut pas alléguer d'excuse valable, il est traduit devant le conseil de guerre; mais si le témoin n'est pas militaire, comme il ne peut pas alors être justiciable du conseil de guerre, il doit être renvoyé devant le tribunal correctionnel de son arrondissement.

On pourrait avoir des doutes sur ce point, à raison de ce qui se pratique à l'égard des témoins non comparans devant les cours de justice criminelle ordinaire ou spéciale. Ces cours ont le droit, conformément à l'art. 421

du Code des délits et des peines du 3 brumaire an 4, de décerner des mandats contre les témoins réfractaires, de les faire amener par la force armée, de les faire garder pendant tout le tems des débats, et de les condamner, suivant les circonstances, aux frais frustratoires que leur désobéissance a entraînés, ou à une amende triple de leur contribution personnelle; la loi du 11 prairial an 4 doit être restreinte en matière criminelle ordinaire à l'instruction qui se fait devant le directeur du jury, et à celle qui se faisait autrefois devant le jury d'accusation lui-même, et cette loi ne peut pas être appliquée à la non comparution du témoin devant la cour criminelle; mais il faut remarquer que dans l'espèce, il existe des dispositions de lois qui concernent *nominativement* les témoins non comparans devant les cours de justice criminelle, et que ces cours ne peuvent pas s'en écarter pour recourir à d'autres dispositions législatives qui leur sont étrangères. Aucune loi, au contraire, n'a prévu la non comparution des témoins devant le capitaine-rapporteur, et dans la nécessité d'en choisir une dans le Code ordinaire, celle du 11 prairial an 4, par une plus grande analogie, doit être prise pour règle (1).

Il ne peut pas, au reste, être douteux que le capitaine-rapporteur ne soit autorisé en cette qualité, et pour arriver au complément de l'instruction qui lui est déléguée, à décerner les mandats d'amener, et à faire saisir et conduire devant lui par la force armée, *tout* témoin qui refu-

______

(1) A ces considérations, on peut ajouter, comme raison subsidiaire, que le décret impérial du 12 novembre 1806, qui a créé les tribunaux maritimes, a formellement déclaré (article 14, titre 7) que les peines portées par la loi du 11 prairial an 4, doivent être prononcées par le tribunal maritime lui-même, contre les témoins qui, ayant comparu, refusent de déposer.

serait de comparaître, sans alléguer des motifs d'excuse légitime. Cette faculté est une suite nécessaire de l'obéissance que tous les citoyens doivent aux mandemens de justice.

§ IV. *Des commissions rogatoires.*

La loi du 13 brumaire an 5 ne parle point des commissions rogatoires ; mais cette formalité a été indiquée dans les lois militaires précédentes : elle est autorisée par les lois criminelles ordinaires, et doit même être d'un usage plus général dans l'instruction des procédures militaires, à raison du déplacement habituel des corps et des individus qui composent l'armée ; la loi du 18 prairial de l'an 2 a d'ailleurs déterminé un mode particulier pour l'audition des témoins militaires cités à comparaître, *hors du lieu de leur residence actuelle*, devant les tribunaux militaires ou ordinaires ; la non abrogation de cette loi a été formellement reconnue par la cour de cassation, et chaque jour elle reçoit son exécution ; le capitaine-rapporteur doit alors rédiger les séries de questions qu'il desire faire présenter aux témoins : ces questions sont préalablement communiquées au prévenu qui, indépendamment des observations qu'il est autorisé à faire, dont il doit être tenu note, et qui sont présentées au témoin en même tems que les questions, peut encore rédiger lui-même, ou faire rédiger en son nom, des séries de questions pour être adressées aux témoins qu'il desire faire entendre pour sa décharge (1). Les réponses des témoins à ces séries de questions sont considérées comme dépositions orales (2), et si cette règle a été et est encore observée pour les cours de justice criminelle ordinaires jugeant avec jurés, et devant lesquelles il est habituellement défendu de lire au-

____

(1) Voyez les articles 3 et 4, loi du 18 prairial an 2.
(2) Voyez l'article 10 de la même loi.

I. 5

cune déposition écrite (1), si cette marche était indiquée pour les tribunaux militaires qui étaient en vigueur en l'an 2, et qui jugeaient aussi avec jurés et sur des dépositions orales (2), à plus forte raison doit-on y recourir sans difficulté dans l'état actuel des choses, puisque les conseils de guerre ne sont pas astreints à entendre les témoins, qu'ils peuvent prononcer sur des dépositions écrites, et que ce mode autorisé par la loi du 18 prairial an 2, amène les mêmes résultats que l'instruction ordinaire faite immédiatement par le capitaine-rapporteur. Cependant comme il est difficile de retrouver dans la déposition d'un témoin éloigné du juge instructeur et du prévenu, cette exactitude, ces traits caractéristiques qui décèlent quelquefois la vérité; comme on ne peut pas confronter un témoin absent, soit avec le prévenu, soit avec tel autre témoin, dont les dires paraissent ou sont en effet contraires; le législateur par une sage prévoyance, a voulu que, dans ce cas, après la communication qui doit être faite au prévenu, des réponses du témoin sur lesquelles il est appelé à faire des observations (3), il fût permis, soit au capitaine-rapporteur, soit au prévenu, soit au conseil de guerre, lorsque la déposition ne l'éclaire pas assez, de faire interroger une seconde fois le témoin, tant sur les faits principaux que sur ce qui a donné lieu aux observations (4). Cette seconde audition peut aussi être ordonnée d'office au nom

---

(1) Voyez les articles 365 et 477 du code des délits et des peines du 3 brumaire an 4; ce dernier article permet seulement de lire les dépositions des témoins décédés pendant l'absence d'un individu condamné par contumace, et qu'il s'agit de juger contradictoirement.

(2) Voyez l'art. 4, titre 12, de la loi du 3 pluviôse an 2.

(3) Voyez les articles 6 et 7 de la loi du 18 prairial an 2.

(4) Voyez les articles 8 et 9 de la même loi.

du capitaine-rapporteur qui remplace aujourd'hui l'officier de police militaire, et au nom du conseil de guerre,
indépendamment des observations du prévenu dont on
a précédemment parlé (1).

§ V. *Des formalités à remplir à l'égard de quelques
fonctionnaires, lorsqu'ils sont appelés en témoignage.*

Il existe dans la législation des formalités particulières
pour l'audition des témoins qui sont revêtus de certaines
fonctions publiques ; la loi du 20 thermidor an 4 (2)
avait déterminé que les membres du corps législatif et
du directoire exécutif, et les agens diplomatiques ou de
commerce chez l'étranger, ne pourraient être forcés de
s'éloigner de la commune où ils se trouvent pour venir
déposer devant les tribunaux, et qu'en matière criminelle leurs dépositions seraient reçues par un magistrat
de leur résidence sur la demande du juge chargé de l'instruction (du capitaine-rapporteur lorsqu'il s'agit d'une
procédure militaire), et sur une série de questions rédigée par lui. Ces dispositions, qui continuent d'être en
vigueur relativement aux membres du corps législatif et
aux agens diplomatiques, ont été étendues par arrêté
du gouvernement en date du 14 germinal an 8, aux
membres du conseil d'état. L'arrêté du 7 thermidor an 9
les a déclarées applicables aux sénateurs ; ce même arrêté
a statué que les préfets, les sous-préfets et les maires,
jouiraient du même avantage ; et par décret impérial
du 20 juin 1806, les commissaires généraux de police et
leurs délégués, ont été rangés à cet égard dans la même
classe que les préfets et les maires. L'article 4 statue ce-

---

(1) Voyez l'article 8 de la loi du 18 prairial an 2.
(2) Voyez les articles 1, 2 et 3 de la loi du 20 thermidor
an 4.

pendant que si le juge regarde leur déplacement comme nécessaire, comme indispensable, il en fera part à son excellence le grand-juge, en lui communiquant les motifs de cette opinion, et que le grand-juge accordera ou refusera l'autorisation de les citer en personne (1).

§ VI. *De l'authenticité des déclarations des témoins.*

La loi du 13 brumaire an 5 ne parle point de la promesse à exiger de chaque témoin *de parler sans haine et sans crainte, de dire la vérité, toute la vérité, rien que la vérité;* cependant, indépendamment de ce qui était prescrit à cet égard par les lois militaires précédentes (2), on doit considérer que cette promesse est indispensable de la part des témoins, et qu'elle doit toujours être exigée.

Les déclarations des témoins, faites devant le capitaine-rapporteur, ont un caractère d'authenticité; ces déclarations peuvent n'être pas répétées devant le conseil; on peut prononcer le jugement sur le procès-verbal qui en est dressé, et c'est un motif impérieux d'exiger la promesse; quoique dans toutes les circonstances les témoins doivent à la justice la déclaration de la vérité, il semble que la solennité d'une promesse faite devant un tribunal ou celui qui le représente, soit de nature à faire naître dans l'âme du témoin une espèce de respect religieux, et puisque cette formalité a été sévèrement ordonnée pour la procédure devant les tribunaux ordinaires, on doit également l'observer avec exactitude pour l'instruction militaire. Il s'était bien élevé quelques doutes, après la publication de la loi du 7 pluviôse de l'an 9, sur la question de savoir si les témoins appelés devant le directeur

---

(1) Voyez l'article 4 de l'arrêté du 7 thermidor an 9.

(2) Voyez l'art. 36 de la loi du 29 octobre 1790, et l'art. 3, titre 12, loi du 3 pluviôse an 2.

du jury d'accusation devaient prêter serment et faire la promesse dont il s'agit : les motifs de douter résultaient du silence qu'à gardé à cet égard le Code des délits et des peines, du 3 brumaire an 4, qui ne parle de la promesse qu'aux articles 185 et 350, concernant les tribunaux correctionnels et criminels, et du défaut de dispositions précises sur ce point dans la loi du 7 pluviôse de l'an 9, qui a introduit des changemens remarquables dans l'instruction criminelle ; mais les divers tribunaux de l'empire n'ont pas tardé à reconnaître comme une règle générale, que les témoins entendus en justice doivent prêter serment ou faire la promesse, etc. ; que leurs dépositions dégagées de cette formalité ne seraient pas suffisamment authentiques, et que quoique le législateur n'ait pas exprimé d'une manière formelle l'obligation de la promesse devant le directeur du jury d'accusation, ou devant le jury d'accusation, qui, depuis la loi du 7 pluviôse, ne reçoit plus les déclarations orales des témoins, il est néanmoins dans le vœu de la loi que cette promesse soit toujours faite.

§ VII. *Des mesures à prendre contre les faux témoins.*

Il ne peut rester aucune incertitude sur la nécessité d'exiger de tous les témoins la promesse de parler sans haine et sans crainte, de dire la vérité, toute la vérité, rien que la vérité, et l'examen que j'ai fait de cette question me conduit naturellement à rappeler que lorsqu'un capitaine-rapporteur, dans son instruction, ou un conseil de guerre pendant les débats, reconnaît qu'un témoin fait une déclaration qui paraît évidemment fausse, il doit de suite en dresser procès-verbal, ainsi qu'il est prescrit par l'article 367 du Code du 3 brumaire an 4, faire arrêter le prévenu, et le renvoyer, s'il y a lieu, devant le substitut magistrat de sûreté de l'arrondissement, si le témoin n'est pas militaire, ou si, quoique militaire, il n'était pas présent à son corps au moment où il a été cité en témoignage. Le capitaine-rapporteur doit se réserver l'instruction, si le prévenu se trouve soumis à la juridiction militaire, et procéder comme dans toute autre circonstance.

Une loi du 14 germinal an 2 (1) avait spécialement prévu le cas de faux témoignage devant les tribunaux militaires ; elle avait rapporté et rendu alors applicables à ces tribunaux les dispositions prescrites par le code pénal ordinaire de 1791, pour la forme de procéder à l'égard des individus qui portent de faux témoignages devant les tribunaux ordinaires, et il est assez naturel d'en conclure, surtout d'après le silence des lois militaires sur la matière, que la marche qui est actuellement suivie dans ce cas par les tribunaux ordinaires, doit l'être également par les tribunaux militaires.

On remarque seulement à l'égard de la compétence, que la loi du 14 germinal an 2, rend justiciables des tribunaux militaires les Français non militaires qui, étant appelés à déposer hors du territoire français devant des tribunaux militaires, se rendent coupables de faux témoignage (2) ; et cette exception, bien qu'elle soit contraire au droit commun et aux principes qui règlent actuellement la juridiction militaire, semble néanmoins susceptible d'être conservée sans danger ; le cas auquel elle s'applique est extraordinaire, et l'avantage de l'exemple serait évidemment perdu, si le faux témoin qui a déposé hors du territoire français y était ramené pour être jugé. On peut ajouter à ces observations que la compétence

---

(1) Voyez les articles 1 et 2 de la loi du 14 germinal an 2.
(2) Voyez les articles 5 et 6 de la même loi.

du tribunal, qui devrait alors prononcer, serait incertaine, puisqu'elle est ordinairement déterminée par le lieu où le délit a été commis, et que dans l'espèce, on ne pourrait pas recourir à cette règle.

J'ai dit que le capitaine-rapporteur doit renvoyer le prévenu de faux témoignage devant le substitut magistrat de sûreté, lorsqu'il n'est pas justiciable du conseil de guerre, et l'on pourrait s'en étonner en consultant le Code des délits et des peines ; mais ce renvoi est cependant la seule marche régulière. Depuis la promulgation de la loi du 7 pluviôse an 9, les formalités particulières indiquées par le Code pour la poursuite criminelle en matière de faux témoignage, ne peuvent plus être observées, sauf la rédaction du procès-verbal qui doit toujours avoir lieu sur le champ.

§ VIII. *Des personnes dont la loi rejette le témoignage.*

Je me suis un peu étendu sur l'audition des témoins ; mais quel est le magistrat, quel est le citoyen qui ne serait pas, comme moi, convaincu de toute l'importance de cette partie de la procédure militaire, et de l'influence qu'elle a nécessairement sur les jugemens des conseils de guerre ? Il me reste à faire mention des personnes dont le témoignage est reprouvé par la loi ; elles sont désignées à l'article 358 du Code ordinaire des délits et des peines du 3 brumaire an 4, et ces prohibitions, fondées sur les principes de la nature et de la saine morale, sont communes à tous les tribunaux. En conséquence, on ne peut entendre comme témoins le père, la mère, l'aïeul, l'aïeule, ou tout autre ascendant du prévenu ; son fils, sa fille, son petit-fils, sa petite-fille, ou autre descendant ; son frère ou sa sœur ; ses alliés aux degrés ci-dessus, et sa femme ou son mari (s'il s'agit de juger une femme), même après le divorce prononcé (1). La loi rejette aussi la déposition du dénonciateur, quand il s'agit de délits dont la dénonciation est récompensée pécuniairement, ou lorsque le dénonciateur peut de toute autre manière profiter de l'effet de sa dénonciation (2).

Ce serait une étrange erreur de conclure de la question que l'on adresse au témoin pour s'assurer s'il n'est point serviteur ou domestique du prévenu (3), que l'on ne doit jamais entendre un domestique pour ou contre son maître; ce témoignage est sans doute, en général, très-suspect; mais il peut quelquefois être du plus grand intérêt, du plus grand poids même; il suffit d'ailleurs que la loi ne l'ait pas formellement rejeté pour qu'il doive être reçu et consigné dans le procès-verbal d'instruction, et répété aux débats, sauf au capitaine-rapporteur et au conseil de guerre à l'apprécier et à y avoir tel égard, que de raison, suivant l'espèce et les circonstances.

Il est bon de savoir aussi que dans les affaires qui comprennent plusieurs personnes, les prohibitions contre les témoins pour cause de parenté, doivent exclure indistinctement les parens aux degrés prohibés de l'un ou de

______

(1) Divers arrêts de la cour de cassation ont cependant établi que la prohibition de l'article 358 du code du 3 brumaire an 4, ne s'étend point aux procédures qui s'instruisent devant les tribunaux correctionnels : ainsi, en admettant cette jurisprudence, qui peut toutefois être combattue avec avantage, les conseils de guerre, qui sont chargés de prononcer sur les délits correctionnels, comme sur les crimes caractérisés, pourraient, lorsqu'il y aurait lieu, recevoir le témoignage des personnes désignées en l'article 358 du code des délits et des peines, s'ils avaient à s'occuper d'une affaire correctionnelle.

(2) Voyez l'article 358 du code du 3 brumaire an 4, paragraphe 5.

(3) Voyez l'article 351 du même code.

l'autre des co-prévenus ; ce principe se trouve consacré expressément par la loi du 5 ventôse an 4.

§ IX. *De l'interrogatoire des prévenus.*

Après que les dépositions des témoins ont été reçues, le capitaine-rapporteur procède à l'interrogatoire du prévenu (1) ; s'il se trouve plusieurs individus compris dans la même procédure, ils doivent être interrogés séparément (2) ; l'interrogatoire est lu au prévenu, et cette lecture n'est point une vaine formalité, puisque le prévenu doit être interpellé de déclarer si ses réponses ont été fidèlement transcrites, si elles contiennent vérité, s'il y persiste, s'il n'a rien à y ajouter, rien à retrancher. Il doit aussi être invité à signer, et s'il refuse ou s'il est illétré, il doit en être fait mention (3) ; l'interrogatoire est clos par la signature du prévenu, s'il a signé, ou par l'annotation qui la remplace, et par celles du capitaine-rapporteur et du greffier. S'il y a plusieurs prévenus, leurs interrogatoires sont inscrits de suite sur le même procès-verbal, sans autre intervalle que ces signatures, et après l'interrogatoire, il est donné lecture au prévenu du procès-verbal d'information (4). Le capitaine-rapporteur dit ensuite au prévenu de se choisir un défenseur qui peut être pris dans toutes les classes de citoyens présens sur les lieux (5), et si le prévenu ne fait pas de choix, le capitaine-rapporteur doit lui-même y suppléer (6).

---

(1) Voyez l'article 15, loi du 13 brumaire an 5.

(2) Voyez l'article 16, *ibid.*

(3) Voyez l'article 17, *ibid.*

(4) Voyez l'article 18, *ibid.*

(5) Voyez l'article 19, *ibid.*

(6) Ce n'est qu'après avoir subi un interrogatoire que l'accusé

La faculté accordée au prévenu de choisir un défenseur dans toutes les classes de citoyens, n'a été introduite que depuis le 27 fructidor an 4 (1); la loi en date de ce jour rapporte, en cette partie, celle du 2ᵉ. jour complémentaire an 3; avant cette époque, les prévenus militaires n'avaient pas le droit de choisir leur défenseur parmi tous les citoyens indistinctement; leur choix était circonscrit dans les militaires, s'ils étaient militaires, et dans les individus attachés à l'armée, s'ils étaient eux-mêmes dans cette classe (2); et l'on sent que cette restriction ôtait à l'innocence de grandes ressources pour faire triompher la vérité, puisque les prévenus étaient souvent obligés de s'en rapporter à des militaires peu versés dans les affaires contentieuses, et dont le zèle ou l'amitié étaient les seuls titres à leur confiance. La nécessité de terminer promptement les procédures militaires avait sans doute motivé ces entraves: on craignait d'occasionner des lenteurs, ou même de livrer à la ruse de certains chicaneurs, la loyauté et la franchise des juges militaires, et de les exposer ainsi à faire rentrer dans la société et dans les rangs des braves quelques hommes dangereux, sur les délits desquels des défenseurs perfides seraient parvenus à jeter le voile de la mauvaise foi. Mais cette crainte était peu fondée; on peut assurer que si par hasard un astucieux défenseur employait une seule fois des moyens réprouvés par la délicatesse et l'honneur, et

---

doit communiquer avec un défenseur : (voyez les articles 15, 16, 17, 18 et 19 de la loi du 13 brumaire an 5) ses premières réponses doivent émaner de lui ; et si elles pouvaient être concertées avec celui qui sera chargé de sa défense, il en résulterait beaucoup d'inconvéniens.

(1) Voyez les articles 1 et 2 de la loi du 27 fructidor an 4.

(2) Voyez l'article 12 de la loi du deuxième jour complémentaire de l'an 3.

par la noble profession d'avocat, pour faire absoudre un homme vraiment coupable, le tribunal qu'il aurait trompé ne serait pas une seconde fois dupe de ses intrigues; et l'on ne craint pas d'avancer que la plus mauvaise recommandation pour un prévenu est de donner spontanément sa confiance à un défenseur qui n'a pas mérité l'estime publique. Quoiqu'il en soit, les restrictions déterminées par les lois antérieures à celles du 27 fructidor an 4, relativement au choix des défenseurs en matière militaire, étaient trop contraires à l'humanité et à l'exercice du droit de défense, qui est un droit naturel, un droit général, pour que toute autre considération ne dût pas céder à celle qui a motivé la loi de l'an 4; aussi le législateur n'a pas manqué d'en faire une mention nouvelle dans la loi qui a substitué les conseils de guerre aux conseils militaires.

La loi ne veut pas que la convocation du conseil de guerre puisse jamais être retardée par le fait du défenseur (1), et cette précaution nécessaire est une barrière suffisante aux tracasseries de la chicane. Mais le législateur, aussi attentif aux intérêts du prévenu qu'à ceux de la société, a ordonné qu'il fût donné communication au défenseur du procès-verbal d'information, de l'interrogatoire du prévenu et de toutes les pièces, tant à charge qu'à décharge (2). Cette communication doit être rendue facile, et quoique ce soit surtout le fait du greffier, cependant c'est au capitaine-rapporteur qu'il appartient de tenir la main à ce que cet article de la loi soit exactement rempli, car son exécution est inhérente à la défense; et si, en matière militaire, le prévenu ne reçoit pas, comme dans les procédures criminelles ordinaires,

---

(1) Voyez l'article 20, loi du 13 brumaire an 5.
(2) Voyez l'article 21, *ibid.*

une copie de toutes les pièces (1), au moins faut-il que la lecture qui lui en est faite après son interrogatoire, et la communication qui en est donnée à son défenseur, suppléent autant qu'il est possible au défaut de cette remise, et qu'il ne soit pas privé des moyens de faire éclater son innocence ou d'atténuer sa culpabilité, soit par ses propres forces, soit par l'organe de celui qu'il a chargé du soin de sa défense.

§ X. *De la nomination des interprètes dans le cas où les juges, les accusés et les témoins ne parlent pas la même langue.*

·Il peut arriver assez fréquemment aujourd'hui que les accusés, les témoins, ou l'un d'eux, ne parlent pas la même langue ou le même idiôme, ou qu'ils ne parlent pas la langue française; il doit alors être nommé un interprète pour établir la communication et prévenir les méprises.

Cet interprète est choisi par le capitaine-rapporteur, qui est chargé de l'instruction, sauf à faire agréer son choix par le président du conseil, lorsque l'affaire y est portée. Le président, toutefois, a le droit d'en désigner un lui-même pour l'instruction qui se fait devant le conseil; la loi du 3 brumaire an 4, dans laquelle nous puisons ces règles, ne défère ce choix qu'au président de la cour criminelle; mais il n'en est pas moins vrai que les directeurs du jury et les magistrats de sûreté doivent appeler des interprètes lorsque leur ministère est indispensable pour leurs opérations. L'interprète peut être récusé par l'accusé, et si la récusation avait lieu, les motifs devraient en être jugés par le conseil.

---

(1) Voyez l'article 320 du code du 3 brumaire an 4.

La loi permet de choisir l'interprète, du consentement de l'accusé et du capitaine-rapporteur, parmi les témoins et même parmi les juges; mais on croit, qu'à moins de nécessité absolue, il est plus convenable et moins dangereux de désigner, pour cette importante commission, un individu étranger au tribunal et à l'objet de chaque affaire.

L'interprète doit être âgé de vingt-cinq ans au moins; cette condition est de rigueur. Il est inutile de faire observer, qu'indépendamment de la connaissance parfaite qu'il doit avoir du rapport qu'ont entr'elles les langues parlées par les juges, les accusés et les témoins, et dont la diversité nécessite son appel, il est bon qu'il ne soit pas tout à fait étranger à la connaissance des lois et aux expressions particulières qu'offre leur rédaction, et qu'il est sur-tout indispensable qu'il soit d'une probité et d'une moralité éprouvées. Les dangers que pourrait entraîner le mauvais choix d'un interprète se présentent d'eux-mêmes, et il est d'autant plus important de les prévenir que les résultats en seraient irréparables.

L'interprète doit promettre de traduire fidèlement, et suivant sa conscience, les discours à transmettre entre ceux qui parlent des langages différens, de n'y rien omettre, de n'y rien ajouter, de n'y rien changer. Cette promesse est reçue d'abord par le capitaine-rapporteur qui en dresse procès-verbal, elle est renouvelée ensuite devant le conseil (1).

____

(1) Voyez, pour ce qui concerne la nomination des interprètes, les articles 368 et 369 du code des délits et des peines, du 3 brumaire an 4.

SECTION IV.

De la convocation du conseil de guerre.

L'instruction étant terminée, le capitaine-rapporteur doit en donner avis au général commandant la division sur l'ordre duquel le conseil se réunit (1).

Lorsque le conseil de guerre est une fois assemblé, il ne peut pas désemparer avant d'avoir prononcé définitivement sur le sort des prévenus, pour le jugement desquels il a été convoqué (2).

Cette disposition de la loi a fait naître la question de savoir si le conseil de guerre ne peut pas s'ajourner, quelle que soit la longueur des débats, et s'il est obligé de proroger ses séances et de ne quitter, en quelque sorte, le siége que pour prononcer un jugement définitif. Les termes de la loi paraissent impératifs et autorisent ce doute ; cependant, comme dans le nombre des affaires militaires, il peut s'en trouver quelquefois de fort compliquées, tant à raison du délit et de ses circonstances, que du nombre des témoins et des prévenus, et même de la qualité de ceux-ci, il peut être, en certains cas, physiquement impossible de juger *sans désemparer* en prenant ces expressions dans un sens absolu, et on ne peut pas supposer que le législateur ait consacré, comme obligatoire, un mode de procéder d'une impossibilité physique reconnue.

Ces considérations sont déterminantes, et il faut en conclure, avec assurance, que le vœu de la loi est

----

(1) Voyez l'article 22, loi du 13 brumaire an 5.
(2) Voyez l'article 27, *ibid.*

suffisamment rempli lorsque le conseil de guerre, en renvoyant successivement d'une séance à l'autre les débats d'une affaire qui n'est pas de nature à être terminée dans une seule, n'intercalle, dans l'intervalle de ces diverses séances, l'instruction d'aucune autre affaire, et que c'est dans ce sens que l'article à interpréter, doit être entendu et exécuté ; la justesse de ces observations et la nécessité d'adopter cette marche, ne peuvent, je crois, échapper à personne, mais la loi, quoique devenue d'une exécution plus facile au moyen de cette interprétation, ne laisserait pas encore que d'offrir des obstacles qu'il importe d'applanir. Le cas peut arriver où, par des circonstances fortuites, telles que la maladie subite de l'un des juges ou du prévenu, la nécessité reconnue de faire une information nouvelle et plus étendue, de faire appeler ou comparaître en personne de nouveaux témoins, les débats soient interrompus et ajournés à des époques ou incertaines, ou très-éloignées ; cependant, en observant la défense de s'occuper d'une autre affaire, avant que celle déjà commencée fût définitivement terminée, l'administration de la justice militaire, se trouverait, pour ainsi dire paralysée ; les prévenus languiraient dans les prisons, le fruit de l'exemple serait perdu par le défaut ou le retard de la punition des coupables, et les bataillons se trouveraient privés de la présence de bons soldats qui n'attendent, peut-être, que leur mise en jugement, pour détruire les soupçons dont ils sont l'objet. Le danger de laisser ainsi les prévenus militaires privés de juges, oblige à chercher les moyens d'y remédier, et l'on doit prendre, pour certain, que lorsque quelque circonstance extraordinaire, qui est de *nature à se prolonger*, force un conseil de guerre à interrompre l'examen d'une affaire, il peut, sans contrarier le vœu de la loi, s'occuper

des autres affaires dont il est saisi, à la charge de recommencer en entier l'examen lorsque l'obstacle particulier vient à cesser. Cette marche, peut au premier aperçu,
paraître en contradiction avec la disposition législative ;
mais dans le fait, elle la ramène à son vrai sens, et l'on
trouve ici une nouvelle preuve de la vérité de cet axiôme :
la lettre tue, et l'esprit vivifie.

§ Ier. *Séance du conseil de guerre, examen, débats,*
jugement, exécution.

Les séances du conseil de guerre sont publiques, et
le nombre des spectateurs ne peut pas excéder le triple de
celui des juges (1). Aucun individu ne peut y entrer avec
armes, cannes ni bâtons, on doit y observer le silence,
et si quelqu'un s'écartait du respect que l'on doit à la
justice et à ses organes, le président peut le réprimander
et prononcer même contre le perturbateur, suivant la
gravité du fait, un emprisonnement qui peut aller jusqu'au terme de quinze jours (2). Ce cas d'exception est
le seul où un citoyen, non militaire, puisse être soumis
à la juridiction militaire ; tout individu, quel que soit
son caractère, quelle que soit sa qualité, qui assiste
comme spectateur à la séance d'un conseil de guerre,
est justiciable sous le rapport de la police de l'audience,
non-seulement du tribunal entier, mais même du président qui peut, seul, de sa pleine autorité, et en vertu
du pouvoir discrétionaire, dont il est revêtu, lui impo-
ser silence, ou le faire emprisonner s'il y a lieu.

Lorsque le conseil est assemblé, le président doit faire
apporter et déposer devant lui un exemplaire de la

______

(1) Voyez l'article 24, loi du 13 brumaire an 5.
(2) Voyez l'article 24, *ibid.*

loi (1) ; cette obligation n'est point une vaine formalité ; le législateur, en la prescrivant impérieusement, en la qualifiant d'indispensable, et en ordonnant qu'il en soit fait mention dans le procès-verbal de la séance, a voulu rappeler aux juges qu'ils sont les organes de la loi, qu'impassibles comme elle, inaccessibles à toute espèce d'influence, de considérations étrangères, ils ne doivent, dans leurs décisions, consulter que sa volonté ; que, dans leurs fonctions, ils ne dépendent que d'elle, et qu'elle est là pour leur servir de guide.

Quand le procès-verbal d'information, et les pièces à charge et à décharge, ont été lues, le président fait amener le prévenu, qui paraît devant ses juges, libre et sans fers, et accompagné de son défenseur. D'après ses ordres, l'escorte se tient en dedans ou en dehors de la salle, suivant qu'il le juge convenable (2). Le président procède alors à un nouvel interrogatoire du prévenu, dans lequel celui-ci est aidé des conseils de son défenseur, qui peut même répondre pour lui, à moins que le président n'en ordonne autrement. Les membres du conseil ont aussi le droit de faire des questions à l'accusé ; mais il est bon de remarquer que pour l'ordre et la décence, nul ne peut prendre la parole sans la demander au président (3).

L'usage et les instructions données au nom du gouvernement, ayant autorisé et même prescrit l'audition des témoins devant le conseil, quoiqu'à la rigueur il pût juger sur les pièces écrites ; les témoins sont entendus de nouveau, et ce qui a été dit précédemment sur cet objet, au chapitre de l'instruction des procédures, doit être également observé dans les débats.

______

(1) Voyez l'article 25, loi du 13 brumaire an 5.
(2) Voyez l'article 26, *ibid.*
(3) Voyez l'article 27, *ibid.*

1.   6

Lorsqu'il existe une partie plaignante , elle est admise et entendue si elle se présente au conseil , et le débat peut être établi entr'elle et le prévenu ou son défenseur (1). On peut ajouter que lorsqu'elle a été lésée par le délit , elle a droit de prendre des conclusions , non pour la répression et pour l'application de la peine , ce qui ne concerne que le magistrat chargé de la vindicte publique ; mais pour les dommages-intérêts : cette faculté quoique non énoncée formellement dans la loi militaire , résulte de la combinaison de ceux de ses articles qui admettent la partie plaignante devant le conseil de guerre avec l'article 8 du code des délits et des peines du 3 brumaire an 4, qui autorise à poursuivre l'action civile en même tems , et devant les mêmes juges que l'action publique ; si l'action civile n'est pas intentée en même tems que l'action publique , les juges militaires n'ont pas le droit de s'en occuper ultérieurement et séparément , et la connaissance doit en être portée aux tribunaux civils conformément aux lois.

Lorsque l'affaire est suffisamment instruite , le capitaine-rapporteur doit en faire un résumé ; il développe l'accusation ; il analyse , à la fois , l'instruction faite devant lui , les circonstances du débat qui lui paraissent les plus intéressantes , les réponses faites par le prévenu ou en son nom , et les moyens de défense qu'il oppose aux charges dont il est l'objet. Cette tâche importante , qui correspond absolument à celle que le code des délits et des peines imposait aux accusateurs publics près les tribunaux criminels , et qui fait aujourd'hui partie des attributions des procureurs généraux , est aussi délicate que difficile. La loi du 13 brumaire an 5 , ne la prescrit pas comme obligatoire ; mais elle est évidemment indiquée par la nature du ministère qu'exerce le capitaine-

---

(1) Voyez l'article 28, loi du 13 brumaire an 5.

rapporteur, et l'on peut dire même, sans craindre d'être accusé de s'appuyer d'une raison puérile, que la qualité, le titre de ce magistrat militaire, ne permet pas de douter qu'il ne doive faire un rapport de chaque affaire. Si l'on considère sur-tout que les formes de l'instruction n'admettent point les autres membres du tribunal aux opérations antérieurs aux débats, et pour ainsi dire, à la confidence des prévenus, ce développement, raisonné des motifs de l'accusation et de la défense parait de plus en plus indispensable; il doit éclairer et diriger jusqu'à un certain point, la religion des juges auxquels la lecture des pièces ne suffit pas toujours pour saisir et distinguer des nuances souvent imperceptibles à l'œil le plus exercé. L'obligation de ce rapport se retrouve d'ailleurs dans les lois précédentes qui avaient établi des capitaines-rapporteurs ou des fonctionnaires analogues (1), et les formules de jugemens publiées par arrêté du gouvernement en date du 8 frimaire an 6, sur la proposition du ministre de la justice pour servir de règle aux conseils de guerre, font une mention expresse du rapport du capitaine-rapporteur. Ce fonctionnaire conclud ensuite, et ses conclusions doivent avoir pour but de faire déclarer les prévenus coupables ou non coupables, suivant qu'il a la conscience de leur innocence ou de leur culpabilité et de faire remarquer dans le crime les circonstances qui l'aggravent ou qui l'atténuent, les raisons ou les considérations qui peuvent rendre les prévenus excusables.

Si cette partie des attributions d'un capitaine-rapporteur est celle qui lui présente l'occasion de faire valoir

—————————

(1) Voyez les articles 58 et 59, loi du 29 octobre 1790; article 8, titre 6, loi du 12 mai 1793; article 9, titre 12, loi du 3 pluviose an 2; et les articles 9 et 10, loi du deuxième jour complémentaire an 3.

6 *

avec le plus d'avantage ses facultés et ses talens, s'il doit être jaloux de recueillir, dans cette carrière brillante, le suffrage public, et les palmes glorieuses que l'on décerne à l'art oratoire, il doit cependant se garantir des digressions étrangères au sujet, et qui ne se rattachent pas essentiellement à l'affaire dont il s'occupe; il doit sur-tout se rappeler que la netteté, la précision dans les idées, la méthode dans la manière de les présenter, la fermeté dans l'émission de ses opinions, doivent distinguer son résumé; il ne doit pas perdre de vue qu'un rapport est une espèce de discussion, dans laquelle il ne faut omettre aucun des principaux moyens qui peuvent servir à la défense du prévenu; que ses fonctions, quoique de rigueur, n'excluent pas l'indulgence lorsqu'elle est conforme à la justice; que s'il lui reste des doutes sur la culpabilité, son devoir est de les énoncer et de les déduire; et que dans le doute, il doit toujours pencher vers le parti le moins sévère. C'est en se maintenant à la hauteur de ces principes sacrés, c'est en les professant constamment que tant de capitaines-rapporteurs se sont acquis et méritent chaque jour de plus en plus la considération de leurs chefs, l'amitié de leurs égaux, le respect de leurs justiciables et de leurs inférieurs, et l'estime de tous. C'est en ne s'écartant jamais de ce sentier honorable, que plusieurs de ces magistrats militaires se sont vus appelés de ce poste laborieux où ils étaient placés, à des fonctions supérieures, et comblés des faveurs d'un monarque qui récompense toutes les vertus, et sait apprécier tous les genres de courage et de dévouement à l'état.

L'accusé et son défenseur, à qui la parole est accordée après que le capitaine-rapporteur a fait son résumé, ayant terminé leur plaidoyer de défense, et déclaré qu'ils n'ont rien à y ajouter, les membres du conseil ayant aussi fait leurs observations, ou répondu, sur l'interpellation qui doit leur en être adressée, qu'ils n'en ont point à faire, l'accusé est reconduit dans sa prison ; tout le monde se retire sur l'ordre du président, et les membres du conseil opinent, à huis clos, en présence seulement du capitaine faisant fonction de procureur impérial. Le capitaine-rapporteur et le greffier sont eux - même exclus du secret de cette délibération (1).

Les membres du conseil n'ont qu'une seule question à résoudre pour chaque fait qui caractérise un délit ; elle est ainsi posée : *N.... accusé d'avoir commis tel délit est-il coupable* (2) ? Félicitons les juges militaires de n'avoir point à se perdre comme les jurés en matière ordinaire dans un dédale immense de questions, qui se divisent et se subdivisent presque à l'infini, et qui semblent quelquefois contradictoires ou au moins inutiles ; félicitons le président de n'avoir pas à s'occuper, comme celui d'une cour de justice criminelle ordinaire, du travail fastidieux et pénible de la rédaction des séries de questions, et de n'être pas placé comme lui entre l'écueil de la *complexité* qui entraîne la nullité, et celui d'une simplicité excessive, et souvent ridicule, à la faveur de laquelle on a vu tant de coupables échapper à la peine qu'ils avaient encourue.

Les juges militaires, ainsi qu'on vient de le dire, n'ont qu'une seule question à résoudre ; mais cette question doit être présentée et résolue autant de fois qu'il existe de branches de délits : ainsi, par exemple, un militaire sera prévenu de différens vols ; chacun de ces vols fera l'objet d'une question distincte, et ce serait violer la loi, et ouvrir un moyen d'annullation contre le jugement, que de réunir sous une seule question les divers crimes

---

(1) Voyez les articles 28 et 29, loi du 13 brumaire an 5.
(2) Voyez l'article 30, *ibid.*

qui lui sont imputés. On ne croit pas nécessaire
d'entrer dans le détail des raisons qui commandent cette
forme de procéder, elles se présentent d'elles-mêmes,
et les dangers d'une opération contraire ne sont pas
moins évidens.

La loi veut qu'en recueillant les suffrages des membres du conseil, le président commence par le grade
inférieur (1) ; et cette disposition si sage doit être, pour
lui, une règle invariable. Ne sent-on pas, en effet,
que cette opération, toute en faveur du prévenu, assure la liberté des suffrages, et qu'elle est la plus forte
garantie contre une influence oppressive ? Sans cette
utile et admirable précaution, l'obéissance et la soumis-
sion, ces deux qualités nécessaires du soldat, rempla-
ceraient bientôt, dans les membres du conseil d'un grade
inférieur, l'indépendance et la fermeté, qui sont les
premières vertus du juge ; la crainte de blesser un supérieur en contrariant son opinion, livrerait ces membres
à la merci du président et des autres officiers d'un grade
élevé, dont ils sont les collègues et les égaux sur le
siége : et les jugemens ne seraient plus alors les résultats du vœu de la majorité, comme la loi le détermine, mais l'ouvrage d'un ou de deux officiers supérieurs qui doivent donner des ordres sur le champ de
bataille, ou dans les affaires de service et de discipline,
mais qui, dans la balance de la justice, ne doivent
faire entrer d'autre poids que celui d'un raisonnement
plus sain, plus réfléchi, et n'exercer sur les autres juges
d'autre autorité que celle des lumières et de l'instruction,
si ces avantages leur ont été départis dans la proportion directe de leurs grades.

Si trois membres du conseil opinent en faveur du prévenu et le déclarent non coupable, il est absous et doit

______

(1) Voyez l'article 30, loi du 13 brumaire an 5.

être remis en liberté , et rendu à son état ou à ses fonctions (1). Si la culpabilité est reconnue constante par cinq juges , il y a lieu à appliquer une peine.

Le capitaine , faisant fonction de procureur impérial, fait sa réquisition à cet effet, et ce magistrat , dont le ministère se borne, comme on l'a vu , à veiller à ce que les formes soient observées dans l'instruction de la procédure , dans les débats , dans l'examen , dans la délibération et dans le jugement, et à ce que la peine soit régulièrement appliquée , lorsqu'il y a lieu ; ce magistrat doit se pénétrer avec soin des circonstances du délit , se bien fixer sur sa nature et sur son caractère , et prendre garde d'introduire lui-même dans le conseil une diversité d'opinions par une réquisition légèrement faite et mal motivée.

Le président lit ensuite le texte de la loi , et les juges sont consultés de nouveau sur l'application de la disposition pénale , laquelle est déterminée et prononcée, comme la culpabilité, à la majorité de cinq voix (2) ; l'avis le plus favorable à l'accusé est adopté et sert de base à la décision.

C'est ici le lieu de rappeler que les conseils de guerre, créés par la loi du 13 brumaire de l'an 5 , n'ont pas , comme l'avaient les conseils militaires , le droit de commuer ou de modifier les peines (3). Cette faculté

----

(1) Voyez l'article 31 , loi du 13 brumaire an 5.

(2) Voyez l'article 32 , *ibid.*

(3) L'article 20 de la loi du deuxième jour complémentaire an 3, était ainsi conçu :

« Le conseil prononcera sur tous les délits non énoncés en
» l'article 14 , (les délits énoncés en l'art. 14, étaient l'assas-
» sinat, le viol, l'incendie, et le vol avec effraction, attrou-
» pement ou violence) les peines portées au code pénal mili-
» taire ; il pourra cependant les commuer et même les dimi-

n'ayant pas été énoncée dans la loi qui a supprimé les conseils militaires, a cessé d'exister au moment où les conseils de guerre furent établis, et ce serait donner aux articles 32 et 33 de la loi du 13 brumaire an 5, une interprétation tout à fait fausse, que d'en faire résulter ce droit de commutation des peines.

Cependant, par suite de l'usage antérieurement établi, les conseils de guerre, dans les premiers instans de la mise en activité des dispositions de la loi du 13 brumaire an 5, se crurent autorisés à commuer et modifier les peines, et dès le mois de germinal de l'an 5, cette question importante avait été soumise à l'examen du ministre de la justice. Un des principaux argumens des partisans de cette opinion était fondé sur l'article 33 de la loi du 13 brumaire an 5; ils affirmaient qu'en la rejetant, cet article ne présentait aucun sens, et ils allaient jusqu'à prétendre que si, parmi les juges, un seul était d'avis de la mise en liberté de l'accusé reconnu coupable, son avis quoique contraire à celui des six autres juges, qui auraient voulu appliquer une peine quelconque, devait néanmoins être suivi. Le peu de consistance de cette opinion ne tarda pas à être aperçu; en effet de même que la majorité pour l'application de la peine, se compose de cinq voix, de même la minorité de faveur, pour l'avis le plus doux, se compose de trois; car tant que trois juges ne s'accordent pas sur la non application de la peine, ou sur l'application d'une peine moins grave, il est évident que la majorité de cinq voix existe pour l'avis contraire, et que cette majorité doit l'emporter. Les articles même de la loi du 13 brumaire an 5, dont on prétendait étayer

---

» nuer, suivant que les cas ou les circonstances en atténueront
» la gravité : il ne pourra jamais les augmenter. »

l'opinion contraire, viennent à l'appui de ce raisonnement, et il est pris pour constant que lorsque le conseil de guerre a décidé, soit à l'unanimité, soit à la majorité légale, que l'accusé est coupable, les juges, sur le réquisitoire du capitaine faisant fonction de procureur impérial, doivent chercher dans la loi l'article applicable à l'espèce de délit sur lequel ils ont à prononcer. Il ne doit point alors être question d'opinions plus ou moins favorables; il s'agit seulement de trouver l'article de la loi qui a prévu et déterminé le délit dont l'accusé est reconnu coupable, et d'en faire l'application. Si cinq voix ne se réunissent pas pour cette application, suivant l'art. 32 de la loi, et si une partie des juges pense que cet article est applicable, tandis que l'autre partie croit que tel autre a mieux caractérisé le délit, il faut, pour obtenir un résultat et faire cesser le partage d'opinions, recourir à l'article 33, et adopter l'avis le plus favorable, parce qu'en effet il serait injuste et contraire à la jurisprudence ancienne, comme à la jurisprudence nouvelle, de prendre pour base du jugement d'un accusé l'avis le plus sévère. Mais il faut bien remarquer que, dans ce cas, l'opinion la plus favorable du conseil de guerre ne lie point le conseil de révision, et que si l'on a recours à ce conseil, il peut juger régulièrement que l'article qui a été appliqué n'est pas celui qui devait l'être, et annuler en conséquence le jugement du conseil de guerre, *pour fausse application de la loi*, ainsi que l'y autorise un des articles de la loi de son institution (1).

S'il arrivait néanmoins (ce qui, quoiqu'étant de nature à être très - rare, doit toutefois être prévu), s'il arrivait, dis-je, que trois, quatre ou même un plus

____

(1) Voyez paragraphe 5, article 16, loi du 18 vendémiaire an 6.

grand nombre d'articles, différens de lois existantes, parussent applicables à un délit, et que les juges fussent partagés en trois, quatre ou un plus grand nombre d'avis sur cette application, il faudrait alors que chaque avis, en commençant par le plus favorable, fût mis successivement aux voix par le président : le résultat de cette délibération amenerait nécessairement soit la majorité légale de cinq voix, soit une minorité de trois voix en faveur de l'accusé, et l'on retomberait ainsi dans l'un ou l'autre des cas prévus par les articles 32 et 33 de la loi du 13 brumaire an 5.

Il est donc bien établi en principe que si les conseils de guerre peuvent, comme tout autre tribunal, se trouver partagés sur l'application à faire de tel ou tel article des lois répressives à un délit déclaré constant, ils ne peuvent jamais, par une opération distincte, particulière et indépendante de l'opinion que chaque membre se forme de la nature et du caractère des délits, commuer ou modifier les peines encourues par les coupables. La discussion même qui avait eu lieu sur la loi du 13 brumaire an 5, devait détruire toute incertitude à cet égard, puisque la question de commutation des peines avait été agitée, que les abus qui résultaient de cette faculté avaient été généralement reconnus, et que c'était par la volonté expresse et formelle du législateur, et non par le silence de la loi, que l'usage de ce droit dangereux avait été interdit aux conseils de guerre.

C'est d'après cette interprétation, sur laquelle les ministres de la justice et de la guerre eurent occasion de se concerter, que furent constamment rédigées les instructions qui émanèrent de leurs départemens, pour servir de règle aux généraux, aux conseils de guerre et de révision : on trouva encore d'autres motifs, d'autres raisons pour interdire cette faculté de la commutation des peines ; quelques-uns pensèrent que les articles 32 et 33 de la loi du 13 brumaire an 5, pouvaient être entendus dans ce sens, qu'un fait peut, en raison des circonstances qui l'environnent, caractériser un vrai délit militaire, ou seulement être rangé parmi les fautes de discipline; qu'un défaut d'obéissance de la part d'un inférieur aux ordres de son supérieur, une voie de fait exercée par un supérieur envers son inférieur, sont susceptibles d'être envisagés sous différens points de vue; et que c'est dans des cas de cette espèce ou autres semblables, que l'article 33 de la loi du 13 brumaire an 5 peut trouver son application.

Enfin de quelqu'argument qu'on se servit pour établir ou maintenir cette jurisprudence salutaire, elle n'avait éprouvé aucune opposition réelle, et les ordres ministériels avaient été partout exécutés, lorsqu'en l'an 8, un particulier, chargé de la défense d'un militaire, se hasarda à attaquer, dans un écrit imprimé, les instructions publiées sur ce point, comme attentoires à la liberté, à l'indépendance des juges militaires, et contraires aux textes des lois. L'éclat et la publicité donnés à cette agression, obligèrent le gouvernement de s'occuper de nouveau de la question : l'examen en fut renvoyé aux deux ministres qui précédemment l'avaient approfondie; et sur la proposition de son conseil d'état, le gouvernement confirma les décisions déjà données, et chargea ses ministres de les maintenir dans leur correspondance.

Ainsi fut irrévocablement fixé le sens des articles 32 et 33 de la loi du 13 brumaire an 5. S'il était resté incertain jusqu'au sénatus-consulte du 16 thermidor an 10, le système professé par les ministres eût alors été définitivement consacré; car on ne peut se dissimuler que le droit de commuer ou de modifier les peines ne soit une dépendance, ne fasse même réellement partie du droit de grâce; et ce droit auguste, ce bel apanage de la souveraineté, étant dévolu à la personne impériale et à elle seule, suivant les formalités établies par la loi, ce serait aujourd'hui attenter à une prérogative sacrée du souverain que de prétendre commuer ou modifier les peines hors les cas formellement exprimés par la loi, puisque ce droit n'appartient qu'à l'Empereur.

J'ai dit plus haut que lorsque l'accusé est reconnu coupable, il faut chercher dans les lois existantes l'article qui peut lui être appliqué. La loi du 21 brumaire an 5 est celle à laquelle on doit d'abord recourir, comme la dernière loi militaire qui présente un recueil de dispositions pénales; il faut seulement observer que les titres 1, 2 et 4 ont cessé d'être en vigueur, ou du moins ont subi des changemens de la plus grande importance depuis l'arrêté du 19 vendémiaire an 12, et le décret du 17 messidor de la même année; que les délits de désertion, d'embauchage et d'espionnage ne sont plus aujourd'hui de la compétence des conseils de guerre *permanens*; que les déserteurs sont soumis, pour ce fait, à la juridiction exclusive des conseils de guerre *spéciaux*; et que les commissions militaires doivent prononcer sur le sort des embaucheurs et des espions.

Si la loi du 21 brumaire an 5 ne paraît pas avoir prévu le cas soumis au conseil, on peut ouvrir l'ancien code pénal militaire du 12 mai 1793, et en appliquer les dispositions, lorsqu'il n'y a pas été dérogé, soit explicitement, soit implicitement, dans tout ce qu'elles n'ont pas de contraire aux lois postérieures. Enfin si ces lois générales ou les lois particulières et transitoires qui ont été rendues, et dont l'existence est reconnue, ou qui peuvent régulièrement être consultées (1), paraissent

---

(1) Lorsque le conseil est dans le cas de recourir à des lois pénales ordinaires, il doit examiner si celle qu'il veut appliquer n'a point été rapportée : sans parler de certaines lois

avoir gardé le silence, ou ne s'être pas expliquées d'une manière formelle sur le fait de culpabilité qui fixe l'attention du conseil; il doit avoir recours aux lois ordinaires de répression, et notamment au code pénal du 6 octobre 1791; à la loi du 19 juillet 1791; au code des délits et des peines du 3 brumaire an 4, qui embrassent le plus d'espèces; à la loi du 22 prairial an 4, qui assimile, aux crimes commis, les tentatives de crimes, suivies d'un commencement d'exécution, et suspendues par des circonstances indépendantes de la volonté des accusés; à celle du 4 vendémiaire an 6, qui prononce des peines contre les individus chargés habituellement ou momentanément de la garde des prisonniers, qui favorisent leur évasion par négligence ou par connivence; et à celle du 25 frimaire an 8, qui a fait rentrer dans la classe des délits correctionnels beaucoup de faits précédemment qualifiés de crimes et punis de peines afflictives ou infamantes.

Les conseils de guerre ne doivent pas surtout perdre de vue que la loi du 18 germinal an 7, relative aux frais de justice, leur est commune, ainsi qu'à tous les tribunaux de répression; et lorsqu'un tribunal militaire ou maritime quelconque prononce une condamnation contre un individu, il doit, conformément aux dispositions de cette loi, le condamner en même-tems aux frais de la procédure (1).

---

révolutionnaires, il a été porté quelquefois des lois dont l'existence était limitée. Celle du 29 nivôse an 6, par exemple, qui attribuait aux conseils de guerre le jugement des vols et attentats commis par des rassemblemens de plus de deux personnes, sur les grandes routes ou dans les maisons habitées, ne devait être exécutée que pendant un an : elle fut prorogée pour une seconde année par la loi du 29 brumaire an 7; mais ne l'ayant point été de nouveau, les peines qu'elle portait cessèrent dès-lors d'être applicables dans quelque circonstance que ce fût.

(1) Voyez la loi du 18 germinal an 7.

Je n'ai pas besoin de rappeler ici que le recours aux lois ordinaires pour la répression des délits commis par des militaires, autorisé par la loi du 3 pluviôse an 2 (1), et par d'autres lois militaires, se trouve encore prescrit en termes généraux par celle du 21 brumaire an 5 (2); mais ce qu'il est très-important d'indiquer, c'est que l'on doit se fixer, d'après le Code pénal et les lois ordinaires, lorsqu'un délit commis par un militaire et prévu, en termes généraux par les lois militaires, se trouve accompagné de circonstances *caractéristiques* et aggravantes, qui en changent tout-à-fait la nature, dont le Code militaire n'a point fait mention, et qu'on ne trouve énoncées que dans le Code ou dans les lois ordinaires : cette marche est régulière et ne peut être révoquée en doute.

Ainsi, par exemple, un militaire sera traduit devant un conseil de guerre comme accusé d'avoir volé *avec effraction, la nuit, dans une caserne, des effets appartenans à un de ses camarades;* il sera déclaré convaincu de ce crime avec toutes ces circonstances, et le conseil aura à lui appliquer la peine encourue. La loi du 12 mai 1793 a bien prévu le délit de vol commis par un militaire envers un de ses camarades (3) ; mais elle n'a point parlé de circonstances aggravantes, et l'on ne peut pas induire de son silence à cet égard, que ce crime doit toujours être puni de la même peine; le délit reconnu constant n'est donc point *caractérisé* par les lois mili-

____

(1) Voyez l'article 18, titre 13 ; il est ainsi conçu :
« Dans les cas non prévus par les lois pénales militaires, les
» tribunaux criminels et de police correctionnelle militaires
» appliqueront les peines énoncées dans les lois pénales ordi-
» naires, lorsque le délit s'y trouvera classé. »

(2) L'article 22, loi du 21 brumaire an 5, s'exprime ainsi :
« Tout délit militaire non prévu par le présent code, sera
» puni conformément aux lois précédemment rendues. »

(3) Voyez l'article 12, section 3, titre 1er.

taires ; il devient donc indispensable de rechercher ailleurs les dispositions dont le conseil peut avoir besoin.

Remarquons d'abord que le Code militaire ne parle point de vol *avec effraction*, et que cette circonstance très-importante se trouvant établie, il faut dès-lors, et pour ce seul fait, consulter dans l'exemple que j'ai choisi, le Code pénal du 6 octobre 1791, dont l'article 6, 2ᵉ. section, titre 2, 2ᵉ. partie, prononce, en ce cas, la peine de huit années de fers ; la circonstance de *la nuit* détermine une addition de deux ans (1) ; et le conseil de guerre devant considérer qu'une caserne est certainement et évidemment *une maison habitée* (2), il en résulte contre l'accusé une seconde addition de peine, qui porte la peine totale à douze années.

Si pourtant le militaire que j'ai supposé traduit devant le conseil était accusé et convaincu seulement d'un vol envers un de ses camarades, commis dans une caserne, sans autre circonstance, il ne devrait alors être soumis qu'à la peine du Code militaire, parce que d'une part la circonstance de la maison habitée n'est point *caractéristique* du crime dans la loi du 6 octobre 1791, mais seulement aggravante de la peine, et que de l'autre, on doit considérer que les vols ordinaires et les plus fréquens de militaires à militaires, sont toujours commis, soit dans des casernes, soit dans d'autres maisons habitées, et se trouvent compris, sous ce rapport, dans l'article 12 du Code pénal militaire, qui ne serait presque jamais susceptible d'être appliqué, si l'on n'admettait pas la distinction que j'indique. Mais l'*effraction* qui a été commise et reconnue constante dans l'exemple proposé, change tout-à-fait la nature, *le caractère* du vol, et

---

(1) Voyez l'article 7, section 2, titre 2, seconde partie du code pénal.

(2) Voyez le même article.

oblige le conseil à recourir au Code ordinaire, qui pré-voit et désigne spécialement ce genre de crime; et dans cette hypothèse, l'addition de quatre années à la peine principale de huit années, résulte, aux termes même du Code, dés circonstances reconnues de *la nuit* et de *la maison habitée*, et ne peut être regardée comme excessive ou irrégulière.

Il serait au moins inutile de multiplier les citations d'exemples dans lesquels le Code pénal ordinaire (1) doit suppléer à l'insuffisance du Code pénal militaire (2); cette nécessité se fait sentir fréquemment dans l'administration de la justice militaire, et les juges préposés à cet honorable ministère sauront aisément distinguer les cas. Mais un exemple m'a paru nécessaire, et je crois que celui que j'ai choisi est propre à prévenir bien des difficultés.

La décision du conseil de guerre étant fixée, ainsi qu'il vient d'être dit sur la peine, on fait rouvrir la porte du conseil; le capitaine-rapporteur et le greffier reprennent leur place (3); le président lit de nouveau l'article de la loi reconnue applicable, et en fait l'application au nom du conseil (4). Il charge le capitaine-rapporteur de donner lecture du jugement au condamné en présence de la garde assemblée sous les armes; de l'avertir que la loi lui accorde un délai de vingt-quatre heures

---

(1) Il faut bien remarquer que sous la dénomination générale de code pénal ordinaire, on entend non-seulement la loi du 6 octobre 1791, qui porte ce nom, et le code du 3 brumaire an 4, désigné sous celui de code des délits et des peines, mais que l'on y comprend encore toutes les lois pénales qui sont en vigueur, et dont la réunion forme véritablement le code pénal.

(2) L'observation précédente s'applique au code pénal militaire.

(3) Voyez l'article 34, loi du 13 brumaire an 5.

(4) Voyez l'article 35, *ibid.*

pour se pourvoir en révision, et de prendre toutes les mesures nécessaires pour l'exécution (1). Le capitaine-rapporteur doit faire de suite les diligences convenables. Le jugement motivé est écrit par le greffier, en présence du conseil, au pied du procès-verbal, lequel est clos et signé de tous les membres du conseil, y compris le rapporteur et le greffier.

Les mêmes formalités sont observées pour la prononciation, la lecture, l'inscription du jugement, la clôture et la signature du procès-verbal, en cas d'absolution de l'accusé (2).

Le capitaine-rapporteur est chargé par la loi de l'exécution des jugemens militaires, et les articles 38, 39, 40 et 41 de la loi du 13 brumaire an 5, déterminent les formalités qui doivent être remplies à cette occasion, tant par lui que par le président du conseil, pour ce qui concerne l'envoi des jugemens ; mais ces formalités ne sont aujourd'hui susceptibles d'exécution, du moins pour la plupart, qu'après l'expiration du délai accordé pour se pourvoir en révision, ou après qu'il a été statué par le conseil de révision, si on y a recouru. Ainsi, la copie du jugement qui doit être transmise, en cas de condamnation, au conseil d'administration du corps dont le condamné faisait partie (3), ne peut lui être adressée qu'après que le conseil de révision a prononcé, et lorsqu'il a confirmé le jugement ; et les délais prescrits pour cette transmission ne commencent à courir qu'après la réception officielle de la décision du conseil de révision ; ainsi, l'envoi que le président du conseil de guerre est chargé de faire chaque mois au ministre de la guerre de tous les

---

(1) Voyez l'article 36 de la loi du 13 brumaire an 5, et l'article 8 de la loi du 15 brumaire an 6.

(2) Voyez les articles 36 et 37, loi du 13 brumaire an 5.

(3) Voyez l'article 39, *ibid.*

I.

jugemens rendus pendant le mois précédent (1), ne peut aussi avoir lieu que lorsque les décisions du conseil de révision sont connues, ou du moins qu'en faisant mention dans l'envoi de chaque jugement qu'il y a eu ou non recours en révision, puisque sans cette précaution nécessaire, le ministre, dans la notification qu'il est chargé lui-même de faire aux municipalités du domicile des condamnés, pourrait désigner comme tels des individus qui seraient ensuite acquittés (2).

Indépendamment des copies des jugemens rendus par les conseils de guerre, dont l'envoi doit être fait, tant au ministre de la guerre qu'aux conseils d'administration ou aux municipalités, lorsqu'il y a eu condamnation, la loi veut aussi que toutes les procédures et les jugemens soient inscrits en entier sur un registre, cotté et paraphé avec soin (3), dont le président reste dépositaire (4); et si les jugemens rendus par le conseil de guerre viennent à être annulés par le conseil de révision, le jugement de ce dernier tribunal doit être mentionné et même transcrit, s'il est possible, en marge du jugement dont il prononce l'annulation (5).

Si le jugement de condamnation, prononcé par un conseil de guerre et confirmé par le conseil de révision, est rendu contre un membre de la légion d'honneur, il ne peut recevoir son exécution, lorsqu'il porte une peine

---

(1) Voyez l'article 40, loi du 13 brumaire an 5.

(2) Voyez l'article 41, *ibid.*

(3) Voyez l'article 40, *ibid.*

(4) Voyez le même article.

(5) Cette mesure est propre à prévenir le retour des erreurs qui ont motivé l'annulation; elle est d'ailleurs conforme à l'article 22 de la loi du 1er. décembre 1790, sur la formation du tribunal de cassation.

afflictive ou infamante, qu'après que le légionnaire a été
dégradé (1).

Cette dégradation doit être prononcée sur le réquisitoire du capitaine-rapporteur, par le président du conseil de guerre, immédiatement après la lecture du jugement confirmé. Le président du conseil adresse au condamné les paroles suivantes : *N.... vous avez manqué à
l'honneur, je déclare, au nom de la légion, que vous
avez cessé d'en être membre* 2 ; et il doit être tenu
procès-verbal du réquisitoire du capitaine-rapporteur,
et de la prononciation faite par le président de la formule de dégradation (3).

---

(1) Voyez l'art. 5 de l'arrêté du gouvernement du 24 ventôse an 12.

(2) Voyez l'article 6 du même arrêté.

(3) On transcrit ici l'arrêté du 24 ventôse.

EXTRAIT *des registres des délibérations du gouvernement de
la république.*

Paris, le 24 ventôse an 12 de la république.

Le gouvernement de la république,
Le conseil d'état entendu,
Arrête ce qui suit:

Art. Ier. La qualité de membre de la légion d'honneur se
perdra par les mêmes causes que celles qui font perdre la qualité de citoyen français, d'après l'article 4 de la constitution.

Art. II. L'exercice des droits et des prérogatives des
membres de la légion d'honneur, sera suspendu par les mêmes
causes, que celles qui suspendent les droits de citoyen français,
d'après l'art. 5 de la constitution.

Art. III. Le grand-juge, le ministre de la guerre, et celui
de la marine, transmettront au grand-chancelier, des copies de tous les jugemens, en matières criminelle correctionnelle et de police, relatifs à des membres de la légion.

Art. IV. Toutes les fois qu'il y aura un recours en cassation,

7 *

J'ai suivi la marche de l'instruction jusques et compris le jugement. Avant de parler de la révision, qui sera l'objet d'un chapitre particulier, je réunirai ici quelques

---

contre un jugement rendu en matières criminelle, correctionnelle et de police, et relatif à un legionnaire, le commissaire du gouvernement, auprès du tribunal de cassation, en rendra compte, sans délai, au grand-juge, qui en donnera avis au grand-chancelier de la légion d'honneur.

ART. V. Les commissaires du gouvernement, auprès des tribunaux criminels, et les rapporteurs auprès des conseils de guerre, ne pourront faire exécuter aucune peine infamante contre un membre de la légion, que le légionnaire n'ait été dégradé.

ART. VI. Pour cette dégradation, le président du tribunal, sur le réquisitoire du commissaire du gouvernement, ou le président du conseil de guerre, sur le réquisitoire du rapporteur, prononcera, immédiatement après la lecture du jugement, la formule suivante : *Vous avez manqué à l'honneur ; je déclare, au nom de la légion, que vous avez cessé d'en être membre.*

ART. VII. Les chefs militaires de terre et de mer, et les commandans des corps et des bâtimens de l'état, rendront aux ministres de la guerre et de la marine, un compte particulier de toutes les peines de discipline qui auront été infligées à des légionnaires sous leurs ordres. Ces ministres transmettront des copies de ce compte au grand chancelier.

ART. VIII. La cassation d'un légionnaire sous-officier en activité, et le renvoi d'un soldat ou d'un marin légionnaire, ne pourront avoir lieu que d'après l'autorisation du ministre de la guerre ou du ministre de la marine. Ces ministres ne pourront donner cette autorisation qu'après en avoir informé le grand-chancelier, qui prendra les ordres du chef de la légion.

ART. IX. Le grand conseil pourra suspendre, en tout ou en partie, l'exercice des droits et prérogatives attachés à la qualité de membre de la légion d'honneur, et même exclure de la légion, lorsque la nature du délit et la gravité de la peine prononcée correctionnellement paraîtront rendre cette mesure nécessaire.

ART. X. Les avis que les conseils d'administration des cohortes jugeront convenable de donner aux légionnaires sur leur

observations qui formeront le complément du titre
concernant les conseils de guerre ordinaires ; elles sont
relatives à la récusation, à la prescription, à la procédure par contumace, enfin à la manière de procéder
lorsque les pièces d'une affaire se trouvent perdues : les
lois militaires sont muettes sur tous ces points.

SECTION V.

De la récusation.

Loin de conclure du silence que les codes militaires
ont gardé sur la récusation, qu'elle ne peut pas être exercée contre les juges militaires, il faut en induire seulement, ainsi que nous avons eu l'occasion de le remarquer déjà plusieurs fois, que les lois ordinaires doivent
servir à la régler. En effet, il serait absurde de prétendre que le droit de récusation est interdit aux prévenus militaires ; d'abord parce que l'exercice de ce droit
avec les modifications que la loi y apporte semble assurer
une plus grande impartialité dans l'administration de la
justice ; ensuite parce que la loi ayant établi des règles
pour la composition des conseils de guerre, et désigné,
par exemple, la parenté ou l'alliance à de certains
degrés, comme un motif d'exclusion, il faut bien que

---

conduite seront transmis par le chef de la cohorte, qui en
instruira le grand-chancelier, lequel en rendra compte au
grand conseil.

ART. XI. Les ministres sont chargés, chacun en ce qui le
concerne, de l'exécution du présent arrêté.

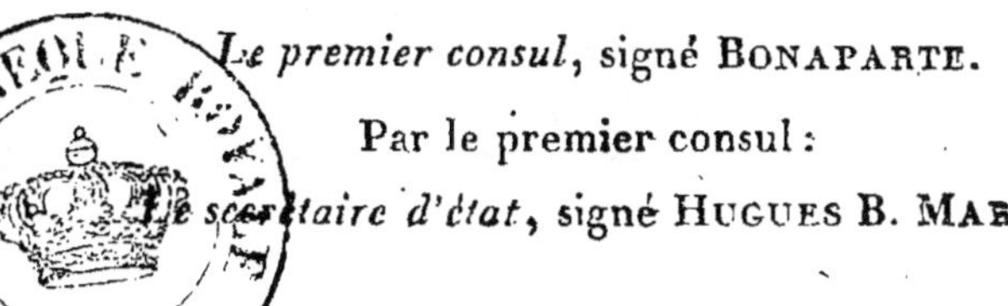

Le premier consul, signé BONAPARTE.

Par le premier consul :

Le secrétaire d'état, signé HUGUES B. MARET.

l'accusé ait quelques moyens pour faire écarter les juges qui n'ont pas les qualités légalement requises (1).

La récusation peut être dirigée contre le tribunal en masse ; c'est alors un déclinatoire de sa juridiction, une allégation d'incompétence, qui, prévue et autorisée par la loi, peut donner lieu à recourir à la cour de cassation. Je parlerai de cette hypothèse au chapitre de la révision : elle peut être exercée contre un ou plusieurs membres du tribunal ; c'est de cette espèce de récusation qu'il s'agit ici.

En matière de récusation, on distingue la récusation péremptoire et la récusation motivée : la péremptoire, c'est-à-dire, celle qui n'est appuyée d'aucun motif, avait été autorisée par la loi du 23 vendémiaire an 4, en matières criminelle et correctionnelle, comme en matière civile (2); mais il a été reconnu qu'elle avait été abolie par l'article 594 du code des délits et des peines, lequel fut promulgué le 3 brumaire de la même année, et conséquemment dix jours après la loi du 23 vendémiaire. Cet article 594 dispose que les formes de procéder qui ne se trouvent pas énoncées dans le code, demeurent abolies ; et comme la faculté donnée de récuser péremptoirement n'y est pas rappelée, qu'elle était une exception au droit commun, la cour de cassation a constamment décidé que ce mode de récusation est interdit aux prévenus.

La récusation motivée est donc la seule qui puisse être admise ; elle s'exerce contre tel ou tel juge, en alléguant la parenté ou l'alliance aux degrés prohibés, en déduisant des motifs de suspicion, d'inimitié, etc. Avant que le nouveau code de procédure fût publié,

----

(1) Voyez les articles 7 et 8, loi du 13 brumaire an 5.

(2) Voyez les articles 1, 4, 5, 7 et 8, loi du 23 vendémiaire an 4.

l'ordonnance de 1667 servait à diriger les accusés dans l'exercice qu'ils font du droit de récusation, et les juges dans le jugement qu'ils ont à porter (1).

La cour de cassation, dans ses arrêts, avait prescrit de recourir à ses dispositions dans tout ce qui pouvait se concilier avec la législation criminelle; mais depuis la promulgation du code de procédure, c'est le titre de la récusation que contient ce code (2) qui doit servir de règle en cette matière.

Le juge lui-même qui connaîtrait des causes valables de récusation en sa personne, est tenu d'en faire la déclaration, sans attendre qu'elles soient proposées, sauf au conseil à examiner si les motifs sont suffisans et les scrupules fondés. Lorsque le tribunal ne les trouve pas tels, le juge ne peut refuser de remplir son ministère.

Section VI.

De la prescription.

Les principes sur la prescription en matière de délits sont fixés par les articles 9 et 10 du code ordinaire des délits et des peines; en conséquence, lorsque l'existence d'un délit a été connue et légalement constatée, l'action publique et l'action civile se trouvent prescrites après trois ans, si, dans l'intervalle, il n'a été fait aucune poursuite; si, au contraire, après que le délit a été constaté, il a été commencé des poursuites, soit criminelles, soit civiles, l'une et l'autre actions durent six ans, même contre ceux qui n'auraient pas été compris dans les poursuites.

Après ce terme, nul ne peut être recherché, soit au

____

(1) Voyez le titre 24 de l'ordonnance de 1667.

(2) Voyez le titre 21 du code de procédure du 14 avril 1806.

criminel, soit au civil, si, dans l'intervalle, il n'a pas été condamné par défaut ou par contumace.

La prescription par trois ou six ans se compte du jour où l'existence du délit a été connue et légalement constatée. Quand cette formalité première et indispensable n'a pas été remplie, on ne peut jamais invoquer la prescription, et l'action ne peut pas être périmée, puisque le délit est resté ignoré, du moins judiciairement.

Il est à remarquer que l'existence d'un délit ne peut être réputée légalement constatée que par le procès-verbal d'un officier de police judiciaire, civil ou militaire, ou par un jugement émané d'un tribunal, ou un arrêt d'une cour. Un procès-verbal qui n'aurait pas les caractères d'authenticité exigés par la loi, ou qui aurait été dressé par un homme sans qualité, ne pourrait pas être opposé avec avantage, comme fixant la date où la prescription a dû commencer. On doit observer aussi qu'un mandat d'amener, de dépôt ou d'arrêt, un interrogatoire, une cédule ou une simple ordonnance à fin d'audition de témoins, enfin un acte quelconque de procédure postérieur au procès-verbal qui constate le délit, quoique non suivi d'une instruction complète, doit être regardé comme interrompant la prescription triennale et donnant lieu de recourir aux règles qui concernent la prescription de six ans. Chacun de ces actes est regardé comme un commencement de poursuites; et c'est tout ce qu'exige le code des délits et des peines.

Quelques magistrats ont même pensé que bien qu'un délit eût été légalement constaté, et qu'il n'eût pas été rendu de jugement dans les six ans, la prescription n'était pas acquise, pourvu qu'avant l'expiration du terme fatal, les poursuites eussent été ou commencées, ou reprises avec une activité qui manifestât, de la part du ministère public, l'intention non incertaine d'obtenir un jugement définitif. On allègue, à l'appui de cette opinion, que différentes circonstances peuvent entraver d'abord la marche d'une procédure ; que souvent les instructions par contumace sont négligées, comme moins importantes que les autres, et qu'en prenant à la lettre l'article 10 du code des délits et des peines, il y aurait beaucoup de cas où la prescription serait acquise, sans même qu'on pût en accuser la négligence des magistrats. Toutefois quoique ces argumens soient spécieux, et que l'application pût en être souvent utile, quoique cet avis soit étayé de suffrages recommandables, il ne doit point servir de règle ; et je crois même que quand la loi est aussi claire, aussi précise que l'est, à cet égard, celle du 3 brumaire an 4, qui a pris soin d'énoncer que *la prescription commence à courir du jour où le délit a été constaté*, tout ce qui contrarie directement ou indirectement cette volonté si formelle, tout ce qui tend à en violer ou à en éluder les dispositions, ne saurait être accueilli sans inconvénient (1).

Il est aisé de sentir, au reste, qu'en fait de délits militaires, il doit se rencontrer peu de circonstances où l'on puisse alléguer la prescription. A l'époque où les conseils de guerre étaient souvent investis de la connaissance de délits étrangers à leur véritable institution, comme des faits de rébellion (2), de vols à main armée sur les grandes routes, etc. etc. (3), l'application des principes

---

(1) La cour de cassation a décidé plusieurs fois que la loi exigeant un jugement pour que la prescription de six ans fût interrompue, on doit s'en tenir à ce principe et l'observer rigoureusement.

(2) Voyez la loi du 30 prairial an 3, articles 3, 4, 5, 6 et 8, et la loi du 1er. vendémiaire an 4, articles 1, 2, 3, 4 et 5.

(3) Voyez la loi du 29 nivôse an 6, et celle du 29 brumaire an 7, qui la prorogeait.

relatifs à la prescription, devait être plus fréquente ; mais il suffit que la question puisse encore quelquefois être agitée, pour qu'on n'ait pas dû négliger de l'examiner. Je passe à la contumace.

Section VII.

De la contumace.

Un titre entier du code des délits et des peines du 3 brumaire an 4 (1), est consacré à régler la procédure par contumace ; et tout ce qui peut se concilier avec l'instruction militaire, doit être exactement observé ; les ordonnances de perquisition de la personne de l'accusé, de prise de corps ou de se représenter, et celles de déclaration d'état de rébellion à la loi, et de déchéance du titre et des droits de citoyen, sont rendues, publiées et affichées dans les délais et aux intervalles fixés, et transmises, ainsi qu'il est prescrit, au directeur de l'administration des domaines et de l'enregistrement ; mais comme, aux termes de l'article 12 de la loi du 13 brumaire an 5, le conseil de guerre ne peut être convoqué que lorsque la procédure est complète, toutes les opérations que le code des délits et des peines du 3 brumaire an 4, attribue au président et au procureur général impérial dans les affaires ordinaires, doivent être faites, par le capitaine-rapporteur, dans les procédures militaires. Ce fonctionnaire doit en conséquence, après qu'il a fait les premiers actes d'instruction, rendre une ordonnance de perquisition de la personne du prévenu ; et cette ordonnance est publiée et affichée à la porte de l'auditoire du conseil de guerre (2). Dix jours après

---

(1) Voyez le titre 9 de la loi du 3 brumaire an 4.
(2) Voyez les articles 462 et 463, loi du 3 brumaire an 4.

cette publication, le capitaine-rapporteur rend une seconde ordonnance, portant que le prévenu est rebelle à la loi, etc. ; cette ordonnance est transmise le lendemain, publiée et affichée, conformément au code des délits et des peines (1) ; et c'est alors seulement que le capitaine-rapporteur peut, aux termes de l'article 22 de la loi du 13 brumaire an 5, rendre compte de l'état de l'affaire, et provoquer la réunion du conseil.

La procédure par contumace devant être instruite, en matière militaire, conformément au code du 3 brumaire an 4, il faut distinguer le cas où il se trouve dans la même affaire des prévenus présens et des contumax, et celui où il n'y a lieu d'instruire que contre un ou plusieurs contumax.

Dans le premier cas, il ne doit y avoir pour les accusés présens, comme pour les absens, qu'une seule et même instruction, pendant laquelle on solemnise les formalités prescrites pour la contumace (2). Lorsque le débat est ouvert devant le conseil, qu'il a été donné lecture du procès-verbal d'information et des pièces, et que les accusés présens ont été interrogés de nouveau par le président, on procède à l'audition des témoins cités à la requête des accusés présens, du capitaine-rapporteur ou de la partie plaignante, et cette audition se fait oralement, à cause des accusés présens ; le conseil prononce ensuite, par le même jugement, tant sur les accusés présens que sur les contumax.

Dans le second cas, c'est-à-dire, lorsqu'on ne poursuit qu'un ou plusieurs contumax, sans qu'il y ait

---

(1) Voyez les articles 464 et 465 de la loi du 3 brumaire an 4.

(2) Voyez les articles 462, 463, 464 et 465 du code du 7 brumaire an 4.

des accusés présens, après que la contumace a été so-
lemnisée, et que l'ordonnance de perquisition et celle
qui déclare le ou les contumax en état de rébellion à
la loi, ont été rendues, le conseil est réuni; il examine
la régularité des actes de contumace; toutes les pièces de
la procédure instruite par le capitaine-rapporteur, sont
lues publiquement, ainsi que les déclarations écrites des
témoins *qui ne doivent point être cités pour déposer
oralement devant le tribunal.*

On voit, par ces éclaircissemens, que les dépositions
écrites des témoins décédés pendant l'absence du contumax, (et dont il doit être donné lecture devant le
tribunal, ainsi que le prescrit la loi du 3 brumaire
an 4 (1), lorsque l'accusé vient à être repris ou à se
représenter après sa condamnation par contumace, et
qu'on procède au jugement contradictoire) ne peuvent
s'entendre que des dépositions reçues par l'officier de
police judiciaire, le juge-instructeur et le président de
la cour criminelle, en matière ordinaire ou spéciale, et
par le capitaine-rapporteur, en matière de délits militaires, puisque, conformément à une autre disposition
de la même loi (2), qui est très-claire, très-précise, on
ne peut jamais, dans le cas de contumace, citer les témoins devant le tribunal; qu'ils ne peuvent jamais y
déposer *oralement,* et qu'on ne peut juger alors que
sur l'information faite et *écrite* avant la réunion du
conseil.

Ces distinctions sont faciles à saisir; mais pour éviter
les erreurs, il importe de bien s'en pénétrer.

Le contumax ne peut être défendu par aucun dé-

______

(1) Voyez l'article 477 du code du 3 brumaire an 4.

(2) Voyez le dernier paragraphe de l'article 471 du même
code.

fenseur (1); son état de désobéissance et la perte de ses droits entraînent la privation de cette faculté si précieuse ; cependant le législateur, toujours attentif à protéger l'innocence, victime d'un soupçon, autorise le contumax, qui se trouve dans l'impossibilité *absolue* d'obéir à la justice, à faire plaider son excuse par un fondé de pouvoir ; ses parens, ses amis sont même appelés à justifier de son absence hors du territoire continental ou de l'empire, pourvu qu'il se soit éloigné en vertu de passeports réguliers, et avant les premières poursuites. Le conseil est juge des excuses proposées et passe outre ou surseoit à l'instruction pendant un délai moralement suffisant (2). S'il n'a point été allégué d'excuses, ou si elles ont été rejetées, ou que le délai fixé soit expiré, on procède dans les formes accoutumées, sauf que l'on ne peut pas recevoir devant le conseil les dépositions orales des témoins. Cette prohibition est de rigueur pour l'instruction militaire, puisqu'elle existe même en matière ordinaire, quoique hors ce cas, on ne puisse jamais lire aux jurés les dépositions écrites (3).

Le recours en cassation dans les matières ordinaires n'étant point ouvert contre les jugemens par contumace, si ce n'est de la part du procureur général (4), il faut en conclure évidemment que la révision ne peut pas être réclamée par un contumax, en matière militaire, et que le capitaine-procureur impérial a seul le droit de se pourvoir contre le jugement. La loi ne veut pas que l'absence d'un contumax retarde le jugement des

(1) Voyez l'article 467, loi du 3 brumaire an 4.
(2) Voyez l'article 468, *ibid.*
(3) Voyez l'article 471, *ibid.*
(4) Voyez l'article 473, *ibid.*

co-accusés présens ; elle autorise à restituer, après le jugement de ceux-ci, les pièces de conviction ; toutefois elle ordonne qu'il en soit préalablement dressé un procès-verbal descriptif, lequel, en cas de jugement contradictoire, doit suppléer à la représentation de ces pièces (1).

Le séquestre et la perception des revenus d'un contumax étant du ressort de la régie des domaines, je ne m'occuperai point de cette partie de la procédure par contumace, je dirai seulement que depuis la publication du Code Napoléon, qui traite de la privation des droits civils par suite des condamnations judiciaires, on remarque une contradiction entre ses dispositions et celles du code des délits et des peines, en ce qui concerne les contumax et l'administration de leurs biens : que cette différence dans les mesures prescrites a été jugée digne d'occuper le conseil d'état ; et que jusqu'à ce que les deux lois aient été interprétées et conciliées, on doit continuer d'exécuter le code des délits et des peines.

Lorsque le condamné par contumace se constitue prisonnier ou vient à être arrêté, toutes les procédures faites contre lui depuis l'ordonnance de prise de corps, y compris le jugement, sont anéanties de *plein droit ;* il rentre dans la plénitude de ses droits, et il est jugé de nouveau dans la forme ordinaire (2). Les articles du code qui le prescrivent ainsi ont donné lieu, dans leur application, à quelques difficultés qu'un exemple assez remarquable fera mieux apprécier.

Un individu, condamné à mort par contumace par un conseil de guerre, avait été repris et traduit de nouveau devant le conseil ; le capitaine-rapporteur avait fait les nouveaux actes d'instruction convenables ; l'ac-

---

(1) Voyez l'article 474, loi du 3 brumaire an 4.

(2) Voyez l'article 476, *ibid.*

cusé avait été interrogé ; les témoins lui avaient été
confrontés, et l'affaire allait être de nouveau soumise
au conseil de guerre, pour être jugée contradictoirement, lorsque cet individu parvint à s'évader. Il s'agissait de savoir si, à raison de l'arrestation momentanée
du condamné, qui, conformément à la loi, l'avait réta-
bli dans tous ses droits et avait anéanti le jugement de
contumace rendu contre lui, son évasion faisait revivre
ce jugement, ou s'il était nécessaire d'en rendre un nouveau par contumace; et si dans cette dernière hypothèse, le second jugement aurait d'autres effets que
le premier, et devait être réputé rendu contradictoirement.
Quelques jurisconsultes pensaient que si l'état de la procédure avait changé par la représentation momentanée
de l'accusé, si de nouveaux témoins avaient été entendus, s'ils avaient été confrontés à l'accusé, enfin si l'accusé avait subi un nouvel interrogatoire, (et ces circonstances se rencontraient dans l'espèce) il était indispensable de rendre un nouveau jugement par contumace,
puisque l'accusé s'était évadé de nouveau avant le jugement définitif. Le nouveau jugement, disaient-ils, peut
être différent du premier, puisque la nouvelle instruction qui a eu lieu pendant que l'accusé a été prisonnier,
peut avoir donné à l'affaire une face tout à fait nouvelle;
le chef ou les chefs d'accusation peuvent avoir été atté-
nués ou détruits par les dépositions des témoins et par
l'interrogatoire de l'accusé. Les articles 476 et 478 du
code des délits et des peines trouvent ici leur application : le premier porte que si l'accusé se représente ou
est arrêté, le jugement rendu et tout ce qui a suivi
l'ordonnance de prise de corps *sont anéantis de plein
droit;* et le second veut qu'à dater *du jour* où l'accusé
s'est représenté ou a été arrêté, *il rentre dans l'exercice
de tous ses droits.* Il résulte donc de ces dispositions
qu'aussitôt que l'accusé est constitué prisonnier, le juge-

ment et les procédures faites antérieurement par contumace cessent d'exister *ipso facto*; et si l'accusé rentre dans tous ses droits, il est clair que le jugement n'existe plus au moment où l'accusé s'évade, et qu'il est nécessaire de le juger de nouveau d'après l'état où se trouve la procédure à l'époque de l'évasion. Ce second jugement par contumace ne doit pas, au reste, produire plus d'effet que le premier; il ne saurait être réputé contradictoire, et il est destiné à être anéanti comme l'autre par l'arrestation ou la représentation de l'accusé.

Ces raisonnemens étaient spécieux et les termes de la loi venaient en quelque sorte les appuyer; mais on demandait aux partisans de ce système s'ils décideraient de la même manière dans le cas où la procédure n'aurait éprouvé aucun changement dans l'intervalle de l'arrestation et de l'évasion du condamné par contumace. Forcés de convenir que dans cette hypothèse, il semblait que le premier jugement devait être maintenu, parce que la loi avait supposé, en l'anéantissant, que l'accusé purgerait sa contumace, et qu'il serait ridicule et souvent scandaleux de provoquer dans les matières soumises à des jurés, une nouvelle déclaration, et dans les autres matières, un nouveau jugement qui pourraient être absolument contraires entr'eux, quoique les circonstances de l'affaire n'eussent pas éprouvé le moindre changement depuis la première condamnation par contumace; ils décelaient ainsi le défaut de solidité de leurs argumens, et l'opinion contraire dut prévaloir dans le conseil de guerre qui s'abstint de prononcer un nouveau jugement.

La conduite de ce conseil doit, à mon avis, être suivie dans tous les cas semblables; et je crois pouvoir offrir, comme une règle invariable, qu'un jugement par contumace ne peut être anéanti que par un jugement contradictoire, ou par la mort du condamné. En effet, si l'opinion qu'on a rappelée prévalait, voici ce qui arriverait. Un condamné par contumace qui, ayant été arrêté, s'évaderait de nouveau, donnerait lieu à une nouvelle instruction et à un nouveau jugement par contumace, ou bien il faudrait abandonner la poursuite du délit qui pourrait se prescrire. Le même évènement pourrait se présenter dix ou douze fois, et par conséquent nécessiter dix ou douze jugemens par contumace dans une même affaire, puisqu'ils auraient été anéantis successivement par la présence momentanée du condamné. Il résulterait de cette marche une véritable monstruosité judiciaire, à l'existence de laquelle on ne peut pas supposer que le législateur ait eu l'intention de concourir; et l'on a dû saisir le véritable esprit de la loi qu'il a portée, en repoussant une marche si évidemment vicieuse.

Dans le cas même d'absolution, l'accusé qui a été contumax est condamné par forme de correction à garder prison pendant dix jours, et le président lui fait, en audience publique, une réprimande pour avoir douté de la justice et de la loyauté de ses concitoyens (1). Ces dispositions de la loi, que j'ai rapportées textuellement, peuvent paraître équivoques, et beaucoup de magistrats croyaient que l'individu absous par le jugement de contumace était dans le cas de subir l'emprisonnement de dix jours, par cela seul qu'il n'avait pas obéi à la justice; quelques-uns considéraient même que cette peine était encourue aussitôt que l'ordonnance, qui constitue le prévenu en état de rebellion, avait été rendue, et ils allaient jusqu'à prétendre que, conformément aux termes de la loi, celui qui, après avoir été accusé par contumace, se

____

(1) Voyez l'article 479 de la loi du 3 brumaire an 4.

I. 8

représentait avant le jugement, et était en conséquence jugé contradictoirement, n'en était pas moins, en cas d'absolution, passible de la peine des dix jours de prison.

En lisant attentivement l'article dont il s'agit, on doit reconnaître, au contraire, qu'il ne peut être applicable qu'à l'individu qui a d'abord été condamné par contumace, et qui depuis, a été arrêté où s'est constitué prisonnier, et a été acquitté. L'accusé contumax, reconnu non coupable, devant, aux termes de la loi, être déclaré par le président acquitté de l'accusation comme celui que l'on juge contradictoirement, il n'existe aucun moyen de faire comparaître devant un tribunal de répression celui qui, quoique contumax, a été absous, et l'on ne peut, conséquemment, ni ordonner qu'il subira la peine des dix jours d'emprisonnement, ni lui faire la réprimande publique, ainsi qu'il est dit à l'article 479 du Code.

Il eût fallu, sans doute, décider la question autrement sous l'empire de la loi du 4 thermidor an 2. Cette loi obligeait le tribunal, lorsque l'instruction était régulière, à déclarer que l'accusé contumax était réputé par la loi, coupable du délit qui faisait l'objet de l'accusation ; et comme l'absolution d'un contumax ne pouvait alors avoir lieu que dans le cas où il se représentait devant le tribunal qui l'avait jugé et condamné, la peine des dix jours d'emprisonnement et celle de la réprimande publique, qui étaient aussi prescrites par la même loi, lui étaient infligées après son absolution, si elle était prononcée contradictoirement. Mais aujourd'hui que la condition des contumax a été singulièrement améliorée par le Code des délits et des peines, qu'ils peuvent être absous quoiqu'absens, et qu'après l'absolution il n'y a plus de moyen, ainsi que je l'ai dit, de les appeler devant le tribunal, puisqu'ils n'ont point alors à purger leur contumace, il est évident que dans le cas d'absolution par contumace, les dispositions de l'article 479, en ce qui concerne l'emprisonnement et la réprimande, ne sont pas susceptibles d'application.

L'individu condamné d'abord par contumace, et absous ensuite contradictoirement, est condamné aux frais de la contumace. Ceux du jugement contradictoire ne doivent pas être à sa charge.

La loi interdit au contumax tout recours contre son dénonciateur, lors même qu'il est reconnu innocent (1).

Après vingt années, la peine prononcée par un jugement de contumace se trouve prescrite suivant le Code des délits et des peines; les vingt années se comptent à dater du jour où le jugement a été rendu (2). Après ce tems, dit le même Code des délits et des peines, le condamné par contumax n'est plus reçu à se présenter pour purger sa contumace (3).

---

(1) Voyez l'article 479 de la loi du 3 brumaire an 4.

(2) Voyez les articles 480 et 481 de la même loi.

(3) J'ai déjà fait observer que les dispositions du Code Napoléon semblent contrarier celles du Code des délits et des peines, sur l'administration des biens des condamnés ; elles établissent aussi d'autres principes sur les droits que recouvre le condamné lui - même en se représentant ; elles accordent un délai de grâce de cinq années, pendant lesquelles les biens du condamné contumace sont administrés comme ceux des absens, et distinguent le cas où le condamné ne se représente qu'après l'expiration de ce délai : la section relative à la privation des droits civils, par suite des condamnations judiciaires, introduit à cet égard un autre droit sur lequel on ne peut guère être fixé, jusqu'à ce qu'un nouveau code criminel n'ait détruit les incertitudes qui résultent de cette contradiction. Cette matière est au reste tout à fait étrangère à la juridiction des conseils de guerre et des autres tribunaux militaires, qui fait l'objet unique de ce travail.

8 *

Aussi, d'une part, la loi veut que l'individu qui a été condamné par contumax, et qui pendant vingt ans s'est soustrait à l'exécution du jugement dont il a été frappé, ne puisse plus subir aucune peine en vertu de ce jugement, et c'est sans doute une grande faveur qu'elle accorde au condamné ; mais en même tems elle lui interdit, après ce terme de vingt années, la faculté de provoquer un jugement contradictoire. Le législateur a supposé avec raison que le condamné qui pendant ce long intervalle n'est point venu se présenter aux tribunaux, a reconnu en quelque sorte lui-même la justice de sa condamnation, et que la tache qu'il en a reçue ne peut plus être effacée à une époque où les traces du crime et les pièces de conviction doivent avoir presque entièrement disparu ; mais il a sans doute considéré que les inquiétudes, les craintes, les angoisses, auxquelles doit être continuellement livré le condamné, qui cherche à se soustraire aux recherches de la justice, sont un supplice sans cesse renaissant, qui suppléé en quelque sorte à la condamnation, et qui ne doit pas se cumuler avec elle, lorsqu'il a duré pendant vingt années.

SECTION VIII.

De la manière de procéder en cas de destruction ou d'enlèvement des pièces ou du jugement d'une affaire criminelle militaire.

Le cas de destruction ou d'enlèvement des pièces d'une procédure militaire n'a pas été prévu par le Code militaire, mais le Code ordinaire du 3 brumaire an 4 ne l'a point passé sous silence (1) ; et d'après la règle générale qui doit être observée dans le silence des lois militaires,

____

(1) Voyez le titre 15, loi du 3 brumaire an 4.

il est nécessaire de se conformer aux dispositions de ce Code lorsque des procédures militaires se trouvent perdues. On doit même supposer qu'il peut y avoir lieu d'y recourir assez fréquemment, sinon pour les affaires instruites par les conseils de guerre des divisions de l'intérieur, du moins pour celles qui sont jugées à l'armée, et par des conseils spéciaux.

S'il existe une expédition ou copie authentique du jugement, elle doit être considérée comme minute, et remise en conséquence au dépôt chargé de la conservation des jugemens (1). Dans le cas où un officier public, ou un dépositaire quelconque de cette expédition ou copie authentique, refuserait d'obéir à l'ordre qui lui serait donné au nom du tribunal de remettre cette pièce, la contrainte par corps devrait être exercée contre lui (2). S'il n'existe plus d'expédition ou copie authentique du jugement, on doit recommencer l'instruction à dater du plus ancien acte de la procédure qui se trouve égaré, ou qui ne peut être représenté ni en minute, ni en expédition ou copie authentique (3) dans le nouveau débat, il peut être produit des témoins, tant à la requête du capitaine-rapporteur qu'à celle de l'accusé, pour déposer de l'existence et des dispositions du premier jugement intervenu (4). Enfin un jugement de condamnation non exécuté, qui n'est représenté ni en minute, ni en expédition ou copie authentique, est considéré comme n'ayant jamais existé ; il ne produit aucun effet, et n'est pas même susceptible de donner

---

(1) Voyez l'article 549, *ibid.*

(2) Voyez l'article 550, *ibid.*

(3) Voyez les articles 551 et 552, *ibid.*

(4) Voyez l'article 553, loi du 3 brumaire an 4.

lieu à l'application des peines qui peuvent quelquefois résulter de la récidive (1).

Tels sont les moyens que la loi a établis pour suppléer à la représentation des pièces perdues ; je les ai rappelés sans réflexions ; ils ne me paraissent pas susceptibles d'en faire naître ; l'emploi de ces moyens est facile, et il suffit sans doute que les conseils de guerre sachent que ces règles leur sont communes avec tous les tribunaux.

----

(1) Voyez l'article 554, *ibid.*

CHAPITRE III.

De la révision des jugemens rendus par les conseils de guerre.

LES jugemens rendus par les conseils de guerre sont soumis à la révision; le pourvoi peut-être exercé, soit par les parties, soit d'office par le capitaine faisant fonction de procureur impérial. La demande des parties peut être présentée par elles ou par leurs défenseurs (1).

SECTION Ire.

Des délais accordés pour se pourvoir en révision.

La loi du 18 vendémiaire an 6 avait déterminé qu'en cas d'acquittement, le capitaine procureur impérial n'avait que vingt-quatre heures pour notifier son pourvoi au greffe du conseil de guerre (2); cette disposition était analogue à celle du Code ordinaire des délits et des peines (3), qui, en cas d'absolution des accusés, n'accorde au procureur général impérial que le même délai de vingt-quatre heures pour se pourvoir en cassation. Cette loi avait gardé le silence sur le terme, pendant lequel le pourvoi en révision pouvait être exercé par

-----

(1) Voyez les articles 1, 11 et 12, loi du 18 vendémiaire an 6.
(2) Voyez l'article 12, *ibid.*
(3) Voyez l'article 442, loi du 3 brumaire an 4.

les condamnés et par l'officier chargé du ministère public, en cas de condamnation ; et l'on pouvait conclure
par analogie avec le Code des délits et des peines, que
ce délai était alors de trois jours ; on avait aussi des
doutes sur le moment où les vingt-quatre heures accordées au capitaine procureur impérial commençaient à
courir ; mais la loi du 15 brumaire de la même année,
interprétative de celle du 18 vendémiaire, vint suppléer
à cette lacune ; elle fixa (1) que le délai pour se pourvoir en révision contre les jugemens à rendre par les
conseils de guerre, serait de vingt-quatre heures, à partir de la lecture qui doit être faite à l'accusé par le capitaine-rapporteur, et que passé ce délai, l'accusé ne pourrait plus être admis à se pourvoir ; elle prescrivit en
conséquence que le capitaine-rapporteur serait tenu d'a-
vertir l'accusé de cette disposition, et d'en faire mention
au pied du jugement du conseil de guerre (2) ; elle détermina au surplus que le capitaine procureur impérial
n'aurait que vingt-quatre heures pour se pourvoir d'office après le délai accordé à l'accusé (3).

On remarque qu'au moyen de cette dernière disposition, le délai accordé à ce magistrat se trouve doublé,
puisque l'accusé a vingt-quatre heures pour se pourvoir depuis la lecture du jugement, et que c'est après
l'expiration de ces vingt-quatre heures que le procureur
impérial en a encore vingt-quatre autres pour notifier
son pourvoi, s'il le juge convenable, et cette interprétation de la loi du 18 vendémiaire an 6, est de nature à
fixer l'attention pour ne pas se tromper sur la manière
de saisir le sens de l'art. 12, et de le mettre à exécution.

Je ne parlerai point d'un article de la loi du 18 ven-

____

(1) Voyez l'article 8, loi du 15 brumaire an 6.
(2) Voyez l'article 8, *ibid.*
(3) Voyez l'article 9, *ibid.*

démiaire an 6 (1), qui fixait le délai pour se pourvoir
en révision contre les jugemens rendus depuis le mois
de germinal an 4 (2), jusqu'au moment où elle fut publiée, ni de deux autres articles de la loi du 15 brumaire
relatifs à la révision de tous les jugemens rendus par les
conseils militaires depuis leur établissement (3); ces
articles, essentiellement transitoires, ne présentent aujourd'hui aucune espèce d'intérêt. Mais avant d'examiner
la formation des conseils de révision et le mode de procéder devant eux, je crois devoir faire sentir de plus en
plus la nécessité, de la part des capitaines-rapporteurs,
de bien fixer par un procès-verbal le moment où la lecture du jugement est faite à l'accusé, et surtout celle de
lui donner connaissance du délai fatal, au-delà duquel il
ne peut plus se pourvoir en révision, et de faire mention de cette circonstance au pied du jugement, ainsi

----

(1). Voyez l'article 11, loi du 18 vendémiaire an 6.

(2) La loi du 17 germinal an 4 avait proclamé le principe
de la révision des jugemens militaires; elle ordonnait que dans
tout procès soumis au conseil militaire, le jugement et les
pièces seraient adressés, avant l'exécution, au général commandant la division, pour être soumis à l'examen d'un conseil
composé des trois officiers supérieurs les plus anciens qui se
trouvaient sous ses ordres. Ces officiers devaient décider, à la
majorité, si le jugement avait été régulièrement rendu, et si
la peine appliquée était conforme à la loi. Dans le cas de l'affirmative, le jugement devait être exécuté; dans le cas contraire, le général était tenu de convoquer un nouveau conseil
militaire, qui prononçait sur l'accusation, et dont le jugement
était soumis aux mêmes formalités. La loi du 17 germinal
s'appliquait à tous les jugemens militaires rendus en exécution
de celle du deuxième jour complémentaire an 3, contre des
personnes vivantes, au moment où elle fut promulguée. —
Voyez la loi du 17 germinal an 4, articles 1, 2, 3, 4, 5
et 6.

(3). Voyez les articles 1 et 2, loi du 15 brumaire an 6.

que la loi l'exige d'eux (1). Le cas s'est présenté où cette dernière formalité si essentielle avait été omise; cette omission ne fut pas regardée comme un moyen de nullité contre le jugement, parce que la formalité n'est pas prescrite à peine de nullité, et qu'elle est étrangère, et en quelque sorte, surabondante à l'instruction et au jugement; mais on sent que le magistrat militaire avait un reproche grave à se faire; qu'il est possible de supposer qu'un militaire ignore le droit de recours en révision, ainsi que les délais qui lui sont accordés. et que, quoiqu'en général aucun citoyen d'un état ne puisse prétendre cause d'ignorance d'une loi existante, le soin que le législateur a pris d'ordonner qu'on rappelerait à chaque militaire condamné les règles fixées pour obtenir la révision, manifeste sa sollicitude paternelle, dont l'effet ne doit point être paralysé par la négligence, ou même, s'il était possible de le supposer, par la malveillance du magistrat chargé de l'exécution des jugemens.

§ Ier. *De la composition et de la convocation des conseils permanens de révision.*

Il existe, aux termes de la loi, un conseil de révision dans chaque division d'armée et dans chaque division de troupes employées dans l'intérieur (2); ce conseil de révision est permanent comme les conseils de guerre.

Le conseil de révision est composé de cinq membres, savoir; d'un officier général qui préside; d'un chef de brigade ou colonel; d'un chef de bataillon ou d'escadron, et de deux capitaines (3).

---

(1) Voyez l'article 8, loi du 15 brumaire an 6.

(2) Voyez l'article 1er., loi du 18 vendémiaire an 6.

(3) Voyez l'article 2, *ibid.* — Le décret impérial, en date du 16 février 1807, qui est rapporté textuellement au chapitre

Le greffier est toujours à la nomination du président, et le rapporteur est pris parmi les juges et désigné par eux (1), à la différence de ce qui est réglé pour les conseils de guerre, où le rapporteur est un fonctionnaire distinct, et n'a point, comme au conseil de révision, d'opinion à émettre en qualité de juge. La loi du 27 fructidor an 6 détermine (2) que les rapports à faire sur les jugemens soumis à la révision sont distribués entre tous les membres du conseil; le président seul est excepté.

Un commissaire ordonnateur ou un commissaire des guerres de première classe, exerce auprès du conseil de révision les fonctions de procureur général impérial (3).

Les membres des conseils de révision, ainsi que les commissaires ordonnateurs ou commissaires des guerres de première classe chargés près d'eux des fonctions de procureurs impériaux, sont nommés par les généraux d'armées ou par les généraux commandant en chef les divisions de l'intérieur; en cas d'empêchement légitime des membres des conseils de révision, les généraux qui les nomment sont aussi chargés de pourvoir à leur remplacement (4).

§ II. *Formalités particulières lorsqu'il ne se trouve pas dans une division militaire un nombre suffisant d'officiers pour former le conseil de révision.*

La loi prévoit le cas où le commandant en chef d'une

---

des conseils de guerre, s'applique aussi aux conseils de révision, et indique la marche qui doit être suivie pour la composition de ces conseils, lorsqu'il y a impossibilité d'y appeler des officiers du grade déterminé par la loi.

(1) Voyez l'article 2, loi du 18 vendémiaire an 6.
(2) Voyez l'article 5, loi du 27 fructidor an 6.
(3) Voyez l'article 3, loi du 18 vendémiaire an 6.
(4) Voyez l'article 4, *ibid.*

division de l'intérieur n'aurait pas sous ses ordres un nombre suffisant d'officiers en activité, admissibles au conseil de révision ; elle l'autorise, dans ce cas, à y suppléer par des officiers de grades correspondans, retirés chez eux par suite de réforme ou de suppression, et ayant servi dans la guerre de la liberté.

§ III. *Des qualites exigées pour les membres des conseils de révision.*

Le commandant en chef d'une division, qui nomme les membres du conseil de guerre, ne peut, en aucun cas, faire partie du conseil de révision (1) ; la loi prononce la même exclusion contre le chef de l'état-major de la division (2).

Les membres des conseils de révision doivent être âgés de trente ans accomplis ; il faut qu'ils aient fait trois campagnes devant l'ennemi, ou qu'ils aient six ans de services effectifs dans les armées de terre et de mer (3).

Les dispositions des articles 6, 7 et 8 de la loi du 13 brumaire an 5, concernant les conseils de guerre, sont applicables aux conseils de révision : en conséquence, aucun officier désigné pour faire partie de ces conseils ne peut refuser sa nomination, sous peine d'être destitué et puni de trois mois de prison. Cette peine peut être prononcée par le président du conseil de révision, à charge par lui d'en rendre compte au ministre de la guerre (4).

Les parens et alliés aux dégrés prohibés par les cons-

____

(1) Voyez l'article 5, loi du 18 vendémiaire an 6.
(2) Voyez l'article 6, loi du 27 fructidor an 6.
(3) Voyez l'article 6, loi du 18 vendémiaire an 6.
(4) Voyez l'article 7, *ibid.*

titutions ne peuvent être simultanément membres du même conseil de révision ; les parens ou alliés des prévenus sont également incapables de siéger au conseil de révision chargé de prononcer sur la validité d'un jugement qui concerne leurs parens ; enfin, les parens aux degrés prohibés des membres composant le conseil de guerre qui a rendu le jugement soumis à la révision, ne peuvent siéger au conseil de révision à l'examen duquel ce jugement est déféré (1).

Dans tous ces cas, l'empêchement n'est que momentanée, et il n'est pourvu que momentanément au remplacement des membres empêchés pour cause de parenté.

La loi charge le président du conseil de révision de convoquer les membres qui le composent, et de désigner le local où le conseil doit siéger (2).

Les séances du conseil de révision sont publiques comme celles du conseil de guerre ; le nombre des spectateurs ne peut pas excéder le triple de celui des juges ; les spectateurs doivent se tenir la tête découverte et en silence, et le président est investi des mêmes pouvoirs que le président du conseil de guerre pour réprimer les écarts dont les assistans se rendraient coupables.

On a vu au titre des conseils de guerre que les pièces des procédures terminées par ces conseils, doivent être envoyées dans les vingt-quatre heures, de la notification du pourvoi avec la copie du jugement, au président du conseil de révision, qui est tenu de convoquer aussitôt les membres du conseil (3).

---

(1) Voyez l'article 8, loi du 18 vendémiaire an 6.
(2) Voyez l'article 9, *ibid*.
(3) Voyez l'article 13, *ibid*.

§ IV. *Attributions des conseils de révision.*

Le conseil de révision, lorsqu'il est une fois assemblé, ne peut désemparer avant d'avoir prononcé sur la validité du jugement qui lui est soumis (1); mais comme cette obligation lui est commune avec les conseils de guerre, il faut recourir au titre qui est relatif à ces conseils pour connaitre le véritable sens de cette disposition; toutefois, comme les conseils de révision n'ont aucune instruction à faire, qu'ils ne peuvent point recevoir les dépositions des témoins, et qu'après le rapport qui est fait par le juge commis, il n'y a plus qu'à entendre les plaidoyers des défenseurs, s'ils se présentent au conseil, comme la loi les y autorise (2), et à recevoir les réquisitions du procureur général impérial, sur lesquelles les défenseurs sont encore admis à faire leurs observations; on sent facilement que les décisions des conseils de révision ne sont pas, ainsi que celles des conseils de guerre, sujettes à être retardées par une foule de circonstances.

Les jugemens des conseils de révision sont rendus à la majorité des voix.

Ces conseils sont autorisés à annuller dans cinq hypothèses; savoir:

1°. Lorsque le conseil de guerre, dont le jugement leur est soumis, n'a point été formé de la manière prescrite par la loi;

2°. Lorsque le conseil a outrepassé sa compétence, soit à l'égard des prévenus, soit à l'égard des délits dont la loi lui attribue la connaissance;

3°. Lorsque le conseil s'est déclaré incompétent pour juger un individu soumis par les lois à sa juridiction;

---

(1) Voyez l'article 14, loi du 18 vendémiaire an 6.
(2) Voyez l'article 15, *ibid.*

4°. Lorsqu'une des formes prescrites par la loi n'a point été observée, soit dans l'information, soit dans l'instruction ;

5°. Enfin, lorsque le jugement n'est pas conforme à la loi dans l'application de la peine (1).

La loi interdit au conseil de révision la faculté de connaître du fond des affaires (2) ; mais elle lui fait un devoir d'annuller les jugemens lorsqu'ils se trouvent entachés d'un ou de plusieurs des vices que l'on vient de rappeler. Elle distingue le cas où le jugement est annullé pour défaut de compétence, et veut alors que le fond du procès soit renvoyé au tribunal qui en doit connaître ; dans tout autre cas d'annulation, elle charge le conseil de révision de renvoyer à celui des deux conseils de guerre de la division qui n'en a pas connu, *pour qu'il y soit procédé à une nouvelle information et instruction* (3).

Cette dernière disposition mérite d'être remarquée, puisqu'il en résulte qu'à la différence de ce qui se pratique en matière ordinaire, aussitôt que le jugement d'un conseil de guerre est annulé, tout ce qui l'a précédé, sauf les procès-verbaux de délits, se trouve également anéanti. tandis que les annulations prononcées par la cour de cassation. à l'instar de laquelle les conseils de révision sont à-peu-près organisés. ne portent que sur les actes formellement désignés. et que tout ce qui n'est point annulé, et qui a précédé les actes dont l'annulation est prononcée, se trouve implicitement validé.

---

(1) Voyez l'article 16, loi du 18 vendémiaire an 6.

(2) Voyez l'article 17, *ibid.*

(3) Voyez l'article 18, *ibid.* ; et l'article 6, loi du 15 brumaire an 6.

§ V. *Du jugement et de l'exécution.*

Lorsque le conseil de révision confirme le jugement qui lui est soumis, il doit renvoyer les pièces du procès avec une copie de sa décision, signée de tous les membres qui le composent, au conseil de guerre, dont le jugement est confirmé, pour que l'exécution en soit poursuivie dans les délais et aux termes de la loi du 13 brumaire an 5 (1). Pareille copie doit être transmise au ministre de la guerre, et une expédition est en même tems adressée à l'individu condamné par le jugement confirmé.

Si le conseil de révision a annulé le jugement, les pièces du procès et la décision signée, comme on vient de le dire, doivent être envoyées au conseil de guerre qui est chargé d'instruire l'affaire de nouveau. La décision est également transmise, tant au ministre de la guerre qu'au conseil, dont le jugement est annulé, et ces divers envois doivent se faire par le juge-rapporteur. auquel il est donné acte de la remise du tout pour sa décharge (2).

§ VI. *De la manière de procéder lorsqu'après l'annulation d'un jugement du conseil de guerre, le nouveau jugement est attaqué par les mêmes moyens que le premier.*

La loi du 18 vendémiaire an 6 prescrivait (3), que lorsqu'après une annulation, le second jugement sur le

---

(1) Voyez l'article 22, loi du 18 vendémiaire an 6 ; et l'article 5, loi du 15 brumaire an 6.

(2) Voyez l'article 22, loi du 18 vendémiaire an 6.

(3) Voyez l'article 23, *ibid.*

fond était attaqué par les mêmes moyens que le premier, la question ne pouvait plus être agitée au conseil de révision, et qu'elle devait alors être soumise au corps législatif, qui portait une loi à laquelle le conseil de révision était tenu de se conformer; mais cette marche ne doit plus être suivie aujourd'hui. Dans l'impossibilité d'exécuter cette disposition, il a fallu, le cas se présentant, recourir à l'autorité qui est chargée d'interpréter la loi; et le conseil d'état a décidé, le 5 germinal an 11, par son avis, qui reçut le 10 du même mois l'approbation du premier consul, que depuis la constitution de l'an 8, et d'après l'organisation du corps législatif, et le mode actuel de formation de la loi, les référés au corps législatif ne peuvent plus avoir lieu; que l'article 23 de la loi du 18 vendémiaire an 6 est implicitement abrogé; et que l'on doit suivre la marche indiquée par l'article 1er de la loi du 29 prairial an 6, qui veut qu'en cas d'annulation d'un jugement rendu par un conseil de guerre établi par l'article 19 de la loi du 18 vendémiaire an 6, le prévenu soit renvoyé devant le premier conseil de guerre d'une des divisions militaires les plus voisines, pour y être procédé à une nouvelle instruction (1), sauf le recours, s'il y a lieu par la suite, au tribunal de cassation.

____

(1) Les dispositions de cette loi du 29 prairial an 6, que le conseil d'état a rappelées dans son avis, pourraient d'abord paraître contrarier l'article 23 de celle du 18 vendémiaire de la même année, et faire croire que dès-lors le législateur avait eu l'intention d'interdire les référés au corps législatif; mais il faut se rappeler, pour avoir sur ce point une opinion exacte, qu'avant le 18 vendémiaire an 6, il n'existait qu'un seul conseil de guerre par division militaire; que les seconds conseils qui furent alors établis, ne furent pas investis des mêmes pouvoirs que les premiers; qu'ils ne devaient point connaître directement et de prime abord des délits militaires, mais seulement *en cas d'annulation prononcée des jugemens rendus par*

Cet avis qui, revêtu de l'approbation du premier consul, a le caractère d'un arrêté ou décret du gouvernement, prohibe donc aujourd'hui tout référé au corps législatif, et si le conseil de révision est dans le cas d'annuler successivement plusieurs jugemens rendus dans la même affaire, il doit toujours, en se conformant à cet avis, renvoyer devant un conseil de guerre d'une division voisine qui n'ait pas encore connu de l'affaire, après que les deux conseils de guerre de la division où le délit a été commis ont été successivement appelés à en connaître.

Il faut observer à cet égard que quand même un conseil de guerre aurait été entièrement changé, ou renouvelé depuis le jugement rendu, il est toujours réputé être le même, et qu'il y aurait conséquemment irrégularité à renvoyer devant lui, à quelque époque que ce fût, pour qu'il instruisît de nouveau une procédure qui aurait déjà été instruite devant lui.

Au reste, lorsque le conseil de révision se croit obligé d'annuler un second jugement rendu dans la même af-

---

les premiers conseils; que l'attribution immédiate et directe, et le droit de connaître, comme les conseils de guerre créés par la loi du 13 brumaires an 5, de toutes les affaires, ne leur furent conférés que par la loi du 27 fructidor de l'an 6; que dans l'intervalle la loi du 29 prairial an 6 avait été rendue, parce qu'alors elle était nécessaire; mais que ses dispositions, dont l'avis du conseil d'état a prescrit l'exécution, durent être regardées en quelque sorte comme annulées par la promulgation de celle du 27 fructidor an 6, qui donnait (article 1er.) aux conseils créés par l'art. 19 de la loi du 18 vendémiaire an 6, un droit égal à ceux qui avaient été établis par la loi du 13 brumaire an 5, et qui prescrivit (article 2) qu'en cas d'annulation des jugemens rendus par l'un ou l'autre des deux conseils de guerre de chaque division militaire, on renverrait (dans la même division) devant celui qui n'avait pas connu de l'affaire, pour y être procédé à un nouveau jugement.

faire, il doit mettre lui-même plus de circonspection et de soins dans les motifs qui le déterminent, et surtout dans l'énonciation de ces motifs, et prendre garde que quelque omission, quelque négligence dans le dispositif de sa propre décision n'entrave le cours de la justice, et ne donne une opinion défavorable de la clarté de la législation ou de l'aptitude des organes de la justice à en saisir le sens et à en appliquer les dispositions.

On ne doit pas induire de ces expressions : *sauf le recours s'il y a lieu par la suite au tribunal de cassation*, qui se trouvent dans l'avis du conseil d'état, que l'annulation répétée des jugemens rendus par les conseils de guerre, ouvre un moyen extraordinaire d'user de cette faculté; il est évident, et il doit être bien entendu que ces expressions n'introduisent point un droit nouveau, et qu'il faut suivre ce qui est prescrit généralement à cet égard.

Les règles que je viens de rappeler, résultent, comme on le voit, d'un acte du gouvernement qui concerne spécialement les conseils de révision et les conseils de guerre, et cet acte n'a point été rapporté par aucune disposition postérieure relative à ces tribunaux; mais comme la législation générale sur la matière a éprouvé de grands changemens depuis cette époque, je dois le faire remarquer ici, et j'offre comme une opinion les observations suivantes.

Je suis porté à croire, je suis même persuadé que les expressions de l'avis du conseil d'état, *sauf le recours au tribunal de cassation* se rapportaient à une disposition de la loi du 27 ventose an 8 sur l'organisation judiciaire (1), suivant laquelle la cour de cassation était

____

(1) Voyez l'article 78, loi du 27 ventóse an 8.

9 *

appelée à porter une décision en sections réunies, lorsqu'après une première cassation, le second jugement
sur le fond était attaqué par les mêmes moyens que
le premier, et cette disposition de la loi du 27 ventôse
an 8 a été modifiée par celle du 16 septembre 1807.

Aux termes de cette dernière loi, lorsque deux arrêts
ou jugemens en dernier ressort rendus dans la même
affaire par les tribunaux ordinaires ont été annulés pour
les mêmes motifs par la cour de cassation, il y a nécessairement lieu à interpréter la loi, et cette interprétation est donnée dans la forme des réglemens d'administration publique, c'est-à-dire, par une décision du
conseil-d'état approuvée par S. M. I. et R. L'interprétation peut même avoir lieu après une première annulation, si le nouveau jugement est attaqué par les
mêmes moyens que celui qui a déjà été annulé ; mais
dans ce cas, la cour de cassation a la faculté de juger
ou de réclamer l'interprétation, tandis que dans l'autre,
l'interprétation est indispensable (1).

En raisonnant par analogie, et en appliquant ces
principes à la procédure militaire, il faudrait en conclure que lorsqu'un jugement militaire a été annulé
et que le nouveau est attaqué par les mêmes moyens
que le précédent, le conseil de révision qui remplace
à-peu-près la cour de cassation pour les matières militaires, peut juger, s'il le trouve convenable, ou en
référer au conseil d'état pour l'interprétation, à la charge
toutefois de demander nécessairement cette interprétation dans le cas d'un troisième pourvoi en révision
contre un troisième jugement qui serait attaqué par

----

(1) Voyez les articles 1, 2, 3, 4 et 5 de la loi du 16 septembre 1807.

les mêmes moyens que les deux premiers ; mais outre
que le conseil de révision ne peut pas juger en sections
réunies et sous la présidence du grand-juge ce que la loi
prescrit formellement lorsque la cour de cassation s'occupe d'une seconde demande fondée sur les mêmes
motifs que la première, on doit considérer aussi qu'un
troisième jugement militaire ne pourrait pas être soumis
au même conseil de révision que les deux premiers, et
qu'il y aurait beaucoup d'inconvéniens à ce que le conseil
de révision ne reclamât pas l'interprétation de la loi
au moment où il est saisi de la seconde demande.

Je pense donc que dans l'état actuel de la législation,
les référés au corps législatif que prescrivait la loi militaire sont remplacés aujourd'hui, et dans les mêmes cas,
par des référés au conseil d'état, et que lorsqu'un second jugement militaire est attaqué par les mêmes moyens
qui ont fait annuler le premier, le conseil de révision
doit reclamer sur le champ l'interprétation de la loi.

La nécessité d'établir de l'uniformité dans les opérations
et les décisions des tribunaux, vient à l'appui de mon opinion, et je suis surtout porté à indiquer cette marche,
comme la plus convenable et la plus réguliere en considérant qu'elle est formellement prescrite par le décret
du 12 novembre 1806 pour les jugemens des tribunaux
maritimes (1).

---

(1) Voyez l'annotation à la suite de l'article 58 du décret du
12 novembre 1806.

SECTION II.

De la cassation des jugemens rendus par les conseils de guerre permanens.

§. Ier. *Par qui, comment et dans quel cas, le recours en cassation peut être exercé.*

Il est de principe général que les jugemens militaires ne peuvent être déférés à la cour de cassation : les conseils de révision sont institués pour tenir lieu de ce degré de juridiction, et l'on sent que la célérité qu'exige l'administration de la justice militaire est tout-à-fait incompatible avec les lenteurs qu'entraîne nécessairement un recours en cassation et qui apporteraient en matière militaire des retards très-préjudiciables à l'exécution des jugemens ; cependant un article de la loi du 27 ventôse an 8, sur l'organisation judiciaire de l'empire (1), autorise le recours en cassation contre les jugemens des tribunaux militaires de terre et de mer ; mais pour cause d'incompétence ou d'excès de pouvoir seulement, *et lorsque ce motif est allégué par un citoyen non-militaire ; ni assimilé aux militaires à raison de ses fonctions.*

Cet article, tout en restreignant la faculté de recourir en cassation aux deux cas d'incompétence ou d'excès de pouvoir n'en ouvrirait pas moins la porte à un très-grand nombre d'abus, s'il s'appliquait aux militaires, parce que, sous le spécieux prétexte d'un de ces deux vices radicaux, les condamnés ne manqueraient

____

(1) Voyez l'article 77, loi du 27 ventôse an 8.

presque jamais, pour gagner du tems, de se pourvoir en cassation malgré la certitude qu'ils auraient de succomber dans leur pourvoi; mais on voit que le législateur a interdit cette faculté aux militaires et à ceux qui sont réputés tels, ou qui leur sont assimilés à raison de leurs fonctions.

Les conseils de guerre sont bien évidemment alors les juges naturels des prévenus ; l'incompétence ne peut pas être alléguée, du moins à raison de la qualité de la personne, et les conseils de révision suffisent pour apprécier les allégations d'excès de pouvoir, sans qu'il soit besoin de recourir au tribunal de cassation, qui, pour les jugemens militaires, ne forme point, comme en matière ordinaire, un échelon de la juridiction criminelle.

Le but de la loi du 27 ventôse an 8 a été d'empêcher que des citoyens non militaires fussent soustraits aux tribunaux ordinaires, hors les cas spécialement désignés par les lois, et traduits devant des tribunaux militaires pour des délits dont la connaissance exclusive ne leur est pas attribuée (1). C'est donc seulement à l'égard des citoyens non militaires que les dispositions déjà rappelées de cette loi doivent recevoir leur exécution, et elles sont absolument étrangères à tous les individus qui, à raison de leur qualité ou de leurs fonctions, sont ordinairement soumis à la juridiction militaire.

---

(1) On a vu précédemment, au chapitre des conseils de guerre permanens, que les cours spéciales, créées par les lois des 18 pluviôse an 9 et 23 floréal an 10 connaissent, contre *toutes personnes*, des crimes dont le jugement leur est attribué, et les conseils de révision doivent veiller à ce que les conseils de guerre permanens n'empiétent pas sur les attributions de ces cours, en jugeant des délits dont la connaissance doit leur être renvoyée quoiqu'ils aient été commis par des militaires en activité.

Il est vrai que dans certains cas, et à l'égard surtout des individus qui sont assimilés aux militaires à raison de leurs fonctions, la discussion de leur qualité peut être précisément la base de leur recours pour incompétence prétendue ou pour excès de pouvoir, et que pour ce qui les concerne, il peut, comme on l'a vu précédemment, y avoir diversité d'opinions lorsque le prévenu compris sous une dénomination générale, n'est pas expressément et nominativement désigné dans la nomenclature des individus justiciables des conseils de guerre; mais si le conseil de révision a confirmé, c'est au capitaine-rapporteur chargé de l'exécution des jugemens, qu'il appartient de se fixer sur la transmission à faire du pourvoi en cassation, et de faire exécuter sur le champ ou de suspendre l'exécution suivant les circonstances et sous sa responsabilité.

On ne se dissimule pas que s'il s'agit, par exemple, d'une condamnation capitale, cette responsabilité est grande; cependant ce soin important ne regarde que le capitaine-rapporteur. Un exemple remarquable vient à l'appui de cette assertion.

Il s'agissait dans l'espèce de trois individus qui, dans un rassemblement armé, avaient arrêté et pillé sur la grande route un charriot appartenant à l'état, qu'ils supposaient chargé d'argent. Ils avaient été saisis encore munis de leurs armes; et au moment de leur arrestation, l'un d'entr'eux avait poignardé deux gendarmes. Renvoyés d'abord à une commission militaire, reclamés par les tribunaux criminels ordinaires, ils avaient été reconnus justiciables d'un conseil de guerre aux termes des lois des 30 prairial an 3 et 1er. vendemiaire an 4 sur les rassemblemens armés, et des ordres avaient été donnés en conséquence. Convaincus du crime qui leur était imputé, ces accusés furent condamnés à la peine de mort et la condamnation fut de suite confirmée par le conseil de révision ; mais ils avaient décliné dès l'origine de la procédure la compétence militaire, et sur le refus du capitaine-rapporteur de transmettre leur pourvoi en cassation, le procureur-général impérial, sans respect pour la ligne de démarcation qui sépare les différens pouvoirs, avait cru pouvoir faire cette transmission. Le jugement avait néanmoins reçu son exécution dans le délai de la loi du 13 brumaire an 5. Les condamnés n'étaient pas militaires ni assimilés aux militaires; mais ils avaient été saisis dans un rassemblement armé; cette circonstance établissait bien évidemment la compétence militaire et il était d'ailleurs facile de reconnaître que l'esprit de parti qui n'était pas encore éteint dans le département théâtre du crime, quoique ce fût à la fin de l'an 9, avait eu beaucoup de part à l'espèce de lutte qui s'était élevée en cette circonstance, entre les tribunaux ordinaires et les tribunaux militaires. La conduite du capitaine-rapporteur ne fut point désapprouvée, la cour de cassation ne statua point, et l'on doit s'en tenir strictement au principe consacré par la loi et par la nature des choses que le capitaine-rapporteur est seul chargé, sous sa responsabilité, de transmettre, s'il le juge convenable, les pourvois en cassation contre les jugemens militaires.

D'un autre côté, on peut citer un assez grand nombre d'exemples où la cour de cassation a annulé pour cause d'incompétence ou d'excès de pouvoir des jugemens rendus par des conseils de guerre, notamment dans les affaires où ces tribunaux n'avaient pu établir leur compétence qu'à cause de la matière, mais ces exemples ne peuvent être regardés que comme des cas extraordinaires, ils se rapportent plus particulièrement à des jugemens rendus dans des espèces qui avaient été attribuées momentanément aux conseils de guerre, et il est facile d'apercevoir que ce qui s'est pratiqué dans quelques circonstances, à l'égard de ces tribunaux considérés comme tribunaux d'exception, et pour renfermer dans les bornes les plus étroites la juridiction qui leur était donnée sur des citoyens non-militaires, ne doit point être pris pour règle quand il s'agit du jugement des militaires ou des individus qui leur sont assimilés, dont ces conseils sont les juges naturels.

CHAPITRE IV.

Des conseils de guerre spéciaux.

JUSQU'A l'époque de l'an 12, le crime de désertion était jugé par les conseils de guerre permanens (1), mais l'arrêté qui fut rendu le 19 vendémiaire de cette année par le gouvernement, sur le rapport du ministre de la guerre, attribua la connaissance exclusive de tous les cas de désertion à des conseils de guerre spéciaux.

Le titre II de cet arrêté règle la composition et la compétence des conseils de guerre spéciaux (2) ; la juridiction de ce tribunal s'étend sur tous les sous-officiers et soldats accusés de désertion, et sur tous les conscrits qui, ayant été condamnés comme réfractaires par les tribunaux de première instance (3) déserteraient le dépôt particulier où ils doivent à ce titre être réunis lorsqu'ils sont arrêtés (4)

---

(1) Voyez les titres 1 et 2 de la loi du 21 brumaire an 5, concernant la désertion à l'ennemi et à l'intérieur.

(2) Voyez les articles 16, 17 et 21 de l'arrêté du 19 vendémiaire an 12.

(3) Voyez la loi du 6 floréal an 11.

(4) Voyez les articles 1, 2 et suivans de l'arrêté du 19 vendémiaire an 12, sur la formation et le placement des dépots de conscrits.

Section Ire.

Formation et convocation des conseils de guerre spéciaux.

Les conscrits réfractaires, c'est-à-dire, ceux qui n'ont pas obéi à l'appel, où qui après s'y être présentés abandonnent le détachement ou le dépôt dont ils font partie, ne sont pas justiciables des conseils de guerre spéciaux pour cette désobéissance. Les conscrits désobéissans sont dénoncés par le capitaine de recrutement au préfet du département auquel ils appartiennent; cet administrateur les déclare *réfractaires;* et sur la simple représentation de cet arrêté, le tribunal de première instance du domicile, sans autre examen et sans aucune discussion préalable, est tenu de prononcer contr'eux l'amende désignée par le préfet (1). Cette amende qui ne peut pas être moindre de 500 fr. ni excéder 1,500 fr. est solidaire contre les père et mère du conscrit réfractaire.

On ne peut, en général, considérer comme déserteur que celui qui a rejoint un corps, qui a passé sous les drapeaux et qui les a abandonnés; l'arrêté du 19 vendémiaire fait une exception à cette règle générale (2); mais il faut bien prendre garde d'étendre d'un cas à un autre la disposition rigoureuse qui s'y rencontre : et pour établir la compétence d'un conseil de guerre spécial à l'égard d'un conscrit, il faut nécessairement que, d'abord le tribunal de première instance l'ait condamné comme réfractaire, et qu'ensuite, après avoir été arrêté et placé en vertu

____

(1) Voyez la loi du 17 ventôse an 8, celle du 6 floréal an 11, et l'article 69 du décret impérial du 8 fructidor an 13.

(2) Voyez l'article 16 de l'arrêté du 19 vendémiaire an 12.

de cette condamnation dans l'un des dépôts désignés par l'arrêté du 19 vendémiaire, il s'en soit éloigné sans permission.

Les membres des conseils de guerre spéciaux sont nommés, dans l'intérieur, par le commandant d'armes de la place ou par le commandant du lieu où se trouve le corps de l'accusé; à l'armée, la nomination appartient au général de brigade sous les ordres duquel le corps est placé (1). Les membres des conseils de guerre spéciaux sont au nombre de sept, comme ceux des conseils de guerre ordinaires; le conseil de guerre spécial est présidé par un officier supérieur, (ce qui s'entend d'un officier ayant au moins le grade de chef de bataillon ou d'escadron); quatre capitaines et deux lieutenans siégent en qualité de juges; un officier d'état-major, de gendarmerie ou de la garnison, ayant au moins le grade de lieutenant, fait les fonctions de rapporteur et de procureur-impérial et est assisté dans ses opérations d'un greffier dont le choix lui est déféré et qui doit être pris parmi les sous-officiers (2). L'arrêté du gouvernement veut que les membres du conseil soient choisis ordinairement et pour l'intérieur dans les différens corps de la garnison; à l'armée dans les différens corps soumis aux ordres d'un même général de brigade, et qu'ils soient commandés pour cette opération, à tour-de-rôle et à l'ordre par le commandant d'armes ou le général de brigade, la veille seulement du jour où le conseil doit se réunir. Cependant on a

(1) Voyez l'article 18 de l'arrêté du 19 vendémiaire an 12.

(2) Voyez l'article 17, *ibid.* — Les fonctions de rapporteur et de procureur impérial sont réunies en cette circonstance, comme celles d'accusateur public et de commissaire du gouvernement le sont aujourd'hui dans les tribunaux ordinaires de répression, entre les mains du procureur général impérial.

prévu le cas où il n'y aurait dans la place ou sous le commandement du général de brigade que le corps de l'accusé; tous les membres du conseil peuvent alors être pris dans le corps, et à défaut d'un nombre suffisant d'officiers du corps pour composer le conseil, on peut appeler de la garnison ou de la troupe la plus voisine les officiers dont on a besoin (1).

A moins de maladie bien constatée ou d'un empêchement légitime reconnu, les officiers commandés pour former un conseil de guerre spécial ne peuvent s'en dispenser sous peine de destitution (2).

Le conseil de guerre spécial est essentiellement temporaire; il est formé pour chaque affaire et dissous aussitôt qu'il a prononcé sur le délit qui a donné lieu à sa convocation; l'officier qui a concouru à la formation d'un conseil spécial, ne peut être appelé qu'à son tour de rôle à un autre conseil, et celui qui a rempli une première fois les fonctions de rapporteur ne peut jamais les exercer immédiatement dans une seconde affaire (3). Le législateur a bien manifesté sa volonté de faire concourir également tous les officiers au service extraordinaire des conseils spéciaux, et l'on doit observer rigoureusement la règle qu'il a tracée.

§. Ier. *Compétence des conseils de guerre spéciaux.*

Les conseils de guerre spéciaux ne peuvent connaître d'aucun autre délit que de la désertion; mais ils en connaissent dans tous les cas; ils sont juges du fait et

---

(1) Voyez le dernier paragraphe de l'article 19 de l'arrêté du 19 vendémiaire an 12.

(2) Voyez l'article 26, *ibid.*

(3) Voyez l'article 22, *ibid.*

des circonstances aggravantes et des différens caractères de la désertion (1). Ils appliquent, suivant qu'il y a lieu, la peine des travaux publics, celle du boulet et la peine capitale (2).

Ainsi, par exemple, le déserteur à l'intérieur (3) est puni de trois ans de travaux si sa désertion est simple; mais cette peine augmente de deux ans par chaque circonstance suivante qui aggrave le délit principal : si la désertion n'a pas été individuelle, c'est-à-dire, si deux ou plusieurs individus appartenant au même corps, ont déserté ensemble, si le coupable était de service ou a escaladé les remparts, s'il a déserté de l'armée ou d'une place de première ligne, s'il a emporté des effets fournis par l'état ou par le corps (4).

____

(1) Voyez les articles 16 et 21 de l'arrêté du 19 vendémiaire an 12.

(2) Voyez l'article 44, *ibid.*

(3) L'article 58 du décret du 8 fructidor an 13 a changé et rendu plus rigoureuses, par rapport aux suppléans de conscrits, les dispositions de l'arrêté du 19 vendémiaire an 12 ; et ceux de ces individus qui ne rejoignent pas ou qui désertent, doivent être condamnés par le conseil de guerre spécial à cinq années de boulet, au lieu de trois ans de travaux publics que prononce l'arrêté contre les déserteurs à l'intérieur. Cette augmentation de peine n'est pas la seule innovation importante qu'offre cet article 58 ; on voit encore qu'il range dans la classe des déserteurs les suppléans de conscrits *qui n'ont pas rejoint*, et qu'il ordonne de les juger et de les punir comme tels, tandis qu'en thèse générale, on ne peut être réputé déserteur que lorsqu'on a rejoint un corps et passé sous les drapeaux, ou du moins lorsqu'ayant été déclaré conscrit réfractaire et condamné à l'aménde par les tribunaux de première instance, on a été ensuite arrêté et qu'on s'est éloigné du dépôt où les conscrits réfractaires condamnés sont réunis, conformément à l'arrêté du 19 vendémiaire an 12, pour être dirigés sur des corps.

(4) Voyez l'article 72 de l'arrêté du 19 vendémiaire an 12.

La peine du boulet doit toujours être de dix ans au moins ; elle est applicable à celui qui déserte à l'étranger, au déserteur à l'intérieur qui a emporté des effets ou vêtemens appartenans à ses camarades, au déserteur à l'intérieur qui a déjà déserté, enfin au déserteur qui s'évade du lieu où il subit la peine des travaux publics ; la peine du boulet est, comme celle des travaux publics, susceptible d'être augmentée de deux ans par chaque circonstance aggravante dans les trois premières hypothèses, énoncées au précédent paragraphe (1).

Enfin, les déserteurs encourent la peine capitale lorsqu'ils désertent à l'ennemi, qu'ils sont chefs de complot de désertion, qu'ils désertent étant en faction, ou avec leurs armes ou avec celles de leurs camarades, ou qu'ayant déserté à l'étranger ils y ont pris du service, ou qu'ils y ont passé pour la seconde fois (2).

Tous les individus reconnus coupables de désertion, sont, indépendamment de l'application d'une des peines ci-dessus désignées, condamnés, dans tous les cas, à une amende de 1,500 fr. conformément à la loi du 27 ventôse an 8, dont les dispositions sont rappelées dans l'arrêté du 19 vendémiaire an 12 (3).

Je n'ai parlé des différentes peines que les conseils de guerre spéciaux sont dans le cas d'appliquer que parce que leur code pénal est très-restreint, puisque leur compétence se borne à un seul crime dont la peine varie suivant les caractères de gravité qui accompagnent

---

(1) Voyez l'article 70 de l'arrêté du 19 vendémiaire an 12.

(2) Voyez les articles 67 et 68, *ibid.*

(3) Voyez l'article 9 de la loi du 17 ventôse an 8 ; l'article 56 de l'arrêté du 19 vendémiaire an 12 ; et l'instruction du ministre de la guerre du 11 janvier 1807.

là désertion, et que, dans un très-petit cadre, j'ai pu offrir à-peu-près tous les cas dont les conseils spéciaux ont à s'occuper. Il n'entre point dans mon plan de parler de l'organisation, de la direction et de la discipline des maisons où les déserteurs sont placés pour expier leur peine; mais il n'est point inutile de rappeler que par un acte de cette prévoyance salutaire qui embrasse tout au-dehors et au-dedans de l'empire, S. M. I. et R. n'a pas voulu confondre avec les individus condamnés pour des crimes ordinaires les militaires reconnus seulement coupables de désertion. et que, malgré la sévérité qui doit être déployée dans la répression de ce crime, si contraire au point d'honneur et au caractère national du soldat français, S. M. a voulu qu'il fût passé tous les six mois des revues dans les attelliers des condamnés au boulet et aux travaux publics, et a permis à son ministre de la guerre de lui présenter des rapports en faveur de ceux des condamnés qui, par leur conduite, leur subordination et leur activité dans les travaux sembleraient mériter d'obtenir leur grâce ou un adoucissement à leur peine (1).

§. II. *Mode de procéder devant les conseils de guerre spéciaux.*

L'arrêté du 19 vendémiaire an 12 impose à tout chef de corps ou de détachement militaire, l'obligation de dénoncer les sous-officiers ou soldats qui ayant abandonné ou n'ayant pas rejoint leurs drapeaux sont ré-

____

(1) Voyez l'article 53 de l'arrêté du 19 vendémiaire an 12. La grâce dont il est question dans cet article n'est accordée, lorsqu'il y a lieu, par S. M. I. et R. que dans son conseil privé et suivant les formalités déterminées par l'art. 86 du senatus-consulte organique du 16 thermidor an 10.

putés déserteurs (1). Cette dénonciation doit être faite dans les vingt-quatre heures qui suivent le moment où les militaires se trouvent d'après les lois, et les réglemens en état de désertion. L'omission des chefs ou leur négligence à cet égard leur fait encourir la peine de quinze jours d'arrêts forcés; la peine peut même être plus forte suivant les circonstances (2). La dénonciation que l'arrêté qualifie de plainte, est portée, dans l'intérieur de l'empire, au commandant d'armes ou du lieu; à l'armée, au général de brigade, sous les ordres duquel se trouve placé le corps ou le détachement. Elle doit être inscrite sur les registres des délibérations du conseil d'administration, dans les vingt-quatre heures, à dater du moment où elle a été portée; et le chef du corps est tenu d'annexer au registre le récépissé de la plainte qui doit lui être donnée par l'officier, auquel l'arrêté ordonne de la porter (3). La plainte doit faire mention du nom, du prénom, du lieu de naissance du prévenu de désertion, de son domicile au moment où il est entré au service, de son âge et de son grade; elle doit contenir son signalement exact, désigner le corps dont il fait partie, indiquer d'une manière précise le jour de sa désertion, et présenter la liste des témoins qui peuvent donner des renseignemens (4).

L'officier supérieur, auquel la plainte est portée, doit mettre au bas : *soit informé ainsi qu'il est requis*, s'il juge qu'il y ait lieu à poursuivre; il signe cet ordre,

---

(1) La même obligation est imposée à tout chef ou commandant d'un dépôt de conscrits réfractaires, arrêtés depuis leur condamnation, puisque, lorsqu'ils quittent le dépôt, ces conscrits sont déclarés en état de désertion.

(2) Voyez l'article 23 de l'arrêté du 19 vendémiaire an 12.

(3) Voyez l'article 23, *ibid.*

(4) Voyez l'article 24, *ibid.*

et désigne nominativement au bas de la plainte le rapporteur qui devra instruire ; s'il croit, au contraire, devoir refuser l'autorisation, il énonce sa décision par cette autre formule : *il n'y a lieu à informer ;* dans ce dernier cas, il est tenu d'en rendre compte, dans les vingt-quatre heures, au ministre de la guerre, qui statue définitivement sur les motifs du refus d'informer (1).

Lorsque l'information est autorisée, l'instruction du procès commence de suite : le rapporteur interroge le prévenu, s'il est arrêté, il constate, s'il y a lieu, les preuves matérielles du délit, fait citer les témoins, et délivre à cet effet une cedule qui leur est portée par une ordonnance.

Les déclarations des témoins sont reçues à la suite les unes des autres, et inscrites sur un seul cahier, ainsi que cela se pratique, pour l'instruction de la procédure devant les conseils de guerre ordinaires : elles sont également signées du témoin, du rapporteur et du greffier ; et si le témoin ne sait ou ne veut pas signer, il en est fait mention (2). Les formes prescrites pour l'interrogatoire des prévenus et la rédaction des procès-verbaux qui constatent le résultat de cette opération, sont à-peù près les mêmes qu'en matière militaire ordinaire, sauf qu'au lieu d'être inscrits de suite sur un seul cahier, et séparés seulement par les signatures, les interrogatoires, ainsi que les réponses de chaque prévenu, lorsqu'il y en a plusieurs, doivent être rédigés et inscrits sur un cahier séparé (3).

---

(1) Voyez les articles 25 et 26 de l'arrêté du 19 vendémiaire an 12.

(2) Voyez les articles 26, 27, 28, 29 et 30, *ibid.*

(3) Voyez les articles 31, 32 et 33, *ibid.* ; et le chapitre des conseils de guerre permanens.

§ III. *Séance des conseils de guerre spéciaux, débats,*
jugement, exécution.

Aussitôt que l'information est achevée (et l'arrêté ne
donne qu'un délai de trois jours pour l'instruction et le
jugement) (1), le conseil de guerre spécial doit être
réuni : il tient sa séance, dans l'intérieur de l'empire, chez
le commandant d'armes, s'il y en a un en titre, ou à
l'hôtel de la mairie dans les lieux où il n'y a pas de commandant. A l'armée, le conseil se réunit sous une tente
qui est dressée à cet effet (2).

Les séances des conseils de guerre spéciaux doivent
être publiques (3).

Il est donné lecture au conseil spécial de l'information,
des pièces de la procédure et du procès-verbal de l'interrogatoire (4); le prévenu est ensuite introduit; il doit
être interrogé de nouveau par le président; l'arrêté n'en
dit rien : mais puisque les témoins doivent déposer oralement devant le conseil spécial, que l'arrêté en fait une
mention expresse (5), à la différence de la loi du 13
brumaire an 5, qui ne le prescrit pas; il faut en conclure avec certitude que la volonté du législateur a été
que l'accusé subit devant ses juges un nouvel interrogatoire.

Le rapporteur est entendu, et la parole reste en der-

____

(1) Voyez l'article 26 de l'arrêté du 19 vendémiaire an 12.

(2) Voyez les articles 34 et 43, *ibid.*

(3) Voyez l'article 37, *ibid.* — Cet article ne laisse aucun
doute sur la publicité des séances des conseils spéciaux, puisque le président est chargé de faire sortir les spectateurs, pour
que le conseil délibère à huis clos.

(4) Voyez l'article 35, *ibid.*

(5) Voyez l'article 35, *ibid.*

nier lieu à l'accusé (1). L'arrêté ne parle point encore de défenseur officieux, mais la défense, comme nous avons déjà eu occasion de le remarquer, étant de droit naturel et général, et les circonstances du fait de désertion (qui par lui-même ne semble pas susceptible de donner lieu à de grandes discussions), étant de nature à faire aggraver ou modifier la peine, les militaires étant d'ailleurs pour la plupart très-peu capables de présenter et de faire valoir des moyens de défense; il est indispensable d'accorder un défenseur à l'accusé, même devant les conseils de guerre spéciaux, et si l'accusé n'en a pas choisi, le rapporteur doit avoir soin de lui en désigner un d'office (2).

L'instruction orale et les débats étant terminés, le président, au nom et de l'avis du conseil spécial, pose les questions qui résultent de la plainte (3) ; la première

---

(1) Voyez l'article 35 de l'arrêté du 19 vendémiaire an 12.

(2) Voyez l'article 19, loi du 13 brumaire an 5.

(3) Il faut bien remarquer que cette disposition qui oblige de présenter toutes les questions résultantes de la plainte , ne doit point empêcher de poser des questions sur des circonstances que la plainte n'aurait pas indiquées ; et si l'instruction et les débats apprenaient qu'un individu dénoncé comme déserteur à l'intérieur, eût déserté avec des circonstances aggravantes , d'abord ignorées et reconnues depuis, ou qu'il eût déserté à l'étranger ou à l'ennemi, le président devrait recueillir l'avis du tribunal sur ces circonstances. Les principes généraux énoncés aux articles 373, 379 et 396 du Code des délits et des peines du 3 brumaire an 4, doivent suppléer au silence ou du moins à l'insuffisance de la loi militaire. Le même Code défend, article 378, de poser des questions sur des *faits* étrangers à l'acte d'accusation, quelles que soient les dépositions des témoins ; mais en matière de désertion, le fait est la désertion elle-même, l'acte d'abandonner les drapeaux ; tout le reste n'est qu'accessoire et ne peut même ordinairement être consigné dans la plainte, puisqu'on ignore souvent le sort du déserteur.

porte nécessairement sur le fait de désertion ; celles qui
sont relatives aux circonstances de la désertion doivent
ensuite être posées ; sans qu'il soit nécessaire de commencer par les circonstances les plus graves (1). On sent
bien que le législateur, en laissant sur ce point une plus
grande latitude aux présidens des conseils de guerre spéciaux, a voulu prévenir les embarras et les incertitudes
sur le plus ou le moins de gravité des circonstances; mais
les présidens des conseils ne doivent pas négliger de
mettre dans la position des questions une certaine méthode qui facilite toujours la délibération et la décision
des juges : les questions sont lues en public et en présence de l'accusé, qui doit, après cette lecture, être reconduit dans les prisons (2).

Suivant que le local le permet, le conseil se retire
dans une pièce voisine de celle où il a tenu sa séance,
ou bien il fait sortir les spectateurs; quoiqu'il en soit,
la délibération est secrète ; le rapporteur seulement y
est admis (3); les voix sont recueillies par le président, en commençant par le grade inférieur où par
le moins ancien dans chaque grade, ainsi que cela est
prescrit pour les conseils de guerre permanens et les
conseils de révision, et le président opine le dernier.
Chacun des juges donne son opinion par écrit et la
signe (4); le prévenu est acquitté ou condamné à la
majorité absolue des suffrages (5), et l'on se rappelle

___

(1) Voyez l'article 36 de l'arrêté du 19 vendémiaire an 12.
(2) Devant les tribunaux ordinaires, lorsqu'il y a condamnation, les accusés sont reconduits à la barre du tribunal, où
ils entendent de la bouche du président la prononciation du
jugement ; mais on a pu remarquer que cela ne se pratique pas
ainsi devant les tribunaux militaires.
(3) Voyez l'article 17 de l'arrêté du 19 vendémiaire an 12.
(4) Voyez l'article 38, *ibid.*
(5) Voyez l'article 40, *ibid.*

que cette disposition diffère de ce qui se pratique dans les conseils de guerre permanens, où la majorité en faveur de l'accusé se forme de trois suffrages seulement (1). La délibération doit avoir lieu sur chaque question relative aux circonstances de la désertion, comme sur le fait principal lui-même (2); et si la question sur le fait de désertion est résolue en faveur de l'accusé, il n'y a plus lieu à délibérer sur aucune autre question puisqu'il n'existe point de délit.

Il est défendu, par l'arrêté du 19 vendémiaire, aux membres des conseils de guerre, *sous peine de forfaiture*, de commuer ni diminuer les peines que cet arrêté porte contre les déserteurs (3); ainsi, lorsque la délibération sur chacune des circonstances aggravantes est formée, comme on vient de le dire, à la majorité des suffrages, l'application de telle ou telle peine ne peut jamais faire un objet de discussion et de dissentiment entre les membres du conseil spécial, puisque chacune de ces circonstances, reconnue constante, emporte avec elle une augmentation de la peine principale, ou une peine d'une espèce différente, et que le titre 9 de l'arrêté du 19 vendémiaire an 12 (4), indique clairement les peines qui doivent être appliquées et les différens cas qui changent la nature de la peine ou qui en augmentent la durée.

Chaque corps militaire a un registre destiné à l'inscription des jugemens des conseils de guerre spéciaux;

---

(1) Voyez l'article 31 de la loi du 13 brumaire an 5, et le chapitre des conseils de guerre permanens.

(2) Voyez l'article 36 de l'arrêté du 19 vendémiaire an 12.

(3) Voyez l'article 41, *ibid*.

(4) Indépendamment du titre 9 de cet arrêté, voyez aussi l'article 58 du décret du 8 fructidor an 13.

le jugement, soit qu'il acquitte, soit qu'il condamne, est inscrit sur le registre du corps auquel le prévenu appartient; l'information et les pièces du procès doivent également y être transcrites et y restent annexées; le jugement doit rappeler les nom, prénom, lieu de naissance, domicile, âge, grade et signalement de l'accusé (1), et cette formalité est nécessaire pour constater l'identité de l'individu acquitté ou condamné avec celui contre lequel on avait porté plainte (2).

Les jugemens rendus par les conseils de guerre spéciaux ne sont sujets, ni à appel, ni à cassation, ni à révision; ils sont exécutés à la diligence du rapporteur, en ce qui concerne la peine ou la mise en liberté du prévenu (3): quant à la perception de l'amende qui doit toujours être prononcée contre le déserteur, en cas de condamnation, elle devait se faire, aux termes de l'arrêté du 19 vendémiaire, à la diligence et par les soins de l'administration des domaines et de l'enregistrement; mais par une instruction du ministre de la guerre, en date du 11 janvier 1807, publiée avec l'autorisation de S. M. l'Empereur et Roi, les poursuites pour le recouvrement des amendes ont été attribuées aux préfets (4), et se font au nom du ministre d'état, directeur général des revues et de la conscription.

L'exécution du jugement doit toujours avoir lieu le lendemain, au plus tard du jour où il a été rendu; lorsqu'il y a condamnation à la peine capitale, le déserteur est passé par les armes.

---

(1) Voyez l'article 40 de l'arrêté du 19 vendémiaire an 12.

(2) Voyez les articles 23 et 24, *ibid.*

(3) Voyez l'article 42, *ibid.*

(4) Voyez les titres 1, 2 et 3 de l'instruction du 11 janvier 1807.

Celui qui est condamné à la peine du boulet doit être conduit à la parade, où il entend à genoux et les yeux bandés la lecture de sa condamnation ; il en est de même du condamné aux travaux publics, sauf qu'il est debout lorsqu'on lui donne lecture du jugement, et qu'il n'a pas les yeux bandés (1) ; les autres détails relatifs à l'exécution sont tous militaires, et sortent entièrement du cercle que j'ai à parcourir (2).

Dans la huitaine qui suit la condamnation d'un déserteur, le commandant du corps auquel il appartient doit envoyer au ministre de la guerre deux copies du jugement rendu par le conseil de guerre spécial ; ces copies sont certifiées conformes à l'original par le commandant d'armes, ou du lieu, ou par le général de brigade, d'après l'ordre duquel le conseil de guerre spécial a été convoqué (3).

L'une de ces copies, certifiées par le directeur général de la conscription, qui remplace à cet égard le ministre de la guerre (4), est ensuite adressée au préfet du département auquel appartient le condamné, pour faire poursuivre le paiement de l'amende ; ces poursuites n'ont lieu

---

(1) Voyez les articles 76, 77 et 78 de l'arrêté du 19 vendémiaire an 12.

(2) Je rappelle que, conformément à la loi du 18 germinal an 7, dont il est fait mention au chapitre des conseils de guerre permanens, toutes les fois qu'un conseil de guerre spécial prononce une condamnation, il doit aussi condamner aux dépens.

(3) Voyez l'article 57 de l'arrêté du 19 vendémiaire an 12.

(4) La légalisation doit aujourd'hui être apposée aux copies des jugemens des conseils spéciaux, par le ministre d'état, directeur général de la conscription et des revues ; c'est aussi ce ministre qui transmet les copies aux préfets, et qui leur donne des ordres pour l'exécution. —Voyez le décret impérial du 8 juillet 1806, et l'instruction ministérielle du 11 janvier 1807.

qu'après que le jugement du conseil de guerre spécial a été homologué conformément à l'article 10 de la loi du 17 ventôse an 8, par le tribunal de première instance de l'arrondissement du domicile du condamné, sur la représentation qui lui est faite de la copie duement légalisée de ce jugement; cette copie reste déposée au greffe, et est transcrite en entier dans le jugement d'homologation (1).

L'arrêté du 19 vendémiaire an 12 accorde au conseil de guerre spécial la faculté d'ordonner un plus ample informé, lorsque l'instruction ne lui paraît pas complète; mais le délai pendant lequel sa décision peut être retardée, ne doit pas excéder deux fois vingt-quatre heures (2). Cette disposition doit sans doute, en général, être exécutée sévèrement, puisque les procédures militaires sont par leur nature très-sommaires, et qu'en matière de désertion surtout, la promptitude de l'exemple est de la plus haute importance pour maintenir l'exacte discipline et en prévenir le relâchement; cependant on conçoit facilement que dans certaines circonstances, lorsqu'il s'agit de vérifier des faits, des allégations probables qui sont de nature à fixer ou à détruire la culpabilité du prévenu, ce terme de quarante-huit heures ne peut être que comminatoire, et que le général ou le commandant, par l'ordre duquel le conseil spécial a été convoqué, ne compromet pas sa responsabilité en recueillant ou en faisant recueillir avec soin les renseignemens sans lesquels le conseil spé-

---

(1) Cette marche a été formellement prescrite aux procureurs impériaux près les tribunaux de première instance, et l'homologation ne doit pas se borner à la simple apposition au bas de la copie des jugemens militaires, d'une formule exécutoire.

(2) Voyez l'article 34 de l'arrêté du 19 vendémiaire an 12.

cial ne peut prononcer que sur des doutes et des pré-
somptions.

Lorsqu'un militaire présent à son corps, et qui n'a
point la permission de s'en éloigner, laisse passer les
délais après lesquels il est réputé en état de désertion,
quelle que soit la célérité des actes d'instruction, il est
vraisemblable que tout ce qui le concerne a pu être vérifié
et constaté au moment où le conseil est saisi; et certes,
un nouveau délai de quarante-huit heures, pendant lequel le rapporteur doit encore s'occuper de compléter
l'instruction, est plus que suffisant pour éclaircir les
doutes qui pourraient encore subsister; mais il n'en est
pas toujours ainsi lorsque le conseil spécial doit prononcer sur le sort d'un militaire, qui d'abord s'est éloigné des
drapeaux avec une permission ou un congé limité, et
qui ne peut être considéré comme déserteur que parce
qu'il n'a pas rejoint à l'époque où ce congé est expiré,
et dans le tems où il était obligé de le faire. Des raisons
indépendantes de sa volonté, des circonstances impérieuses, des motifs de force majeure peuvent avoir em-
pêché son retour, arrêté ou suspendu sa marche, et la
plus grande circonspection doit, à ce qu'il semble, diriger alors la décision du conseil de guerre spécial, et surtout les opérations préliminaires du général ou commandant chargé de convoquer le conseil. Cet officier supérieur, ainsi qu'on la précédemment remarqué, peut refuser
d'autoriser l'information, en rendant compte de ses motifs au ministre de la guerre (1); cette sage précaution
du législateur ne doit point être négligée, et si la pré-
somption de désertion atteignait, par exemple, un soldat
ou un sous-officier dont la conduite, la subordination,

---

(1) Voyez le deuxième paragraphe de l'article 25 de l'arrêté
du 19 vendémiaire an 12.

le courage lui eussent mérité jusqu'alors l'estime constante de ses chefs, qui n'aurait dû qu'à des services réels
la faveur d'aller dans son pays recevoir les embrassemens
de sa famille, si toutes les circonstances antérieures dé-
mentaient la possibilité de la désertion de la part de ce militaire, pourquoi le général ou le commandant, sur les
renseignemens qu'il recevrait à cet égard de la part du
chef du corps, au moment où la plainte lui serait portée,
ne refuserait - il pas provisoirement de faire informer
sur cette plainte? pourquoi ne s'empresserait-il pas de
prendre tous les moyens possibles pour connaître les
motifs de l'absence prolongée de ce militaire, de cette
absence qui doit faire effacer son nom de la liste des
braves pour l'inscrire parmi les lâches? Ah! certes, il
n'aurait point manqué à ses devoirs, il n'encourrait pas
le blâme du ministre, l'officier supérieur qui tiendrait
cette conduite; et il aurait rempli les intentions de S. M.
l'Empereur et Roi, en épargnant à l'innocence les poursuites réservées au crime.

Dans l'hypothèse proposée, la condamnation ne peut,
il est vrai, être prononcée que par contumace, et les jugemens rendus ainsi étant toujours anéantis de plein droit
au moment où le condamné se représente ou est arrêté,
il semble, au premier aperçu, que la condamnation par
contumace ne peut offrir que peu ou point d'inconvéniens, puisque le déserteur ne doit subir aucune peine
sans être jugé contradictoirement; mais cette considération est loin d'être décisive, et la condamnation par contumace, lors même qu'elle est ensuite anéantie par un
jugement contradictoire, ne peut être indifférente; c'est
une mesure désagréable, fâcheuse; et le cœur d'un militaire français doit toujours en être blessé. Mais si la condamnation par contumace qui aura atteint un innocent,
semble laisser encore après elle des traces pénibles mal-

gré l'authenticité d'un jugement contradictoire, si la blessure qu'elle a produite est encore aperçue et peut être perpétuée par la cicatrice elle-même, de quels résultats funestes ne serait-elle pas suivie, s'il était devenu impossible de faire subir au condamné un jugement contradictoire ! Pour ne citer qu'un exemple entre tant de circonstances possibles, je rapporterai ici un fait qui pourra en donner une idée exacte et fixer l'opinion sur l'avantage que doit offrir en cette matière une circonspection bien entendue.

Un sous-officier de hussards, déjà couvert d'honorables cicatrices, s'était rendu près de ses parens en vertu d'une autorisation en bonne forme qu'il avait obtenue de ses chefs ; avant l'expiration de sa permission, il avait été incorporé, par ordre du ministre de la guerre, dans un autre régiment de cavalerie ; peu de tems après, nommé officier, il avait fait partie de l'expédition de Saint-Domingue, et honoré de la confiance des généraux qui la commandaient, il y avait été appelé au grade de capitaine de gendarmerie, et avait été tué *sur le champ de bataille*, en défendant son prince et son pays contre les rebelles ; tous ces faits étaient constans, reconnus et constatés par les certificats les plus réguliers comme les plus glorieux pour ce militaire. Cependant, soit qu'il eût négligé de faire part de sa nouvelle destination au chef du premier corps auquel il avait appartenu, soit que sa correspondance ne fût pas parvenue exactement, soit enfin qu'on n'eût pas eu égard à ses réclamations ; il avait été dénoncé comme déserteur au capitaine-rapporteur près l'un des conseils permanens de la division où se trouvait le premier corps, et condamné par contumace à cinq années de fers par ce conseil de guerre, dont la juridiction s'étendait alors sur les déserteurs.

Ce jugement de contumace ne fut connu de la famille

du condamné que par les poursuites qui furent dirigées contre le père pour le paiement de l'amende de 1500 fr., prononcée contre son fils. Ce père s'empresse aussitôt de recueillir toutes les pièces qui établissent, d'une part, la constante activité des services de son fils, de l'autre, sa fin cruelle, mais glorieuse; il s'adresse à l'autorité civile, à l'autorité militaire; il presse, il prie, il conjure de venir à son secours, de suspendre les poursuites pour le recouvrement de l'amende, et surtout de prendre des mesures pour faire anéantir le jugement de contumace qui a pesé si injustement sur son fils, et qui vient troubler sa mémoire. Chacun est frappé de la justice de cette réclamation; mais le jugement de contumace existe, et le condamné ne peut s'élancer du tombeau pour venir l'anéantir.

Cependant faudra-t-il que le nom d'un officier de l'armée française, mort glorieusement au champ d'honneur, figure parmi ceux des lâches qui désertèrent leurs drapeaux; faudra-t-il que sa mémoire soit flétrie par un jugement que produisit l'erreur; faudra-t-il que ses parens, qui pleurent le coup funeste dont il fut atteint, aient à pleurer aussi sur un jugement bien plus funeste qui le couvre d'infamie; faudra-t-il enfin, qu'à côté des trophées d'armes qui perpétueront son souvenir, on voye toujours ce fatal jugement qui doit perpétuer une imputation odieuse? Cette idée seule est révoltante!... La considération du bien public, la nécessité de réparer une grande injustice qui fut commise sans doute involontairement, viennent appuyer les cris d'un père malheureux; des ordres sont donnés : le général commandant la division dans laquelle le jugement de contumace avait été rendu, convoque de nouveau le conseil de guerre permanent; il met sous ses yeux toutes les pièces qui constatent les faits qu'on vient de rappeler, et les motifs du nouveau jugement donnent à la mémoire du défunt une satisfaction authentique.

Une mesure paternelle fit disparaître en cette occasion la condamnation par contumace, et la reconnaissance des braves de l'armée française dut se mêler à celle d'une famille éplorée qui fut ainsi rendue à l'honneur ; mais on reconnaît aisément que cette marche inusitée fut provoquée par des circonstances extraordinaires, impérieuses, et que dans mille autres cas où le contumax, condamné mal-à-propos, sera également dans l'impossibilité physique de se représenter, la condamnation sera maintenue et restera à jamais consignée dans les archives du corps auquel le condamné aura appartenu.

Je viens de parler d'un jugement par contumace, et la raison indique suffisamment qu'en matière de désertion, et au moyen de l'obligation qui est imposée aux chefs de corps de dénoncer les militaires qui leur sont subordonnés dans les vingt-quatre heures qui suivent une absence irrégulière de leur part (1), les conseils de guerre spéciaux doivent très-fréquemment juger par contumace. L'un des articles de l'arrêté du 19 vendémiaire (2) porte, d'ailleurs, que toute affaire sera jugée contradictoirement ou par contumace dans les trois jours qui suivent l'autorisation d'informer, et cette disposition impérative ne permet pas de concilier avec la célérité prescrite, les délais qu'entraîne ordinairement la procédure par contumace, et dont j'ai eu occasion de rappeler les formalités dans le chapitre des conseils de guerre permanens ; il est néanmoins convenable que le rapporteur près le conseil de guerre spécial rende l'ordonnance de perquisition de la personne du prévenu, et ensuite l'or-

---

(1) Voyez l'article 23 de l'arrêté du 19 vendémiaire an 12.
(2) Voyez l'article 26, *ibid*.

donnance portant que l'accusé est rebelle à la loi, etc. etc.; mais alors le délai de dix jours, qui doit ordinairement séparer ces ordonnances (1), est remplacé par un délai de vingt-quatre heures seulement, et l'affaire est portée en cet état au conseil spécial qui doit prononcer.

SECTION II.

Des formalités à remplir par les conseils de guerre spéciaux, lorsque les prévenus, tra- duits devant eux, sont en même tems accusés de désertion et de quelque autre délit.

Il peut arriver qu'un prévenu de désertion soit en même tems prévenu d'un autre délit (2); si ce délit est plus grave et de nature à être puni d'une peine plus forte que la désertion, le conseil spécial doit renvoyer l'accusé avec les pièces de la procédure devant le tribunal, soit militaire, soit ordinaire, qui est compétent pour en connaître; et dans ce cas, la décision du conseil spécial doit être communiquée au ministre de la guerre; si, au contraire, le délit est moins grave que la désertion, le conseil doit passer outre au jugement, parce qu'il est de principe général que, lorsqu'un individu est prévenu à la fois de deux ou plusieurs délits commis avant qu'il ait été jugé sur aucun, il ne doit subir que la peine la plus forte parmi celles que ces différens délits sont susceptibles d'entraîner (3).

----

(1) Voyez le titre 9 du Code du 3 brumaire an 4, et le cha- pitre des conseils de guerre permanens.

(2) Voyez l'article 34 de l'arrêté du 19 vendémiaire an 12.

(3) Voyez l'article 446 du Code des délits et des peines du 3 brumaire an 4.

Mais dans cette dernière hypothèse, c'est-à-dire, lorsque l'accusé paraît avoir commis un ou plusieurs délits moins graves que la désertion, si le conseil spécial qui doit préalablement le juger comme déserteur, le déclare non coupable, il doit, après l'avoir acquitté sur la prévention de désertion, le renvoyer, suivant qu'il y a lieu, soit à un tribunal militaire ou ordinaire, pour qu'il y subisse un jugement, soit même au chef militaire compétent, si le fait ne paraît de nature à être puni que des peines de discipline.

La même marche est prescrite à tous les tribunaux de répression qui ont à juger des individus accusés de désertion; ils doivent les remettre à la disposition des chefs militaires, pour qu'ils soient renvoyés devant les conseils de guerre spéciaux toutes les fois que le délit qui leur est imputé, indépendamment du fait de désertion, n'emporte pas des peines plus fortes ou au moins aussi fortes que ce crime lui-même; ils le doivent encore lorsqu'après avoir jugé des individus, accusés de désertion, qui auraient été traduits devant eux par ordre des conseils spéciaux, pour des faits étrangers à la désertion, ils les ont acquittés ou les ont condamnés à des peines moindres que celles que leur désertion est susceptible d'entraîner.

Ces dispositions si sages doivent être exactement suivies : elles tendent surtout à prévenir la confusion dans l'ordre des juridictions, à maintenir la compétence exclusive des conseils de guerre spéciaux, à l'égard du crime de désertion, et à empêcher que sous prétexte de juger des déserteurs, ces conseils spéciaux n'étendissent les bornes de leur juridiction, et ne prononçassent sur des crimes entièrement étrangers au but de leur institution.

L'expérience a prouvé néanmoins que l'ordre établi à cet égard par l'arrêté du 19 vendémiaire an 12, peut donner lieu à quelqu'incertitude, à quelqu'ambiguité sur ce que l'on doit entendre par *peine plus grave ;* et dans différentes circonstances, les tribunaux, soit ordinaires, soit militaires, se sont trouvés embarrassés.

Il serait difficile de donner ici des règles certaines et invariables sur chacun des cas qui peuvent se présenter ; on croit toutefois pouvoir poser en principe que lorsqu'un déserteur sera en même tems prévenu d'un *crime* emportant peine afflictive et infamante, il devra toujours être renvoyé devant les tribunaux compétens, pour connaître de ce crime, à moins que sa désertion ne soit accompagnée de circonstances susceptibles de faire appliquer la peine capitale ; et la raison naturelle de cette marche est que les crimes qui attaquent la morale publique et les lois générales de la société, sont réellement plus graves, et annoncent une plus grande dépravation que la désertion lorsqu'elle n'est point aggravée par des circonstances criminelles : la raison en est surtout que le militaire qui est reconnu coupable et condamné pour un de ces crimes généraux, est confondu comme tel avec les autres criminels dans les lieux destinés à l'expiation de leur peiné ; qu'alors il est bien plus flétri aux yeux du peuple et de l'armée elle-même, et bien plus humilié à ses propres yeux que lorsqu'il est condamné à des peines militaires, et placé dans des atteliers militaires où il conserve encore quelque chose de son costume, et où il retrouve ses anciens frères d'armes ; et qu'enfin, lorsqu'il n'est condamné que comme déserteur, il a l'espoir et même l'assurance, aux termes de l'arrêté du 19 vendémiaire an 12 (1), d'obtenir par une bonne conduite un adoucissement à sa condamnation, de reprendre son rang parmi les braves, et d'être encore admis à combattre sous les

____

(1) Voyez les articles 49 et 53 de l'arrêté du 19 vendémiaire an 12.

aigles triomphantes de S. M., et à effacer, par quelque action d'éclat, la tache que sa désertion lui a momentanément imprimée.

Les peines afflictives et infamantes prononcées par les tribunaux de répression ordinaires, emportent d'ailleurs avec elles la peine de l'exposition publique, et les formalités qui accompagnent l'exécution des jugemens rendus contre les déserteurs n'impriment point du tout au front des condamnés la même honte que cette exposition qui, pour certains coupables, est la partie la plus pénible de la condamnation.

Mais toutes les fois que les délits qui sont imputés à un déserteur, indépendamment du fait de désertion, ne peuvent pas donner lieu à des peines afflictives et infamantes, et ne provoquent que des condamnations correctionnelles, le délit de désertion doit être considéré comme le plus grave; et le conseil de guerre spécial doit d'abord s'en occuper, sauf, en cas d'acquittement sous ce rapport, à renvoyer le prévenu, comme on l'a précédemment expliqué, devant les juges compétens, pour le juger sur les faits étrangers à la désertion.

Je terminerai ce chapitre par une observation qui vient à l'appui de ce qui précède.

On a douté si l'on devait considérer, en matière criminelle ordinaire, la peine de huit, dix ou douze années de fers, sans flétrissure, comme une *peine plus grave* que celle de quatre années de fers, par exemple, accompagnée de la marque sur l'épaule; la négative paraît avoir prévalu, et la flétrissure, quoiqu'elle ne soit qu'accessoire à la peine principale, étant perpétuelle et indélébile, on a pensé que toute peine, d'un certain nombre d'années de fers, qui était accompagnée de la marque, était plus grave que celle qui, quoique portée à un plus grand nombre d'années de fers, n'était pas réunie à la flétrissure. L'exposition n'a pas, il est vrai, le même caractère que la marque; cependant il y a quelqu'analogie entre ces deux circonstances accessoires de la condamnation principale, et l'on peut se fonder à-peu-près sur les mêmes motifs pour assurer qu'une peine quelconque, sans exposition publique (la peine capitale exceptée), est moins humiliante, moins flétrissante, moins *grave* qu'une autre peine d'une moindre durée, mais qui se trouve accompagnée de l'exposition publique.

CHAPITRE V.

Des commissions militaires.

SECTION I^{RE}.

Définition des commissions militaires.

LA seule dénomination de ces tribunaux indique assez qu'ils sont temporaires et qu'ils n'ont point, comme les conseils de guerre permanens et les conseils de révision, ce caractère de régularité qui ne laisse subsister entre les tribunaux ordinaires et les tribunaux militaires d'autre différence que celle de la qualité des juges et des justiciables, et de la plus grande célérité dans l'instruction, dans le jugement et dans l'exécution.

Les commissions militaires dont il est ici question, n'ont et ne peuvent heureusement avoir rien de commun avec celles qui furent établies en 1793 et 1794, à la suite des armées, ou créées par ordre des représentans en mission dans différentes villes de France, qui s'occupaient du jugement de tous les délits prétendus révolutionnaires, et dont les archives funestes présentent parmi les victimes tant de noms respectables : elles sont également étrangères aux commissions militaires qui, conformément à la loi du 25 brumaire de l'an 3 (1), étaient chargées de reconnaître l'identité des émigrés rentrés.

---

(1) Voyez l'article 7, titre 5, de la loi du 25 brumaire an 3 ; il est ainsi conçu :

« Tous les Français émigrés, etc. . . . . Ils seront en consé-

§ Ier. *Compétence des commissions militaires.*

L'existence des commissions militaires spéciales (1) est consacrée par le décret impérial du 17 messidor de l'an 12, qui en règle l'organisation : l'embauchage était soumis précédemment soit à la juridiction des conseils de guerre permanens (2), lorsqu'il était pratiqué dans l'armée et envers des militaires, soit aux cours spéciales créées par la loi du 18 pluviôse de l'an 9 (3), lorsqu'il était pratiqué hors l'armée et par des citoyens non militaires ; l'espionnage était jugé par les conseils de guerre permanens (4). Le jugement de ces deux espèces de

---

» quence jugés par une commission militaire, composée de » cinq personnes, nommées par l'état-major de la division de » l'armée dans l'étendue de laquelle ils auront été arrêtés. » — Voyez aussi la loi du 19 fructidor an 5, articles 16 et 17, et différentes autres lois sur cette matière.

(1) Voyez le décret impérial du 17 messidor an 12, relatif au jugement des embaucheurs et des espions.

(2) Voyez l'article 11, titre 1er. du Code pénal militaire du 12 mai 1793; la loi du 4 nivôse an 4, articles 1, 2, 3 et 6; la loi du 13 brumaire an 5, article 9; la loi du 21 brumaire an 5, articles 1, 2 et 3 du titre 4. — Ces diverses lois et notamment celle du 4 nivôse an 4, déterminent les caractères de l'embauchage. Celle du 21 brumaire an 5 définit aussi l'espionnage.

(3) Voyez l'article 11, titre 2, de la loi du 18 pluviôse an 9, relative aux tribunaux spéciaux. — Avant le décret du 17 messidor an 12, le grand-juge ministre de la justice avait adressé des instructions circulaires sur les moyens d'éviter le conflit de juridiction entre les conseils de guerre et les tribunaux spéciaux, à l'égard des embaucheurs ; sur les circonstances qui devaient établir la compétence de l'un ou de l'autre de ces tribunaux : le décret de messidor an 12 a tranché toutes ces difficultés.

(4) Voyez l'article 9, loi du 13 brumaire an 5, et les articles 2 et 3, titre 4, loi du 21 du même mois.

crimes, en quelque lieu qu'ils aient été commis et quelle que soit la qualité des individus qui s'en rendent coupables, est aujourd'hui attribué exclusivement aux commissions militaires spéciales (1).

La loi définit l'embaucheur celui qui, par argent, par des liqueurs enivrantes ou par tout autre moyen, cherchera à éloigner de leurs drapeaux les défenseurs de la patrie, pour les faire passer à l'ennemi, à l'étranger ou aux rebelles ; elle punit de la peine capitale le délit d'embauchage (2), et reconnaît qu'il peut être pratiqué hors de l'armée, comme dans l'armée, c'est-à-dire, envers des citoyens non militaires, comme envers des militaires (3). On doit considérer comme embaucheur celui qui, sans l'autorisation du gouvernement français, enrôle pour une puissance étrangère quelconque, amie ou ennemie, lors même que les citoyens enrôlés ne seraient pas militaires, qu'ils n'auraient pas atteint l'âge de la conscription, ou qu'ils l'auraient dépassé et qu'ils se seraient volontairement présentés aux recruteurs ; le gouvernement l'a décidé ainsi d'une manière formelle et suivant les instructions données sur cette matière, d'après l'ordre de S. M. I. et R., alors premier consul, l'embauchage ne résulte pas seulement de la provocation de la part du recruteur, à l'enrôlement pour l'étranger, mais encore de l'acte d'engagement qu'il forme avec les citoyens français, soit qu'ils y aient été provoqués, soit qu'ils s'y soient livrés volontairement : dans les deux cas, la France éprouve également la perte de ses défenseurs, par celle des citoyens que la loi appelle *ou peut appeler* dans les cadres de l'armée, et la loi ne distin-

----

(1) Voyez l'article 1er. du décret du 17 messidor an 12.

(2) Voyez les articles 1 et 2, loi du 4 nivôse an 4.

(3) Voyez l'article 11, loi du 18 pluviôse an 9.

guant point, soit pour la qualification du crime, soit
pour la peine, les tribunaux aujourd'hui les commissions militaires) ne peuvent pas distinguer (1).

D'après le principe général sur la complicité, les
complices de l'embauchage doivent être poursuivis et
punis comme les embaucheurs, et la loi a pris soin de
le prescrire particulièrement (2). Mais il ne faut pas
confondre avec les embaucheurs et leurs complices ceux
qui se rendent seulement coupables de provocation à la
désertion, sans proposer d'enrôlement ou recevoir d'en-

---

(1) Le premier paragraphe d'une circulaire imprimée du
grand-juge, en date du 6 germinal an 11, adressée, d'après
l'ordre de S. M., alors premier consul, aux généraux commandant les divisions et aux procureurs généraux près les cours
criminelles, est ainsi conçu :

« Je suis informé que des individus parcourent divers dépar-
» temens, pour y séduire des citoyens et les engager au service
» de quelque puissance étrangère. Ces sortes d'enrôlemens
» nuisent essentiellement à la république, soit en lui enlevant
» ses défenseurs actuels, soit en la privant de ceux que la
» loi peut appeler par la suite dans les cadres de l'armée ; je
» vous charge, en conséquence, de faire arrêter et poursuivre,
» devant les tribunaux compétens, tous les individus qui se
» rendent coupables de manœuvres de cette nature dans
» l'étendue de votre arrondissement, soit en provoquant à
» l'enrôlement pour l'étranger, soit même en recevant un
» acte d'engagement qui serait volontaire. Dans l'un et l'autre
» cas, la république n'en est pas moins privée, en effet, de
» citoyens propres à maintenir sa puissance et sa gloire ; et
» la punition doit être la même. »

Le reste de la lettre est relatif à la compétence des conseils
de guerre et des tribunaux spéciaux, lesquels connaissaient
alors concurremment du délit d'embauchage, et dont la juridiction (attribuée exclusivement en cette matière aux commissions militaires) était alors établie, suivant que l'embauchage avait été pratiqué dans l'armée ou hors l'armée.

(2) Voyez l'article 1er. du titre 4 de la loi du 21 brumaire
an 5.

gagement pour une puissance étrangère ou pour les rebelles ; la connaissance de ce délit n'appartient point aux commissions militaires, et ceux qui en sont prévenus, quelle que soit leur qualité, doivent continuer d'être jugés par les conseils de guerre permanens (1).

Un arrêté du gouvernement, en date du 17 pluviôse an 8, déclare que les prisonniers de guerre sont justiciables des conseils de guerre permanens pour tous les délits qu'ils peuvent commettre ; il excepte toutefois le crime de révolte à main armée, et veut que dans ce cas, les prisonniers de guerre soient jugés par des commissions militaires : comme l'arrêté ne prescrit point de mode particulier pour la formation de ces commissions, elles doivent sans doute être organisées conformément au décret impérial du 17 messidor an 12, instruire, procéder et juger, comme elles instruisent, procèdent et jugent lorsqu'elles prononcent sur le sort des embaucheurs et des espions.

§ II. *Formation et convocation des commissions militaires.*

Les commissions militaires spéciales doivent être formées pour chaque affaire (2) ; elles sont composées de sept membres choisis parmi les officiers en activité de service (3) ; les membres de ces commissions sont nommés par le général commandant en chef dans les camps, dans les armées et dans les lieux où les troupes françaises sont stationnées ; dans l'intérieur, elles sont

---

(1) Voyez les articles 4 et 6 de la loi du 4 nivôse an 4, et le chapitre des conseils de guerre permanens, article compétence.

(2) Voyez l'article 8 du décret du 17 messidor an 12.

(3) Voyez les articles 2 et 3, *ibid.*

nommées par le général commandant la division (1). Parmi les individus appelés à former une commission militaire, il doit y avoir au moins un officier supérieur (2).

La commission militaire est toujours présidée par l'officier le plus élevé en grade, qui a été désigné pour en faire partie. A égalité de grade, la présidence appartient au plus ancien dans le grade (3).

Les fonctions de rapporteur sont remplies par un des membres de la commission qui a voix délibérative et qui concourt au jugement (4); un sous - officier, au choix du rapporteur, fait les fonctions de greffier (5).

Les commissions militaires prononcent définitivement; leurs jugemens ne peuvent être déférés à aucun tribunal, et doivent être exécutés dans les vingt-quatre heures de la prononciation (6).

Chaque commission militaire est dissoute aussitôt qu'elle a prononcé sur le sort de l'accusé ou des accusés, pour le jugement desquels elle a été convoquée (7).

---

(1) Voyez l'article 3 du décret du 17 messidor an 12.

(2) Voyez l'article 2, *ibid.*

(3) Voyez l'article 4, *ibid.*

(4) Voyez l'article 5, *ibid.*

(5) Voyez l'article 6, *ibid.*

(6) Voyez l'article 7, *ibid.* — La loi du 21 fructidor an 4, et avant elle, la loi du 4 floréal an 3, avait admis le recours en cassation contre les jugemens des commissions militaires, pour cause d'incompétence.

(7) Voyez l'article 8, *ibid.*

§ III. *Mode de procéder devant les commissions militaires.*

L'instruction est , en général , très-sommaire ; la nature des deux délits qui sont attribués aux commissions militaires , et auxquels leur compétence est restreinte , l'indique suffisamment ; cependant lorsque, pour éclairer leur religion , elles ont besoin d'examiner des pièces qui ne leur ont pas été soumises au moment de la convocation , elles peuvent en ordonner l'apport.

§ IV. *Séance des commissions militaires , débats , jugement , exécution.*

Les séances des commissions militaires sont publiques avec les modifications prescrites pour tous les tribunaux militaires , et la police en appartient au président, ainsi qu'on l'a vu précédemment au titre des conseils de guerre permanens.

Il est inutile, sans doute, de répéter que les accusés doivent être défendus par des défenseurs officieux qu'ils choisissent eux-mêmes , ou qui leur sont nommés d'office ; ce principe est général et n'admet jamais d'exception que pour les accusés en état de contumace.

Les jugemens de condamnation devant les commissions militaires , se forment par la majorité de cinq voix contre deux (1). Trois voix suffisent pour absoudre ; et tout ce qui a été dit sur ce sujet au chapitre des conseils de guerre permanens, est applicable aux com-

---

(1) Je rappelle ici , en tant que de besoin , que les commissions militaires doivent, conformément à la loi du 18 germinal an 7 , sur les frais de justice, condamner aux dépens les accusés contre lesquels elles prononcent quelqu'autre condamnation.

missions militaires spéciales. Ce mode de supputer les suffrages a été formellement maintenu pour les commissions militaires, par l'avis du conseil d'état du 30 pluviôse an 13, approuvé, le 7 ventôse suivant, par S. M. I. et R. (1).

Le juge-rapporteur est chargé d'assurer l'exécution des jugemens; il doit suivre la marche qui a été indiquée pour l'exécution des jugemens des conseils de guerre, et toutes les formalités prescrites pour ces conseils doivent être observées devant les commissions militaires, tant pour l'instruction des procédures et la direction des débats que pour la transcription et l'envoi des jugemens dans tout ce qui n'a pas été explicitement déterminé par les lois ou réglemens sur les commissions militaires, et qui peut se concilier avec leur organisation.

Les commissions militaires spéciales n'ayant qu'une existence momentanée, ne sont pas susceptibles d'avoir un greffe et des archives comme les conseils de guerre permanens; cependant il importe que leurs décisions soient conservées, et dans l'absence de lois ou de décrets qui en règlent le dépôt, il semble convenable de recourir à la loi du 25 ventôse an 4, qui, quoique transitoire, et applicable seulement aux conseils militaires et aux commissions militaires qui avaient existé pendant le régime révolutionnaire, et dont la suppression était alors ordonnée, doit, par une induction naturelle, servir encore de règle pour les papiers des commissions militaires spéciales qui sont formées de tems en tems sur les divers points de l'empire (2); on pense donc que ces papiers

---

(1) Voyez l'avis du conseil d'état, relatif aux jugemens des commissions militaires, en date des 30 pluviôse et 7 ventôse an 13, et les articles 31 et 32 de la loi du 13 brumaire an 5.

(2) Voyez les articles 1 et 2 de la loi du 25 ventôse an 4.

doivent être réunis au greffe des cours criminelles respectives (1), et l'on croit que S. Ex. le ministre de la guerre aura donné des instructions dans ce sens. On ne doit point être étonné si les greffes des cours criminelles ordinaires sont préférés dans cette circonstance, et pour ce dépôt aux greffes des conseils de guerre permanens. D'abord la recherche doit y être plus facile pour tous ceux qui peuvent avoir besoin de se procurer quelque expédition des actes des commissions militaires ; ensuite, les commissions militaires spéciales, bien qu'essentiellement militaires par les élémens qui concourent à leur composition, et par leur forme de procéder, étendant leur juridiction sur tous les individus indistinctement, militaires ou non militaires, qui sont prévenus des délits de leur compétence, les greffes des cours criminelles ordinaires semblent bien plus naturellement indiqués que ceux des conseils de guerre, qui sont exclusivement reservés à la garde et à la conservation des jugemens relatifs à des militaires.

Section II.

De quelques commissions militaires qui ont des attributions particulières.

Indépendamment des commissions militaires spéciales qui, comme on l'a vu, n'exercent de juridiction que sur

---

(1) L'article 3 d'un décret impérial du 15 janvier 1808, relatif à la manière de juger de nouveau les individus qui avaient fait partie des gardes nationales (licenciées) des départemens du Nord, et qui avaient été condamnés par contumace, porte « que les archives des conseils de guerre et de révision, chargés de juger ces gardes nationales, et dissous par l'effet du licenciement, seront réunies à celles des conseils de guerre permanens des divisions militaires. » Cette réunion était indispensable, puisque les contumax condamnés doivent être jugés de

les prévenus d'embauchage et d'espionnage, et qui sont convoquées pour chaque affaire, et dissoutes aussitôt que le jugement est prononcé, S. M. I. et R. a établi en certains cas des commissions militaires, et les a attachées à des corps d'éclaireurs dont la formation était jugée nécessaire pour ramener la tranquillité dans des départemens où elle était troublée. Ces commissions militaires *extraordinaires* chargées de juger les brigands dans les 24 heures de leur arrestation, ne sont pas alors, comme les commissions militaires spéciales, formées pour chaque affaire; elles sont, au contraire, permanentes; les membres en sont choisis par le général commandant la division, et elles restent en activité tant que les corps d'éclaireurs, dont elles font pour ainsi dire partie, continuent d'exister (1). Les arrêtés et les décrets relatifs à ces commissions extraordinaires n'indiquent point de quel nombre de juges elles doivent être composées; mais dans ce silence du législateur, le ministre de la guerre a cru devoir prescrire de les former de sept membres, et quoique le mode rappelé par la décision de S. M. I., du 7 ventôse, sur la manière dont se compose la majorité dans les commissions militaires spéciales, ne soit pas nominativement relative aux commissions militaires extraordinaires, parce que leur juridiction est différente, et que les motifs qui l'ont fait décider ainsi dans la première espèce, ne se retrouvent pas dans la seconde (2); il est convenable de suivre la même marche.

---

nouveau, en cas d'arrestation, par ces conseils de guerre permanens des divisions, sauf les modifications prescrites pour leur formation, dans ce cas particulier.

(1) Voyez l'arrêté du 29 frimaire an 9, art. 4, et d'autres arrêtés sur la création de différens corps d'éclaireurs.

(2) Voyez les considérans de l'avis du conseil d'état du 30 pluviôse an 13, approuvé le 7 ventôse par S. M. I.

Pour l'instruction des procédures, les débats, la manière de recueillir les suffrages, l'exécution des jugemens
et l'envoi qui doit en être fait, il faut recourir aux principes et aux règles qu'on a précédemment rappelés, soit
pour les autres commissions militaires, soit pour les conseils de guerre.

Comme il est de l'essence des commissions militaires
de prononcer définitivement sans appel, sans révision,
sans recours en cassation (1), il est à-peu-près inutile de
rappeler que les jugemens des commissions militaires
extraordinaires sont comme ceux des commissions militaires spéciales, susceptibles d'exécution au moment
même où ils sont rendus, et que jamais cette exécution
ne doit être retardée au-delà de vingt-quatre heures après
leur prononciation.

On ne doit pas laisser ignorer qu'outre les commissions militaires spéciales et les commissions militaires
extraordinaires, dont on a indiqué les attributions respectives, il a été créé en différentes circonstances des
commissions militaires dans les départemens de la Corse
par le général commandant la vingt-troisième division
qui est investi de pouvoirs extraordinaires. Ces commissions ont été organisées suivant le mode prescrit par le
décret du 17 messidor an 12, et chargées de juger des
individus prévenus de crimes graves, mais étrangers à
l'embauchage et à l'espionnage.

Il a existé aussi, et il existe encore, dans la vingt-septième et la vingt-huitième divisions, des commissions
militaires; d'abord instituées pour juger les barbets et les
autres rebelles qui troublaient ces contrées nouvellement
réunies à la France, et les brigands pris les armes à la

---

(1) Voyez les lois des 25 brumaire an 3, 19 fructidor an 5,
et toutes les lois ou réglemens sur les commissions militaires.

main ou dans les rassemblemens armés, ces commissions ont été successivement prorogées jusqu'à ce moment, et continueront sans doute d'exister encore pendant quelques années, tant que ces nouveaux départemens ne jouiront pas d'une tranquillité parfaite.

Ces commissions militaires ne sont composées que de cinq membres, y compris le juge-rapporteur ; c'est ainsi qu'étaient, en général, organisées toutes les commissions militaires avant le décret impérial du 17 messidor an 12, et notamment celles qui jugeaient autrefois en vertu de la loi du 25 brumaire an 3 ; et comme les commissions militaires du Piémont existaient long-tems avant l'an 12, que le soin de juger les rebelles armés et les brigands a été le motif de leur création, et que cette attribution leur a été spécialement confiée par les premiers arrêtés qui les ont instituées, et par les arrêtés ou les décrets qui les ont successivement prorogées, on ne doit pas être étonné de la différence qui existe dans le nombre des juges entre ces commissions militaires et celles qui sont chargées de juger les embaucheurs et les espions, et celles aussi qui sont où seraient établies aujourd'hui à la suite des corps d'éclaireurs.

La compétence des commissions militaires de la vingt-septième division a varié beaucoup à raison de la faculté dont usait M. le gouverneur général, d'y traduire des prévenus de toute sorte de délits ; ces commissions militaires jugeaient alors en concurrence avec les tribunaux ordinaires, qui sont établis dans ces départemens comme dans le reste de l'empire. Mais depuis que le gouvernement général des départemens situés au-delà des Alpes a été érigé en grande dignité de l'empire par le sénatus-consulte du 2 février 1808, S. M. I. et R. a décidé que les commissions militaires établies dans le Piémont rentreraient dans les bornes assignées à leur compétence par les arrêtés des 12 germinal an 9 (1), 17 vendémiaire an 10 (2), et 16 fructidor de la même année (3); ainsi ces commissions militaires ne peuvent plus exercer leur juridiction que sur les brigands et les rebelles armés.

Quoique ces commissions aient dans le Piémont tous les caractères d'un tribunal, puisqu'elles sont permanentes, et que les membres n'en sont point désignés pour chaque affaire, cependant comme leur existence plus ou moins prolongée ne peut être que temporaire, on se serait abstenu d'en parler dans cet ouvrage, si l'on n'avait craint que ce silence ne donnât lieu à quelques erreurs.

Dans les commissions composées de cinq membres, les jugements sont rendus à la simple majorité; c'est ainsi que cela s'était pratiqué constamment; et si la décision de S. M., du 7 ventôse an 13, a prescrit un mode différent pour les commissions militaires *spéciales* qui sont composées de sept juges, c'est que ces commissions ont été

---

(1) L'article 21 de l'arrêté du 12 germinal an 9 est ainsi conçu :

« Les Barbets et tous les individus pris les armes à la main, » seront jugés par des commissions militaires extraordi- » naires. ».

(2) L'article 9 de l'arrêté du 17 vendémiaire an 10 porte :

« Ces tribunaux (les tribunaux spéciaux) connaîtront de » toutes les affaires criminelles autres que celles réservées aux » commissions militaires, par l'article 21 de l'arrêté du 12 ger- » minal an 9. »

(3) L'article 3 de l'arrêté du 16 fructidor an 10 s'exprime ainsi :

« Chacun de ces corps d'éclaireurs, ... fera arrêter » et traduire devant la commission militaire extraordinaire, » tous les individus prévenus d'avoir, à main armée, repoussé » la gendarmerie. »

1.   12

substituées aux conseils de guerre pour le jugement des embaucheurs et des espions, et qu'on a estimé qu'il était juste et convenable de ne pas rendre plus rigoureux le sort des accusés, en substituant la simple majorité abso-lue à la majorité qui doit se former de cinq voix devant les conseils de guerre permanens, pour rendre le jugement de condamnation.

Il existe aussi une espèce de commissions militaires dont la juridiction est restreinte aux militaires condam-nés pour désertion au boulet ou aux travaux publics.

Ces commissions militaires sont créées par l'arrêté du 19 vendémiaire an 12 (1); elles ne peuvent être formées que dans les places désignées pour servir de points de réunion aux condamnés au boulet ou aux condamnés aux travaux publics (2); elles sont composées du com-mandant de la place et des quatre officiers supérieurs les plus anciens, du grade le plus élevé dans la garnison; les fonctions de rapporteur sont remplies par le com-mandant de la gendarmerie dans ladite place. Tous les condamnés au boulet ou aux travaux publics qui s'é-vadent ou qui se rendent coupables de quelque délit grave, doivent être traduits à cette commission, qui peut, suivant les circonstances, la nature et la gravité du délit, infliger la peine de mort, condamner à une plus longue détention, ou au double boulet ceux qui sont déjà condamnés à cette peine, ou condamner au boulet ceux qui ne l'étaient qu'aux travaux publics (3).

Les jugemens de ces commissions ne peuvent être

---

(1) Voyez les articles 51 et 55 de l'arrêté du 19 vendémiaire an 12.

(2) Voyez les articles 46, 47 et 53, *ibid.*

(3) Voyez les articles 50, 51 et 55, *ibid.*

attaqués ni en révision, ni en cassation ; ils ne sont néanmoins susceptibles d'être exécutés qu'avec l'approbation du général commandant la division (1). Il résulte évidemment de cette espèce de censure à laquelle sont soumis les jugemens des commissions militaires chargées de juger les condamnés au boulet ou aux travaux publics, que si le général y remarque quelque vice, surtout dans l'application des peines, il doit empêcher l'exécution, sauf à rendre compte de ses motifs au ministre de la guerre ; et quoique l'arrêté du 19 vendémiaire an 12 n'ait parlé que très-succinctement de ces commissions militaires, il ne faut pas en conclure que leurs opérations puissent être arbitraires, et que les jugemens qu'elles sont appelées à rendre, ne doivent pas être motivés sur des lois existantes.

L'instruction, quoique sommaire, doit néanmoins y être faite, comme devant les autres tribunaux militaires ; le rapporteur doit choisir un greffier qui l'assiste dans ses opérations ; le condamné, accusé pour un nouveau délit, doit être défendu devant la commission ; le jugement doit être rendu à la majorité des voix, et signé de tous les membres de la commission ; il doit être exécuté à la diligence du rapporteur ; on doit enfin se conformer, autant qu'il est possible, et dans tout ce qui est essentiel, aux règles prescrites pour les conseils de guerre et pour les autres commissions militaires.

Je crois devoir faire observer que toutes les fois qu'un condamné au *boulet* pour fait de désertion a été reconnu par la commission militaire coupable d'un nouveau délit qui lui a mérité, soit une prolongation de détention, soit

____

(1) Voyez les articles 51 et 55 de l'arrêté du 19 vendémiaire an 12.

12*

la peine du double boulet, la commission militaire doit défendre par son jugement au condamné, *sous peine de deux années de fers*, de fixer sa résidence, après l'expiration de sa peine, à moins de vingt lieues de la ville où siége le gouvernement. Cette peine de deux années de fers, le cas arrivant où le condamné remis en liberté l'encourrait par sa désobéissance, devrait être prononcée par un conseil de guerre (1).

L'arrêté n'a point étendu cette défense aux condamnés aux travaux publics, qui seraient condamnés à quelque peine par la commission militaire, pour délit par eux commis pendant qu'ils expient leur condamnation, et le tribunal doit, en conséquence, la restreindre, suivant l'intention du législateur aux condamnés au boulet. Mais si un déserteur, d'abord condamné aux travaux publics, avait été condamné ensuite au boulet par la commission militaire, ainsi que le détermine l'arrêté (2), et qu'un nouveau délit par lui commis donnât lieu à la commission de le juger de nouveau, la prohibition relative à la résidence lui deviendrait alors applicable, puisqu'au moment de ce deuxième jugement de la commission, il serait déjà condamné au boulet.

On fera remarquer, avant de terminer ce chapitre, que dans le cours de ses conquêtes, S. M. l'Empereur, en organisant les pays conquis par ses armes victorieuses, a souvent créé des commissions militaires pour juger les militaires prévenus de délits et les individus attachés à l'armée ; on citera notamment son décret du 3 novembre 1806, donné au quartier-général de Berlin, qui autorise le gouverneur-général à former dans chacun des dépar-

____

(1) Voyez l'article 51 de l'arrêté du 19 vendémiaire an 12.
(2) Voyez l'article 55, *ibid.*

temens de la Prusse une ou plusieurs commissions militaires pour juger et faire punir les maraudeurs (1), et un autre décret donné au quartier-général de Varsovie, le 22 janvier 1807, qui ordonne la création d'une commission militaire pour juger, conformément aux lois militaires, les employés attachés à l'armée, ou autres individus prévenus de vols et de dilapidations, soit dans les magasins de l'armée, soit dans les fournitures à faire pour l'armée (2). Les commissions militaires établies par ces décrets dans les pays occupés par les armées françaises doivent être considérées comme remplaçant momentanément les conseils de guerre permanens, sauf qu'elles prononcent sans révision ni cassation ; mais comme l'expérience a prouvé qu'il s'est élevé des réclamations, même de la part des généraux commandans en chef, contre les opérations de telle ou telle de ces commissions qui avait connu d'un délit étranger aux attributions spéciales que lui donnaient les décrets de S. M. (3), on ne saurait trop insister sur la nécessité d'observer bien sévèrement, quoiqu'en pays étranger, les règles de compétence, et de ne jamais saisir les commissions militaires que de la connaissance des faits particuliers pour lesquels elles sont établies en certains cas, où des délits d'une nature analogue à l'attribution générale

---

(1) Voyez le décret impérial du 3 novembre 1806, sur l'organisation des pays conquis sur la Prusse, article 23, titre 5, relatif à la police.

(2) Voyez l'article 1er. du décret impérial du 22 janvier 1807.

(3) Une commission militaire, établie pour juger les maraudeurs, a jugé et condamné aux fers un prévenu de dilapidation, et ce jugement a été dénoncé comme illégal ; mais comme il n'existait aucun tribunal supérieur auquel on pût le déférer, il a dû recevoir son exécution.

qui leur a été donnée, comme aussi de ne jamais renvoyer devant elles des individus qui ne sont pas soumis à leur juridiction, soit par les lois de l'empire, soit par les décrets de S. M. I. (1).

---

(1) On trouve, à la date du 3 frimaire an 8, un arrêté portant création d'une commission militaire, composée de cinq membres ; mais cette commission qui était chargée de l'examen des causes de la reddition de plusieurs places fortes d'Italie, était administrative et non judiciaire, ainsi qu'il résulte des dispositions de l'arrêté qui l'a créée, et n'avait conséquemment aucune analogie avec les commissions militaires chargées de juger des prévenus de crimes et de leur appliquer des peines, en cas de conviction.

FORMULES

POUR LES ACTES

DES DIFFÉRENS TRIBUNAUX MILITAIRES.

EXTRAIT DES REGISTRES

DU DIRECTOIRE EXÉCUTIF.

Du 8 frimaire de l'an 6 de la république française.

Le Directoire exécutif, vu les sept formules qui lui ont été présentées par le ministre de la justice, pour servir de modèles de jugemens et de décisions aux conseils de guerre et aux conseils de révision, créés par les lois des 13 brumaire et 4 fructidor de l'an 5, et par celle du 18 vendémiaire dernier,

Approuve ces sept formules dans leur contenu ; ordonne, en vertu de l'article 26 de la loi du 18 vendémiaire dernier, qu'elles serviront de modèles de jugemens et de décisions aux conseils de guerre et aux conseils de révision, et qu'elles demeureront annexées au présent arrêté.

Le présent arrêté sera imprimé en nombre d'exemplaires suffisant pour fournir au besoin des conseils de guerre et de révision.

Les ministres de la justice et de la guerre sont chargés de son exécution, chacun en ce qui le concerne.

Pour expédition conforme, signé etc.

FORMULES OFFICIELLES.

(*Nota.* Quoique les sept formules approuvées, le 8 frimaire an 6, par le directoire exécutif ne soient relatives qu'aux jugemens, et que les autres actes de là procédure doivent précéder les décisions des tribunaux, comme ces sept formules ont un caractère officiel, je les place ici en première ligne et avant celles que j'ai rédigées moi - même pour les actes antérieurs, et dont j'ai puisé les modèles dans les lois et dans les réglemens.)

PREMIÈRE FORMULE.

(*Nota.* J'ai conservé les dispositions littérales de ces formules arrêtées par le directoire exécutif, sauf les changemens et les modifications introduits par les constitutions de l'Empire et par les lois et réglemens sur la matière.)

Jugement rendu par le conseil de guerre permanent de la . . . . division militaire (ou de l'armée . . . .) portant condamnation (1).

AU NOM DE L'EMPEREUR ET ROI.

Napoléon par la grâce de Dieu et les Constitutions de l'État , Empereur des Français , Roi d'Italie ,

---

(1) Soit qu'un jugement absolve , soit qu'il condamne , le rapporteur ne doit le faire exécuter dans toutes ses dispositions que lorsque les délais accordés, soit au condamné , soit au procureur impérial , pour se pourvoir en révision , sont expirés ; le rapporteur ne manquera pas de constater , au bas du jugement , le jour et l'heure de la lecture dudit jugement à l'accusé.

Protecteur de la Confédération du Rhin, à tous présens et à venir, salut : (1)

Le conseil de guerre permanent a rendu le jugement suivant.

Cejourd'hui (*mettre la date du mois et l'année*);

Le (*indiquer si c'est le* 1er. *ou* 2e.) conseil de guerre (*comme dans le titre*), créé en vertu de la loi du 13 brumaire de l'an 5, composé, conformément à cette loi, de MM. (*mettre les noms et les grades des sept membres du conseil*), M. (*le nom et le grade du capitaine-rapporteur*) faisant les fonctions de capitaine-rapporteur, et M. (*le nom et le grade du procureur impérial*) faisant celles de procureur impérial, tous nommés par le général de division (*mettre le nom du général*), commandant cette division ; assisté du sieur (*le nom du greffier*), greffier nommé par le rapporteur ;

Lesquels, aux termes des articles 7 et 8 de la même loi, ne sont parens ou alliés ni entr'eux, ni du prévenu, au degré prohibé par les constitutions de l'empire,

Le conseil, convoqué par l'ordre du commandant, s'est réuni dans le lieu ordinaire de ses séances (*particulariser ce lieu*), à l'effet de juger (*mettre ici les noms, état et profession de l'accusé, son lieu de naissance et son signalement*), accusé de (*énoncer ici le délit* ou *les délits, s'il y en a plusieurs*) (2).

La séance ayant été ouverte, le président a fait apporter par le greffier et déposer devant lui, sur le bureau,

---

(1) Cette formule doit être employée aujourd'hui en tête de tous les jugemens qui étaient rendus autrefois au *nom du peuple,* et le sont aujourd'hui au nom du souverain.

(2) Observez de mettre au pluriel le mot *accusé* et tout ce qui s'y rapporte, s'il arrive qu'il y ait deux ou plusieurs accusés.

un exemplaire de la loi du 13 brumaire de l'an 5, et a demandé ensuite au rapporteur la lecture du procès-verbal d'information, et de toutes les pièces, tant à charge qu'à décharge envers l'accusé, au nombre de (*mettre ici le nombre des pièces*).

Cette lecture terminée, le président a ordonné à la garde d'amener l'accusé, lequel a été introduit libre et sans fers devant le conseil, accompagné de son défenseur officieux.

Interrogé de ses nom, prénom, âge, profession, lieu de naissance et domicile, a répondu se nommer (*mettre ici la réponse de l'accusé*).

Après avoir donné connaissance à l'accusé des faits à sa charge, lui avoir fait prêter interrogatoire par l'organe du président ; (*si le conseil a jugé à propos d'entendre des témoins, on mettra :* avoir entendu séparément les témoins à charge. *S'il y a une partie plaignante qui ait comparu, il faudra ajouter :* après avoir entendu la partie plaignante, qui lui a *ou* qui lui ont été publiquement confrontées. *S'il y a des témoins à décharge, on ajoutera :* avoir pareillement entendu les témoins à décharge. *S'il y a des pièces de conviction, on ajoutera :* représenté les pièces de conviction).

Ouï le rapporteur dans son rapport et ses conclusions, et l'accusé dans ses moyens de défense, tant par lui que par son défenseur officieux, lesquels ont déclaré l'un et l'autre n'avoir rien à ajouter à leurs moyens de défense, le président a demandé aux membres du conseil s'ils avaient des observations à faire ; sur leur réponse négative, et avant d'aller aux opinions, il a ordonné au défenseur et à l'accusé de se retirer. L'accusé a été reconduit par son escorte à la prison ; le rapporteur, le greffier et les citoyens assistant dans l'auditoire, se sont retirés sur l'invitation du président.

Le conseil délibérant à huis clos, seulement en présence du procureur impérial, le président a posé les questions ainsi qu'il suit :

Le nommé (*mettre le nom et le prénom de l'accusé*), qualifié ci-dessus, accusé de (*rappeler ici clairement le délit*), est-il coupable (1)?

Les voix recueillies en commençant par le grade inférieur, le président ayant émis son opinion le dernier, le conseil de guerre permanent déclare, à la majorité de cinq *ou* de six voix sur sept (*ou* à l'unanimité, *si le cas y échoit*), que (*le nom et le prénom de l'accusé*) est coupable.

Sur quoi le procureur impérial a fait son réquisitoire pour l'application de la peine. Les voix recueillies de nouveau par le président, dans la forme indiquée ci-dessus ;

Le conseil de guerre permanent, faisant droit sur ledit réquisitoire, condamne à l'unanimité (*ou* à la majorité de cinq *ou* six voix sur sept). (*Dans le cas de l'article 33 de la loi du 13 brumaire de l'an 5, il faudra ainsi rédiger la condamnation :* Le conseil de guerre permanent, faisant droit sur ledit réquisitoire, et se déterminant pour la peine la plus douce, conformément à l'article 33 de la loi du 13 brumaire de l'an 5, trois membres ayant voté pour la peine de (*rappeler ici la peine*(, et quatre pour celle de (*rappeler ici l'autre peine*), condamne le nommé (*le nom, le prénom, l'état et le grade du condamné*) à la peine de (*mettre la peine*), conformément à l'article (*désigner l'article du code*), ainsi conçu (*relater tout au long l'article.*)

---

(1) S'il y a plusieurs délits, il faudra poser, pour chacun, la question de culpabilité ; il faudra aussi poser cette question pour chacun des accusés, s'ils sont plusieurs.

(*Si le jugement doit être imprimé*, *on mettra ce qui suit* (1) : Ordonne, en outre, l'impression, l'affiche et la distribution du présent jugement, au nombre de . . . . exemplaires.) Enjoint au capitaine-rapporteur de lire de suite le présent jugement au condamné, en présence de la garde assemblée sous les armes, de l'avertir que la loi lui accorde un délai de vingt-quatre heures pour se pourvoir en révision, et, au surplus, de faire exécuter ledit jugement dans tout son contenu (2);

Condamne ledit (*rappeler les nom, prénoms et qualité du condamné*) aux frais de la procédure, liquidés par M. le président, à la somme de (*mettre ici le montant des frais*), et ce conformément à la loi du 18 germinal an 7, dont les articles 1, 2 et 3 sont ainsi conçus :

Art. 1er. « Tout jugement d'un tribunal criminel,
» correctionnel ou de police, portant condamnation à
» une peine quelconque, prononcera en même tems, au
» profit de la république, le remboursement des frais
» auxquels la poursuite et la punition des crimes et
» délits auront donné lieu.

Art. 2. » Lorsqu'il y aura plusieurs accusés, auteurs
» ou complices du même fait, la condamnation au rem-
» boursement sera prononcée solidairement contr'eux.

Art. 3. » Les frais seront liquidés, et la liquidation
» rendue exécutoire par le président du tribunal ; le re-
» couvrement sera poursuivi par les préposés à la régie
» de l'enregistrement et du domaine national (3) »

---

(1) On ne doit imprimer que les jugemens d'un grand exemple.

(2) Le procureur impérial a quarante-huit heures depuis la lecture du jugement du condamné, pour se pourvoir en révision.

(3) Lorsqu'il n'y a qu'un condamné, il est inutile de citer le

Ordonne, en outre, qu'il en sera envoyée, dans les délais prescrits par l'article 39 de la loi du 13 brumaire, à la diligence du président et à celle du rapporteur, une expédition tant à S. Ex. le ministre de la guerre qu'au général de division (*si le condamné était attaché à un corps, on ajoutera :* et au conseil d'administration du corps du condamné).

FAIT, clos et jugé sans désemparer, en séance publique, à (*le lieu de la commune*), les jour, mois et an que dessus; et les membres du conseil ont signé, avec le rapporteur et le greffier, la minute du jugement.

(Les juges, le rapporteur et le greffier signent ici.)

Nota. Lorsque les jugemens des conseils de guerre permanens et des commissions militaires spéciales, extraordinaires, etc. qui portent des condamnations, prononcent, par une suite nécessaire, des dépens contre les condamnés, ou contiennent quelques autres dispositions dont l'exécution ne peut pas être assurée par les autorités militaires, ces jugemens sont néanmoins exécutoires par eux-mêmes, sans avoir besoin d'être visés ou homologués, pour les condamnations pécuniaires, par les tribunaux ordinaires du domicile des condamnés : l'homologation n'a lieu que pour les jugemens rendus par les conseils de guerre spéciaux qui prononcent, conformément aux lois, une amende contre les déserteurs. Néanmoins il convient, dans ce cas, que les tribunaux militaires terminent leurs jugemens par la formule suivante, qu'ils peuvent employer comme tous les autres tribunaux.

« Mandons et ordonnons à tous huissiers, sur ce requis, » de mettre ledit jugement à exécution ; à nos procureurs » généraux et à nos procureurs près les tribunaux de pre-

second article de la loi du 18 germinal an 7 ; mais il faut le citer lorsqu'il y a plusieurs condamnés ; et le dispositif du jugement doit exprimer la condamnation *solidaire* contre chacun d'eux.

» mière instance d'y tenir la main ; à tous commandans
» et officiers de la force publique de prêter main forte ;
» lorsqu'ils en seront légalement requis. »

～～～～～

SECONDE FORMULE.

Jugement rendu par le conseil de guerre permanent de la . . . . division militaire (ou de l'armée . . . .), portant absolution du délit et mise en liberté de l'accusé.

AU NOM DE L'EMPEREUR ET ROI.

Napoléon, etc.

Le conseil de guerre permanent a rendu le jugement suivant :

Ce jourd'hui (*mettre la date du mois et l'année*);

Le conseil de guerre (*comme dans le titre*), créé en vertu de la loi du 13 brumaire de l'an 5, composé, conformément à cette loi, de MM. (*mettre les noms et les grades des sept membres du conseil*), M. (*mettre le nom et le grade du capitaine-rapporteur*) faisant les fonctions de capitaine-rapporteur, et M. (*le nom et le grade du procureur impérial*) faisant celles de procureur impérial, tous nommés par le général de division (*mettre le nom du général*), commandant cette division ; assisté du sieur (*le nom du greffier*), greffier nommé par le rapporteur ;

Lesquels, aux termes des articles 7 et 8 de la même loi, ne sont parens ou alliés ni entre eux, ni du prévenu, au degré prohibé par les Constitutions de l'Empire.

Le conseil, convoqué par l'ordre du commandant,

s'est réuni dans le lieu ordinaire de ses séances (*particulariser ce lieu*), à l'effet de juger (*mettre ici les noms, état et profession de l'accusé, son lieu de naissance et son signalement*), accusé de (*énoncer ici le délit, ou les délits, s'il y en a plusieurs*) (1).

La séance ayant été ouverte, le président a fait apporter par le greffier et déposer devant lui, sur le bureau, un exemplaire de la loi du 13 brumaire an 5, et a demandé ensuite au rapporteur la lecture du procès-verbal d'information, et de toutes les pièces tant à charge qu'à décharge envers l'accusé, au nombre de (*mettre ici le nombre des pièces*).

Cette lecture terminée, le président a ordonné à la garde d'amener l'accusé, lequel a été introduit libre et sans fers devant le conseil, accompagné de son défenseur officieux.

Interrogé de ses nom, prénoms, âge, profession, lieu de naissance et domicile, a répondu se nommer (*mettre ici la réponse de l'accusé*).

Après avoir donné connaissance à l'accusé des faits à sa charge, lui avoir fait prêter interrogatoire par l'organe du président; (*si le conseil a jugé à propos d'entendre les témoins, on mettra :* avoir entendu séparément les témoins à charge. *S'il y a une partie plaignante qui ait comparu, il faudra ajouter :* après avoir entendu la partie plaignante qui lui a *ou* qui lui ont été publiquement confrontées. *S'il y a des témoins à décharge. on ajoutera :* avoir pareillement entendu les témoins à décharge. *S'il y a des pièces de conviction, on ajoutera :* et représenté les pièces de conviction).

______

(1) Observez de mettre au pluriel le mot *accusé* et tout ce qui s'y rapporte, s'il arrive qu'il y ait deux ou plusieurs accusés.

Ouï le rapporteur dans son rapport et ses conclusions, et l'accusé dans ses moyens de défense tant par lui que par son défenseur officieux, lesquels ont déclaré l'un et l'autre n'avoir rien à ajouter à leurs moyens de défense, le président a demandé aux membres du conseil s'ils avaient des observations à faire ; sur leur réponse négative, et avant d'aller aux opinions, il a ordonné au défenseur et à l'accusé de se retirer. L'accusé a été reconduit par son escorte à la prison ; le rapporteur, le greffier et les citoyens assistant dans l'auditoire, se sont retirés sur l'invitation du président.

Le conseil délibérant à huis clos, seulement en présence du procureur impérial, le président a posé les questions ainsi qu'il suit :

Le nommé (*mettre le nom et le prénom de l'accusé*), qualifié ci-dessus, accusé de (*rappeler ici clairement le délit*), est-il coupable (1)?

Les voix recueillies en commençant par le grade inférieur, le président ayant émis son opinion le dernier, le conseil de guerre permanent déclare que le nommé (*mettre le nom, le prénom, l'état et le grade*) n'est pas coupable. Sur quoi le procureur impérial ayant été entendu, les voix recueillies de nouveau par le président dans la forme indiquée ci-dessus (2),

Le conseil de guerre permanent déclare que (*mettre ici les noms et le grade de l'accusé*) est acquitté de l'accusation dirigée contre lui (3), conformément aux

---

(1) S'il y a plusieurs délits, il faudra poser, pour chacun, la question de culpabilité ; il faudra aussi poser cette question pour chacun des accusés, s'ils sont plusieurs.

(2) Trois voix en faveur de la non-culpabilité suffisent pour que le conseil la prononce ; les quatre autres voix, *réunies ou séparées*, n'empêchent pas cette décision.

(3) Si le conseil de guerre avait à condamner un ou plu-

articles 31 et 37 de la loi du 13 brumaire, ainsi conçus (*relater ici en entier ces deux articles*); ordonne qu'il sera de suite mis en liberté (1), et rendu à ses fonctions (*si c'est un militaire attaché à un corps, au lieu de,* et rendu à ses fonctions, *on mettra,* et renvoyé à son corps pour y continuer son service); ordonne, en outre, qu'expédition du présent jugement sera transmise à S. Ex. le ministre de la guerre, à la diligence du président charge le capitaine-rapporteur d'en donner de suite lecture à l'acquitté, en présence de la garde assemblée sous les armes.

Fait, clos et jugé, sans désemparer, en séance publique, à (*le lieu de la commune*), les jour, mois et an que dessus; et les membres du conseil ont signé, avec le capitaine-rapporteur et le greffier, la minute du jugement.

(Les juges signent ici.)

OBSERVATIONS sur les deux précédentes Formules.

Si le conseil de guerre qui prononce l'absolution ou la condamnation est celui créé d'après les articles 19 et 20 de la loi du 18 vendémiaire de l'an 6, il faudra mettre dans tous les endroits où l'on parle dudit conseil : *Le second conseil de guerre permanent.* Il faudra mettre aussi : *créé en vertu des articles 19 et 20 de la loi du 18 vendémiaire de l'an 6,* au lieu de : *créé en vertu de la loi du 13 brumaire de l'an 5.* Ensuite après ces mots : *à l'effet de juger un*

---

sieurs accusés, et à en acquitter d'autres, il devrait combiner le prononcé ci-dessus avec celui de la formule précédente.

(1) Le procureur impérial n'a que vingt-quatre heures pour se pourvoir en révision d'un jugement qui acquitte.

tel, *accusé de tel délit*, si l'on doit prononcer sur un individu qui a été jugé une première fois, et dont le jugement a été annulé, on ajoutera : *le jugement rendu contre lui* (ou *en sa faveur, s'il avait été acquitté*) *par le conseil de guerre de la division, le* (rappeler la date du premier jugement), *ayant été annulé par une décision du conseil de révision, en date du* (rappeler la date de la décision).

Cette dernière observation est aujourd'hui commune aux deux conseils permanens de chaque division militaire, puisque leur compétence est la même, et qu'en cas d'annulation des jugemens du second, on renvoie devant le premier, comme on renvoie devant le second, en cas d'annulation, des jugemens du premier.

<div style="text-align:center">~~~~~</div>

TROISIÈME FORMULE.

Jugement rendu par le conseil de guerre formé en exécution de la loi du 4 fructidor an 5, pour juger un général ou un officier supérieur, ou un commissaire des guerres.

AU NOM DE L'EMPEREUR ET ROI.

NAPOLÉON, etc.

Le conseil de guerre a rendu le jugement suivant :

Cejourd'hui (*la date du jour et de l'année*).

Le conseil de guerre (*désigner ici l'armée ou la division*), créé en vertu des lois du 13 brumaire et du 4 fructidor an 5, composé de MM. (*mettre les noms et les grades des sept membres du conseil*), M. *mettre le nom et le grade du rapporteur*) faisant les fonctions de rapporteur, et M. (*le nom et le grade ou la qualité du procureur impérial*) faisant celles de procureur impérial, tous nommés par (*mettre ici, soit le ministre* de la guerre, *soit* le général en chef de l'armée de....., *soit* le général de division commandant la..... division).

(*Observez toutefois que lorsqu'il s'agit de juger un général en chef, et que par conséquent S. Ex. le ministre de la guerre indique les membres du conseil, il faudra mettre ci-dessus,* M..... *nommé rapporteur par le président du conseil*); assisté du sieur (*mettre le nom du greffier*), greffier nommé par le rapporteur ;

Lesquels, aux termes des articles 7 et 8 de la loi du 13 brumaire an 5, ne sont parens ou alliés ni entre eux, ni du prévenu, aux degrés prohibés par les constitutions de l'empire.

Le conseil, convoqué par l'ordre du (*mettre ici le nom et le grade du convoquant*), s'est réuni à (*mettre le nom de la commune*), dans (*particulariser le lieu de la séance*), lieu indiqué par le ministre de la guerre, ou le général en chef, *ou enfin* le général de division, pour y tenir ses séances, à l'effet de juger, etc. (*Pour le reste, si le jugement condamne, il faudra suivre la première formule ; et l'on suivra la seconde, si le jugement absout*).

DES CONTUMAX.

Lorsque l'accusé sera contumax, les conseils de guerre créés par les lois du 13 brumaire, du 4 fructidor an 5, et du 18 vendémiaire an 6, omettront des formules tout ce qui suppose l'accusé présent, et tout ce qui ne peut se faire qu'en sa présence ; ils feront mention dans le jugement qu'il est contumax : du reste, comme la loi ne met aucune différence pour les formalités à suivre entre les accusés présens et les contumax, il faudra suivre les formules.

13 *

QUATRIÈME FORMULE.

*Décision du conseil permanent de révision de la ...
(le n°. de la division) division militaire ou (de l'armée de.....), pour infirmer un recours en révision,
lorsqu'il n'a pas été fait dans les délais fixés par
la loi.*

AU NOM DE L'EMPEREUR ET ROI.

NAPOLÉON, etc.

Le conseil permanent de révision de la (*qualifier la
division comme dans le titre*) division, composé, en
exécution de la loi du 18 vendémiaire de l'an 6, de
MM. (*mettre ici les noms et qualités des membres*),
tous cinq nommés par le général (*mettre ici le nom et
le grade du général*), et réunissant les conditions exigées par l'article 6 de la même loi, assisté de (*mettre
ici le nom du greffier*), greffier nommé par le président, en présence du (*mettre ici la qualité et le nom
du procureur impérial*), faisant les fonctions de procureur impérial d'après la nomination du même général,
s'est réuni, sur la convocation du président, dans le lieu
ordinaire de ses séances, pour procéder sur la demande
en révision) *indiquer ici celui qui s'est pourvu en révision*) du jugement rendu le (*mettre la date du jugement*), contre *ou* en faveur de (*mettre les noms des
condamnés ou acquittés*).

Après que la séance a été ouverte, le président a fait
apporter et déposer sur le bureau les lois des 13 brumaire et 4 fructidor de l'an 5, sur l'organisation des
conseils de guerre, ainsi que celles du 18 vendémiaire,

15 brumaire et 27 fructidor de l'an 6, sur l'organisation des conseils de révision; il a ensuite ordonné au greffier de lire l'acte de recours en révision.

Sur quoi, le conseil, après avoir entendu les défenseurs officieux (*s'ils se présentent*) et le procureur impérial; considérant que ce recours n'a pas été fait dans les délais fixés par la loi (*rappeler ici l'époque du recours, le tems que le réclamant avait pour se pourvoir, et l'article de la loi qui rejette ce recours*), déclare qu'il n'y a pas lieu de statuer; ordonne que le susdit jugement aura sa pleine et entière exécution, et charge le rapporteur de se conformer aux dispositions du 1er. paragraphe de l'article 22 de la loi du 18 vendemiaire de l'an 6.

Fait, jugé et prononcé sans désemparer, en séance publique, à (*le nom de la commune*), le (*mettre la date*); et les cinq juges ont signé, avec le greffier, la minute du jugement.

(Ici les juges signent.)

CINQUIÈME FORMULE.

Décision du conseil permanent de révision de la ('e n°. de la division) division militaire (ou de l'armée de....), pour confirmer un jugement du conseil de guerre.

AU NOM DE L'EMPEREUR ET ROI.

NAPOLÉON, etc.

Le conseil permanent de révision de la (*qualifier la division comme dans le titre*) division, composé, en exécution de la loi du 18 vendémiaire de l'an 6, de MM. (*mettre ici les noms et qualités des membres*), tous cinq nommés par le général (*mettre ici le nom et le grade du général*), et réunissant les conditions exigées par l'article 6 de la même loi ; assisté de (*mettre ici le nom du greffier*), greffier nommé par le président, en présence du (*mettre ici la qualité et le nom du procureur impérial*), faisant les fonctions de procureur impérial d'après la nomination du même général, s'est réuni, sur la convocation du président, dans le lieu ordinaire de ses séances, pour procéder, sur la demande (*indiquer ici ce ui qui s'est pourvu en révision*), à la révision du jugement rendu le (*mettre la date du jugement*) contre *ou* en faveur de (*mettre les noms des condamnés ou des acquittés*).

Après que la séance a été ouverte, le président a fait apporter et déposer sur le bureau les lois des 13 brumaire et 4 fructidor de l'an 5, sur l'organisation des conseils de guerre, ainsi que celles du 18 vendémiaire, 15 brumaire et 27 fructidor an 6, sur l'organisation des conseils de révision ; il a ensuite ordonné au greffier de lire l'acte de recours en révision. Sur quoi, le conseil, après avoir entendu les défenseurs officieux (*s'ils se présentent.*) et le procureur impérial ; considérant que ce recours a été fait dans les délais fixés par la loi, a dit qu'il y avait lieu de statuer.

Alors le greffier a donné lecture de toutes les pièces de la procédure, au nombre de (*mettre le nombre des pièces*). Cette opération terminée, M. (*mettre le nom du rapporteur*), l'un des membres du conseil, nommé rapporteur de cette affaire par décision du (*mettre la date de la décision*), a été entendu ; le procureur impérial a fait ses réquisitions.

Le conseil, après avoir délibéré, faisant droit aux-dites réquisitions (*si la décision n'est pas conforme aux réquisitions*, *mettez :* sans avoir égard auxdites réquisitions); vu que le conseil de guerre était compétent, que l'information et l'instruction ont été régulièrement faites, et que la loi a été bien appliquée, déclare à la majorité absolue (*ou* à l'unanimité, *si le cas y échoit*), que le susdit jugement est confirmé, et qu'il aura sa pleine et entière exécution.

Le rapporteur demeure chargé de transmettre au conseil de guerre la présente décision, avec toutes les pièces de la procédure.

Ainsi jugé, prononcé sans désemparer, en séance publique, à (*le nom de la commune*), le (*mettre la date du mois et l'année*); et les juges ont signé tous cinq, avec le greffier, la minute du jugement.

(Les juges et le greffier signent ici.)

SIXIÈME FORMULE.

Décision du conseil permanent de révision de la (le n°. de la division) division militaire (ou de l'armée d...), pour annuller un jugement du conseil de guerre.

AU NOM DE L'EMPEREUR ET ROI.

NAPOLÉON, etc.

Le conseil permanent de révision de la (*qualifier la division comme dans le titre*) division, composé, en exécution de la loi du 18 vendémiaire de l'an 6, de MM. (*mettre ici les noms et qualité des membres*), tous cinq nommés par le général (*mettre ici le nom et le grade du général,*) et réunissant les conditions exigées par l'article 6 de la même loi, assisté de (*mettre ici le nom du greffier*), greffier nommé par le président, en présence de (*mettre ici le nom et la qualité du procureur impérial*), faisant les fonctions de procureur impérial d'après la nomination du même général, s'est réuni, sur la convocation du président, dans le lieu ordinaire de ses séances, pour procéder, sur la demande (*indiquer ici celui qui s'est pourvu en révision*), à la révision du jugement rendu le (*mettre ici la date du jugement*), contre *ou* en faveur de (*mettre les noms des condamnés ou des acquittés*).

Après que la séance a été ouverte, le président a fait apporter et déposer sur le bureau les lois des 13 brumaire et 4 fructidor de l'an 5, sur l'organisation des conseils de guerre, ainsi que celles du 18 vendémiaire, 15 brumaire et 27 fructidor de l'an 6, sur l'organisation des conseils de révision ; il a ensuite ordonné au greffier de lire l'acte de recours en révision. Sur quoi, le conseil, après avoir entendu les défenseurs officieux (*s'ils se présentent*) et le procureur impérial ; considérant que ce recours a été fait dans les délais fixés par la loi, a dit qu'il y avait lieu de statuer.

Alors le greffier a donné lecture de toutes les pièces de la procédure, au nombre de (*mettre le nombre des pièces*). Cette opération terminée, M. (*mettre le nom du rapporteur*), l'un des membres du conseil, nommé rapporteur de cette affaire par décision du (*mettre la date de la décision*), a été entendu ; les défenseurs de (*le nom des parties*) ont présenté leurs observations (*omettre ce qui précède dans le cas où les défenseurs ne se présenteraient pas*) ; le procureur impérial a fait ses réquisitions.

Le conseil, après avoir délibéré, faisant droit aux réquisitions (*si la décision n'est pas conforme aux* réquisitions, *mettez :* sans avoir égard auxdites réquisitions) ; considérant que (*tel acte de l'instruction*) qui a précédé (*ou si c'est le jugement seul qui est nul*) ; considérant que le jugement rendu par le conseil de guerre le (*la date du jugement*) contre *ou* en faveur de (*le nom des condamnés ou des acquittés*), (*motiver ici la nullité en citant le fait d'une part, et de l'autre l'article entier de la loi qui a été violée*), annulle (*désigner ici, soit le jugement, soit l'acte nul dans l'instruction ou dans la procédure, et annuller, par suite, tout ce qui s'est ensuivi*), en vertu des articles 16 et 17 de la loi du 18 vendémiaire, ainsi conçus (*relater tout au long les deux articles dont il s'agit*) ; renvoie les accusés devant le second conseil de guerre de la.... division militaire (*si c'est un jugement du premier qui est annulé*), et devant le premier conseil de guerre de la.... division militaire (*si c'est un jugement du second qu'on annule*), et charge le rapporteur de transmettre dans les vingt-quatre heures à ce conseil la présente décision, avec toutes les pièces ; charge également ledit rapporteur d'adresser copie de ladite décision tant à S. Ex. le ministre de la guerre qu'au conseil de guerre qui a rendu le jugement ainsi annullé.

(*Si le jugement a été annullé pour incompétence, alors dans le dispositif du jugement, au lieu de ces mots,* renvoie les accusés, etc., *il faudra mettre ceux qui suivent :* Renvoie les accusés devant la cour criminelle qui en doit connaître, et charge le rapporteur de transmettre dans les vingt-quatre heures, à qui de droit, la présente décision avec toutes les pièces de la procédure ; charge également ledit rapporteur d'adresser copie de ladite décision, tant à S. Ex. le ministre de la guerre qu'au conseil de guerre qui a rendu le jugement ainsi annullé).

Fait, jugé et prononcé sans désemparer, en séance

publique, à (*le nom de la commune*), le (*mettre la date du mois et l'année*); et les juges ont signé tous cinq, avec le greffier, la minute du jugement.

(Ici les juges et le greffier signent.)

SEPTIÈME FORMULE.

Décision du conseil permanent de révision de la (le n°. de la division) *division militaire* (*ou de l'armée.....*), *portant renvoi au conseil d'état de S. M. I. d'une affaire dans laquelle le second jugement est attaqué au fond par les mêmes moyens que le premier déjà annullé* (1).

AU NOM DE L'EMPEREUR ET ROI.

NAPOLÉON, etc.

Le conseil permanent de révision de la (*qualifier la division comme dans le titre*) division, composé, en exécution de la loi du 18 vendémiaire de l'an 6, de MM. (*mettre ici les noms et qualités des membres*), tous cinq nommés par le général (*mettre ici le nom et le grade du général*), et réunissant les conditions exigées par l'article 6 de la même loi; assisté de (*mettre ici le nom du greffier*), greffier nommé par le président, en présence de (*mettre ici la qualité et le nom*

---

(1) Cette formule ne doit être employée que dans la supposition où l'on adopterait l'opinion que j'ai établie au chapitre de la révision des jugemens des conseils de guerre permanens, sur la nécessité de se conformer aux principes généraux relatifs à l'interprétation de la loi.

du procureur impérial), faisant les fonctions de procureur impérial, s'est réuni, sur la convocation du président, dans le lieu ordinaire de ses séances, pour procéder, sur la demande de (*indiquer ici celui qui s'est pourvu en révision*), à la révision du jugement rendu le (*mettre ici la date du jugement*), contre *ou* en faveur de (*mettre le nom des condamnés ou des acquittés*).

Après que la séance a été ouverte, le président a fait apporter et déposer sur le bureau les lois des 13 brumaire, et 4 fructidor de l'an 5, sur l'organisation des conseils de guerre, ainsi que celle du 18 vendémiaire de l'an 6, sur l'organisation des conseils de révision ; il a ensuite ordonné au greffier de lire l'acte de recours en révision. Sur quoi, le conseil, après avoir entendu les défenseurs officieux (*s'ils se présentent*) et le procureur impérial ; considérant que ce recours a été fait dans les délais fixés par la loi, a dit qu'il y avait lieu de statuer.

Le conseil de révision, vu l'article 23 de la loi du 18 vendémiaire an 6, l'avis du conseil d'état du 5 germinal an 11, approuvé le 10 du même mois par S. M. I. et R., et la loi du 16 septembre 1807, dont l'article 2 est ainsi conçu (*relater l'article 2*) ; attendu que le premier jugement rendu dans l'affaire du nommé (*mettre le nom de l'accusé*), a été cassé et annullé pour (*indiquer la cause de l'annullation*), et que le second jugement est attaqué pour le même vice ; attendu que dans l'état actuel de la législation, les référés au corps législatif pour l'interprétation de la loi ne peuvent plus avoir lieu, et que lorsque cette interprétation est nécessaire, elle doit être donnée dans la forme des réglemens d'administration publique.

Le conseil, à la majorité (*ou* à l'unanimité) des voix (*suivant le cas*), ordonne, conformément à l'article 23 de la loi du 18 vendémiaire an 6 et à l'article 2 de la loi du 16 septembre 1807 ci-dessus cités, qu'il en sera référé à Sa Majesté Impériale et Royale en son conseil d'état, et qu'en conséquence les pièces de la procédure et les copies des jugemens et décisions intervenus dans cette affaire, seront envoyées à S. Ex. le ministre de la guerre, et que les choses demeureront en l'état où elles sont jusqu'à ce que l'interprétation de la loi ait été donnée.

Enjoint au rapporteur de mettre à exécution la présente décision dans le délai de vingt-quatre heures.

Fait, clos et prononcé, sans désemparer, en séance publique, à (*le lieu de la séance et de la commune*), le (*la date*); et les membres du conseil ont signé avec le greffier.

(Les juges et le greffier signent ici.)

FORMULES

Rédigées d'après les lois criminelles ordinaires et militaires, pour les actes de procédure qui ne sont pas compris dans les sept formules précédentes.

Plainte.

(*Nota.* Cette forme est suivie lorsque le plaignant ne rédige pas lui-même la plainte, et requiert le capitaine-rapporteur de la rédiger.)

L'AN (*désigner l'année*), le (*le mois et le jour*) à... heures (du matin *ou* du soir), s'est présenté pardevant nous (*les nom, prénoms et qualités du capitaine-rapporteur*), capitaine-rapporteur près le (*désigner le conseil de guerre et la division militaire*), N.... (*les nom et prénoms du plaignant*), lequel nous a requis de rédiger la plainte qu'il vient nous rendre des faits ci-après détaillés, à quoi nous avons procédé d'après les déclarations dudit plaignant, qui nous a dit que (*on rapporte ici avec exactitude les faits qui donnent lieu à la plainte portée contre des militaires, et toutes les circonstances qui doivent servir à caractériser le délit et à faire reconnaître les coupables*).

Tous lesquels faits il a affirmé être tels qu'il les a déclarés, et seront d'ailleurs attestés par les témoins amenés avec lui (*ou* indiqués par lui), savoir (*désigner nominativement ces témoins*) : et il a signé avec nous et notre greffier au bas de chaque page de la présente.

(Le plaignant, le capitaine-rapporteur et le greffier
signent à toutes les pages.)

(*Si la plainte est rédigée par le plaignant et remise
en cet état au capitaine - rapporteur ; celui - ci, après
l'avoir signée à toutes les pages et l'avoir fait signer par
son greffier, met au bas :*)

La présente plainte signée nous a été présentée le
(*la date*) à... heures (*du matin ou du soir*), par ledit
(*le nom du plaignant. Si le plaignant agit en même
tems au nom d'un autre, on ajoute*) : tant en son nom
que comme fondé de la procuration spéciale du nommé
(*les noms et qualités de celui au nom duquel on agit*),
laquelle demeurera annexée à la présente, après avoir
été paraphée par le plaignant, par nous et par notre
greffier.

Lequel a affirmé sur notre réquisition que les faits
sont tels qu'il les a exposés dans ladite plainte; et seront
d'ailleurs attestés par les témoins amenés avec lui (*ou* indiqués par lui) savoir : (*désigner nominativement ces
temoins*) disons en conséquence que sur - le - champ,
il sera pris par nous tous les éclaircissemens relatifs
aux délits dont est question en la présente plainte,
laquelle a été signée à chaque page par le plaignant,
par nous et par notre greffier.

(Le plaignant, le capitaine - rapporteur et le greffier
signent à toutes les pages.)

Si le plaignant produit des pièces de conviction, chacune d'elles est scellée du sceau du conseil de guerre et
paraphée *ne varietur* par le prévenu, lorsqu'elles lui sont
représentées, par le capitaine-rapporteur et par le greffier; si elles ne sont pas susceptibles de recevoir des
caractères d'écriture, on y attache des bandes de papier
sur lesquelles sont appliqués le sceau et les paraphes.

Si le prévenu est amené par le plaignant, le capitaine-rapporteur l'interroge de suite et décerne, s'il y a lieu, un mandat d'arrêt.

Si le plaignant produit des témoins au moment où il comparaît, leurs déclarations doivent être reçues sur-le-champ, sans cédule préalable, et le procès-verbal en est dressé conformément à la loi.

Enfin, si le délit est de telle nature qu'il faille se transporter sur les lieux pour en constater l'existence et en reconnaître les caractères, et que cette opération importante n'ait point encore eu lieu, le capitaine-rapporteur consigne à la suite de la plainte une ordonnance de transport, et dresse ensuite sur les lieux procès-verbal de son transport et des opérations auxquelles il donne lieu.

Nota. Je rappelle ici surabondamment que, sans qu'il soit besoin d'une plainte, tout capitaine-rapporteur qui apprend d'une manière quelconque qu'un délit a été commis par des militaires ou des individus réputés tels, doit se transporter sur les lieux, en dresser procès-verbal et recueillir les pièces de conviction.

Procès-verbal à l'effet de constater un délit.

L'an (*désigner l'année*), le (*date du jour et du mois*), à.... heures (*du matin ou du soir*); en conséquence de la plainte à nous rendue cejourd'hui par (*mettre le nom du plaignant et ses qualités*) , *ou* sur l'avis qui nous a été donné, *ou* sur l'ordre que nous en avons reçu du général commandant la division, *ou* étant instruit par la voix publique qu'il s'était commis à

(*indiquer le lieu et la nature du délit*); nous (*les nom, prénoms et qualités du capitaine-rapporteur*) capitaine-rapporteur près le (1er. *ou* 2e.) conseil de guerre permanent de la... division militaire, nous sommes transporté, assisté de notre greffier, à (*désigner et décrire le lieu où l'on s'est rendu*), à l'effet de constater ledit délit et ses circonstances où étant, nous avons reconnu (*détailler tous les faits et les circonstances que l'on remarque, recueillir les déclarations des personnes présentes qui ont quelque connaissance du délit, et leur faire signer leurs déclarations, ou faire mention de l'impossibilité ou du refus de signer; constater aussi les effractions intérieures et extérieures, s'il y en a ; et s'il s'agit d'un meurtre ou de blessures graves, se faire, au besoin, assister d'un ou de deux hommes de l'art, qui visitent et constatent l'état du mort ou du blessé*).

Desquels examen, visite et déclarations, il résulte qu'il existe (*mentionner l'espèce du délit*) que ce délit est de nature à mériter des peines, et que, conformément aux lois, il doit être poursuivi par les tribunaux militaires, que les nommés (*désigner les noms, prénoms et qualités des prévenus*) sont prévenus d'en être les auteurs; que le premier (*s'il y a lieu*) a été saisi en flagrant délit, que le second (*s'il y a lieu*) est en fuite, pourquoi nous nous sommes déterminé à faire conduire sur-le-champ ledit (*mettre le nom de celui qui a été saisi*), à la maison d'arrêt militaire, et à citer pardevant nous ledit (*désigner celui qui est absent et ceux qui peuvent être prévenus de complicité*), suivant la forme indiquée par la loi. Nous avons en conséquence, et conformément à l'article 11 de la loi du 13 brumaire de l'an 5, délivré un mandat d'arrêt contre le nommé (*désigner le présent*), et avons pareillement décerné un mandat d'amener contre le nommé (*dé-*

signer l'absent ou les absens qui sont prévenus), et
avons de ce que dessus dressé procès-verbal.

    (Le capitaine-rapporteur et son greffier signent ; l'of-
ficier de santé et les autres personnes dont le capitaine-rapporteur aurait jugé convenable de se faire
assister, signent aussi.)

Mandat d'amener.

DE PAR L'EMPEREUR ET ROI.

Nous (*les nom, prénoms et qualités du capitaine-
rapporteur*), capitaine-rapporteur près le (1er. *ou* 2e.)
conseil de guerre permanent de la.... division militaire,
séant à..... faisant, en matière militaire, les fonctious
d'officier de police judiciaire, mandons et ordonnons à
tous exécuteurs de mandemens de justice, d'amener
pardevant nous, en se conformant à la loi, le nommé N..
(*les nom, prénoms et qualité de celui contre lequel est
décerné le mandat*), demeurant à... (*désigner la demeure*), âgé d'environ (*mettre l'âge ou à-peu-près*),
taille de...... cheveux et sourcils, etc. (*indiquer exactement le signalement s'il est connu*), pour être entendu sur les inculpations dont ledit N........ est prévenu.

Requerons tous dépositaires de la force publique de
prêter main-forte en cas de nécessité pour l'exécution
du présent mandat.

Fait à (*date, signature du capitaine-rapporteur et
sceau du conseil de guerre*).

Procès - verbal dressé par le porteur d'un mandat d'amener.

L'AN (*date de l'année, du mois et du jour*), je soussigné (*les nom, prénoms et qualité*), en vertu du mandat d'amener delivré par M. (*les nom, prénoms et qualité du capitaine-rapporteur*), capitaine-rapporteur près le (1er. *ou* 2e.) conseil de guerre permanent de la...... division militaire, signé de lui et duement scellé, me suis transporté au domicile de (*les nom, prénoms et qualité de celui contre lequel le mandat est décerné*), demeurant à (*désigner sa demeure*), auquel parlant à sa personne, j'ai notifié le mandat d'amener dont j'étais porteur, le requérant de me déclarer s'il entend obéir audit mandat, et se rendre pardevant ledit sieur (*nom et prénoms du capitaine-rapporteur*), capitaine-rapporteur, etc.; ledit individu m'a répondu qu'il était prêt à obéir à l'instant.; en conséquence, j'ai conduit ledit.... pardevant le sieur.... capitaine-rapporteur, pour y être entendu et pour être statué à son égard ce qu'il appartiendra; et j'ai de tout ce que dessus dressé le présent procès-verbal. .

(*Si l'inculpé refuse d'obéir, le porteur du mandat doit se conduire ainsi qu'il va être dit*).

Lequel m'a répondu qu'il ne voulait point obéir audit mandat d'amener. Je lui ai vainement représenté que sa résistance injuste ne pouvait le dispenser d'obéir au mandement de la justice, et m'obligeait à user des moyens de force que j'étais autorisé par la loi à employer; ledit...... s'est obstiné à refuser d'obéir au mandat; en conséquence, je l'ai saisi et appréhendé au corps, étant assisté de...... et de...... (gendarmes impériaux *ou* membres d'une force armée quelconque), résidans à...... desquels j'ai requis l'assistance pour que force demeure à justice; et j'ai conduit ledit..... (*les nom et prénoms de l'inculpé*), pardevant...... capitaine-rapporteur.

(Signature du porteur du mandat d'amener.)

Mandat d'arrêt.

DE PAR L'EMPEREUR ET ROI.

NOUS (*les nom, prénoms et qualité du capitaine-rapporteur*), capitaine-rapporteur près le (1er. ou 2e.) conseil de guerre permanent de la.... division militaire, séant à...... faisant, en matière militaire, les fonctions d'officier de police judiciaire, mandons et ordonnons à tous exécuteurs de mandemens de justice, de conduire à la maison d'arrêt militaire de...... (*Si cette prison a un nom particulier, le désigner*), le nommé (*mettre les nom, prénoms et qualité du prévenu*), demeurant à (*le lieu de sa demeure*), prévenu de (*désigner le délit*).

Mandons au gardien de ladite maison d'arrêt de le recevoir, le tout en se conformant à la loi. Requérons tous dépositaires de la force publique, auxquels le présent mandat sera notifié, de prêter main-forte pour son exécution en cas de nécessité.

Fait à (*date, signature du capitaine-rapporteur et sceau du conseil de guerre*).

14*

Cédule pour appeler les témoins.

Nous (*les nom, prénoms et qualité du capitaine-rapporteur*), capitaine-rapporteur près le (1er. *ou* 2e.) conseil de guerre permanent de la......division militaire, seant à...... faisant, en matière militaire, les fonctions d'officier de police judiciaire, mandons et ordonnons à tous huissiers et gendarmes impériaux d'assigner (*mettre ici les noms, prénoms, qualités et demeures des témoins*), témoins indiqués par (*designer par qui ils ont été indiqués lorsqu'il y a eu plainte*), et tous ceux qui pourraient être indiqués par la suite à comparaître en personne pardevant nous (*ou pardevant le* 1er. *ou le* 2e. *conseil de guerre permanent*), (*désigner le lieu où le conseil de guerre tient ses séances, ou celui où le capitaine-rapporteur fait l'instruction*), le (*désigner le jour*), à...... heures (du matin *ou* de l'après-midi), pour faire leurs déclarations sur les faits et circonstances contenus en la plainte rendue par (*désigner l'auteur de la plainte*), ou au procès-verbal dressé par (*désigner l'auteur du procès-verbal et en indiquer la date*).

Fait à (*date, signature du capitaine-rapporteur et sceau du conseil de guerre*).

Assignation en vertu de la cédule ci-dessus.

L'AN (*date de l'année, du mois et du jour*), en vertu de la cédule délivrée par (*rapporter les nom, prénoms et qualité du capitaine-rapporteur*), le (*indi-*

quer la date de la cédule), lequel fait élection de domicile au parquet du conseil de guerre ; j'ai N... (*mettre
ici les noms et prénoms*), gendarme impérial de la brigade de (*désigner la brigade*), assigné N.... (*rappeler
ici les nom , prénoms et qualité du témoin*), demeurant
à... (*désigner sa demeure*), à comparaître le (*désigner
le jour indiqué dans la cédule*), à... heures (du matin
ou de l'après-midi), pardevant le (1er. *ou* 2e.) conseil
de guerre permanent *ou* pardevant (*mettre les nom ,
prénoms et qualité du capitaine-rapporteur*), capitaine-
rapporteur près le (1er. *ou* 2e.) conseil de guerre permanent de la.... division militaire (*désigner ici le lieu
des séances du conseil de guerre* ou *celui où le capitaine-rapporteur fait son instruction*), à l'effet de faire
sa déclaration sur les faits dont est question en la plainte
mentionnée en ladite cédule ; lui déclarant que faute de
comparaître sur la présente assignation , il y sera con-
traint par les voies indiquées par la loi (1).

Et j'ai, audit (*désigner les nom et prénoms du témoin*), laissé copie, tant de la cédule que du présent

---

(1) Il est convenable que la note ci-dessous soit jointe à
l'assignation.

Loi du 11 *prairial an* 4.

ART. 1er. « Les témoins qui ne comparaissent pas..... sans
» avoir justifié..... des causes légitimes qui s'opposent à leur
» comparution, y sont contraints par un mandat d'amener....
» et si après avoir été amenés, ils ne justifient pas des causes
» valables qui les ont empêchés de comparaître, ils sont en
» outre..... conduits dans la maison d'arrêt.

ART. 2. » Dans le cas de l'article précédent et des articles
» 122 et 123 du code des délits et des peines, les témoins non
» comparans sont condamnés, par le tribunal correctionnel, à
» une détention qui ne pourra être moindre de huit jours, ni
» excéder le terme d'un mois. »

acte en parlant à (*désigner si c'est le témoin lui-même ou quelqu'autre personne*).

(Le porteur de la cédule signe l'assignation.) .

Procès-verbal des declarations des témoins.

L'AN (*mettre la date de l'année, du mois, du jour et de l'heure*). pardevant nous (*les nom, prénoms et qualité du capitaine-rapporteur*), capitaine-rapporteur près le (.ᵉʳ. *ou* 2ᵉ.) conseil de guerre permanent de la.... division militaire, séant à (*désigner la ville*), et assisté de notre greffier, conformément à la loi, sont comparus (*mettre les noms des individus*), témoins amenés par (*désigner la personne qui les a amenés*), *ou* appelés en vertu de la cedule délivrée par nous, le (*date de la cédule*). à l'effet de déclarer les faits et circonstances qui sont à leur connaissance au sujet du délit dont est question en la plainte rendue par (*désigner l'auteur de la plainte*). lesquels témoins susnommés ont fait leur déclaration ainsi qu'il suit :

N.... (*le nom du témoin*). demeurant à (*désigner sa demeure*), âgé de (*son âge*), profession de (*sa profession*), après avoir promis de dire la vérité, toute la vérité, rien que la vérité, a dit n'être parent, allié, serviteur ni domestique du plaignant ni du prévenu, et déclare que le (*la date de l'année, du mois, du jour et de l'heure*), il a vu, etc. (*le témoin fait sa déclaration sur les faits et les circonstances qui donnent lieu aux poursuites, et déclare tout ce qu'il sait, soit directement, soit indirectement à cet égard*), et après qu'il lui a été donné lecture de sa déposition par notre greffier, a déclaré n'avoir rien à y ajouter ou retrancher, et a signé avec nous et notre greffier (*ou* a déclaré ne savoir *ou* ne vouloir signer).

Nota. Toutes les déclarations se rédigent ainsi, et sont inscrites à la suite l'une de l'autre, et séparées seulement par les signatures du capitaine-rapporteur, du greffier et du témoin, ou par la mention, qui tient lieu de cette dernière signature.

Ordónnance de prise de corps (1).

DE PAR LA LOI.

Nous (*mettre les prénoms, nom et grade du capi-taine-rapporteur*), capitaine-rapporteur près le (1er. *ou* 2e.) conseil de guerre de la..... division militaire, séant à..... chargé, en cette qualité, de procéder à l'ins-truction du procès contre (*prénoms, nom et grade de l'accusé*), accusé de (*désigner la nature du délit*), absent ;

Vu le procès-verbal de délit, dressé le...... par nous (*si le procès-verbal a été dressé par un autre officier de police judiciaire, on doit le désigner*);

Vu pareillement la plainte qui nous a été portée le (*date de la plainte*), par le sieur (*désigner le plai-gnant*);

Vu aussi notre procès-verbal d'information en date de (*date du procès-verbal des dépositions des té-moins*);

---

(1) Cette ordonnance et les deux suivantes ne s'appliquent qu'aux instructions par contumace.

Attendu qu'il résulte des susdites pièces que le nommé (*rappeler les nom, prénoms et grade de l'accusé*) est accusé de (*spécifier le délit*), qu'il n'a pu être amené devant nous en vertu des ordres par nous donnés le (*dater les mandats d'amen.r et d'arrêt*), et que les poursuites doivent être continuées par contumace.

Ordonnons, en vertu des articles 258 et 262 du Code des délits et des peines, que le nommé (*prénoms, nom, surnoms, âge, pays de naissance, profession, domicile et signalement du prévenu, s'ils sont connus*), sera pris au corps et conduit en la maison d'arrêt militaire de cette ville, sur les registres de laquelle prison il sera écroué et recommandé.

Mandons et ordonnons à tout huissier ou gendarme, le premier requis, de mettre à exécution la présente ordonnance, dont sera donné copie audit.... et qui sera notifiée à la mairie de l'arrondissement du domicile de l'accusé. Mandons à tous dépositaires de la force publique de prêter main-forte en cas de nécessité.

Donné à...... en notre cabinet le......

> (Le capitaine-rapporteur date, signe et appose le sceau du conseil de guerre.)

Ordonnance de perquisition à rendre par le capitaine-rapporteur, dix jours après la notification faite de l'ordonnance de prise de corps au domicile de l'accusé (article 462 du code des délits et des peines du 3 brumaire an 4).

NOUS (*mettre les nom, prénoms et grade du capitaine-rapporteur*), capitaine-rapporteur près le (1er. ou 2e.) conseil de guerre permanent de la...... division militaire, séant à...... et remplissant, en cette qualité, pour les instructions de contumace en matière militaire, les fonctions attribuées par les lois au président de la cour de justice criminelle dans les matières ordinaires.

Vu l'ordonnance de prise de corps rendue par nous le (*mettre la date de l'ordonnance*), contre.... (*nom, prénoms, surnoms, âge, profession et demeure de l'accusé*); accusé de (*désigner l'objet de l'accusation*).

Le procès-verbal dressé le (*la date du procès-verbal*), par (*les nom et prénoms de l'huissier ou gendarme*), huissier ou gendarme; constatant que ledit (*mettre les nom et prénoms de l'accusé*) n'a pu être saisi, et attendu que ledit...... n'a point comparu.

Ordonnons qu'il sera fait perquisition de sa personne, et que chaque citoyen est tenu d'indiquer la demeure actuelle de cet accusé.

Mandons et ordonnons à tout huissier ou gendarme, le premier requis, de mettre à exécution la présente ordonnance, laquelle, avec celle de prise de corps, seront publiées suivant le mode déterminé par l'article 463 du Code des délits et des peines (sur les contumaces), et affichées à la porte du domicile de l'accusé, et autres endroits désignés par la loi.

Donné à...... en notre cabinet le.......

(Le capitaine-rapporteur date, signe et appose
le sceau du conseil de guerre.)

Ordonnance de déchéance à rendre par le capitaine-rapporteur, dix jours après la publication des ordonnances de prise de corps et de perquisition (art. 464 du code des délits et des peines du 3 brumaire an 4).

Nous (*mettre les nom, prénoms et grade du capitaine-rapporteur*), capitaine - rapporteur près le (1ᵉʳ. *ou* 2ᵉ.) conseil de guerre de la...... division militaire, séant à...... et remplissant, en cette qualité, pour les instructions de contumace en matière militaire, les fonctions attribuées par les lois au président de la cour de justice criminelle dans les matières ordinaires ;

Vu l'ordonnance de prise de corps rendue par nous le (*dater cette ordonnance*), contre... (*prénoms, nom, âge, profession et demeure de l'accusé*), accusé de (*désigner l'objet de l'accusation*).

Le procès-verbal dressé le (*mettre la date du procès-verbal*), par (*mettre les nom et prénoms de l'huissier ou du gendarme*), huissier ou gendarme, constatant que ledit (*les nom et prénoms de l'accusé*) n'a pu être saisi.

Notre ordonnance du (*dater cette ordonnance*), portant qu'il sera fait perquisition de la personne dudit (*répéter les nom et prénoms de l'accusé*), et que chaque citoyen est tenu d'indiquer l'endroit où il se trouve.

Le procès-verbal de perquisition faite de la personne dudit.... en date du (*dater le procès-verbal*).

Et le procès-verbal de proclamation et affiche desdites deux ordonnances de prise de corps et de perquisition en date du (*dater le procès-verbal*).

Déclarons, conformément à l'article 464 du Code des délits et des peines, que ledit (*les nom, prénoms et grade de l'accusé*) est rebelle à la loi ; qu'en conséquence il est déchu des titres et des droits de citoyen français ; que ses biens vont être et demeureront séquestrés au profit de l'état pendant tout le tems de sa contumace, que toute action en justice lui est interdite pendant le même tems, et qu'il va être procédé contre lui malgré son absence.

Mandons et ordonnons à tout huissier ou gendarme, le premier requis, de mettre à exécution la présente ordonnance, laquelle sera publiée à son de trompe ou de caisse, notifiée et affichée aux termes de la loi.

Donné à...... en notre cabinet le......

(Le capitaine-rapporteur date, signe et appose le sceau du conseil de guerre.)

Nota. Dix jours après la notification et la publication de cette ordonnance, on peut présenter le procès à l'audience.

———

Plainte en matière de désertion.

A Monsieur le { GÉNÉRAL *ou* COMMANDANT.

LE soussigné (*les nom, prénoms, grade et qualité de l'officier qui porte plainte*), commandant le (*désigner le corps ou le détachement militaire sous ses ordres*), a l'honneur de vous représenter que le nommé (*désigner les nom et prénoms de celui contre qui la plainte est dirigée*), fils de (*mettre les noms et prénoms de ses père et mère*), domiciliés à (*indiquer le lieu du domicile des père et mère*), canton de.......

arrondissement de....... département de....... né le (*désigner l'époque de la naissance de celui contre qui la
plainte est portée*), à (*le lieu de la naissance*), canton
de...... arrondissement de...... département de...... taille
de (*mettre la taille et le signalement exact; désigner
aussi quel est le grade de l'individu*). de la (1ere. 2e. etc.)
compagnie du (1er., 2e. etc.) bataillon ou escadron
du (*le n°. du régiment*) régiment, entré au ser-
vice le (*indiquer l'époque de l'entrée au service*);
inscrit 1°. sur le contrôle du corps sous le n°. (*désigner
le numéro*); 2°. sur le tableau général de la conscription du département sous le n°. (*désigner le numéro*);
3°. sur la liste formée en exécution de l'article 12 du
décret du 8 fructidor an 13, sous le n°. (*désigner le
numéro*);

Se trouve en état de désertion, conformément à la
loi, pour avoir abandonné son poste ou pour n'avoir
pas rejoint les drapeaux (*indiquer à quelle époque son
absence a été remarquée, quand il a manqué aux ap-
pels ou aux ordres de service; déclarer si le déserteur
est prévenu d'avoir déserté à l'ennemi, ou étant en faction, ou étant d'un service quelconque, s'il a déserté
avec plusieurs individus, et s'il est chef de complot,
s'il a emporté ses armes ou celles de ses camarades,
s'il a déserté à l'étranger, et si l'on croit qu'il y ait pris
ou non du service, s'il a déserté à l'intérieur en emportant des vêtemens ou effets appartenans à ses camarades ou fournis par l'état ou par le corps, s'il a déserté
plus d'une fois, s'il a déserté des travaux publics, s'il
a déserté de l'armée, d'une place de première ligne ou
en escaladant les remparts, etc. faire mention enfin de
toutes les circonstances connues ou présumées qui caractérisent la désertion*).

Les témoins de la désertion sont les sieurs (*désigner
avec exactitude les témoins*).

Desquels faits et circonstances le soussigné vous porte plainte; requiert qu'il en soit informé, afin que ledit (*mettre les nom et prénoms du déserteur*) soit ensuite jugé conformément à l'arrêté du gouvernement du 19 vendémiaire an 12; et demande en outre qu'il lui soit par vous donné récépissé de la présente plainte, afin de l'annexer, ainsi qu'il est prescrit par l'article 23 du titre 3 de l'arrêté précité, au registre des délibérations du conseil d'administration du corps, sur lequel registre ladite plainte sera inscrite en entier dans les vingt-quatre heures.

Fait à (*le chef, qui porte la plainte, date et signe*).

Not.1. Le général ou commandant donne récépissé de la plainte; ce récépissé est annexé au registre du conseil d'administration du déserteur, sur lequel la plainte doit être inscrite en entier.

Si le général ou commandant autorise les poursuites, il le fait en mettant au bas : *soit informé, ainsi qu'il est requis.* S'il refuse, il met : *il n'y a point lieu à informer.* Il signe dans tous les cas.

———————

Jugement rendu par un conseil de guerre spécial, portant condamnation d'un déserteur.

AU NOM DE L'EMPEREUR ET ROI.

NAPOLÉON par la grâce de Dieu, etc.

Cejourd'hui (*mettre la date du mois et de l'année*);

Le conseil de guerre spécial, créé en vertu de l'arrêté du gouvernement du 19 vendémiaire an 12, composé, conformément à cet arrêté, de MM. (*mettre les noms et les grades des sept membres du conseil*), M. (*le nom et le grade du rapporteur*) faisant les fonctions de rapporteur et de procureur impérial, tous nommés par M. (*mettre le nom et la qualité du commandant d'armes, ou du lieu, ou du général de brigade qui a fait la convocation*); assisté du sieur (*le nom du greffier*), greffier nommé par le rapporteur, lesquels, aux termes des lois, ne sont parens ou alliés ni entr'eux, ni du prévenu au degré prohibé par les Constitutions de l'Empire.

Le conseil convoqué par l'ordre de M. (*désigner l'officier qui a fait la convocation*) s'est réuni (*indiquer, suivant qu'il y a lieu, que la réunion s'est faite chez le commandant d'armes de la place, ou à l'hotel de la mairie, ou sous une tente dressée à cet effet*), à l'effet de juger (*mettre ici les nom et prénoms de l'accusé, le lieu de sa naissance, son domicile au moment où il est entré au service, son âge, son grade, son signalement, le corps dont il fait partie, ou la date de sa condamnation comme* réfractaire, *et le dépôt de conscrits où il était placé, et le jour de sa désertion*), accusé de désertion (*désigner les circonstances aggravantes, si la plainte en fait mention*) (1).

La séance ayant été ouverte, le président a fait apporter par le greffier et déposer devant lui sur le bureau, un exemplaire de l'arrêté du gouvernement du 19 vendémiaire an 12, et a demandé ensuite, etc. (*suivre la formule des jugemens des conseils de guerre ordinaires*).

Ouï le rapporteur dans son rapport et ses conclusions tendantes à ce que l'accusé soit déclaré coupable et condamné en conséquence à (*désigner la peine requise conformément à l'arrêté*) et à l'amende de 1500 francs, conformément à la loi du 17 ventôse an 8 et à l'art. 56

____

(1) Si l'accusé est contumax, on en fera mention expresse, ainsi que des formalités remplies à cette occasion.

de l'arrêté du 19 vendémiaire an 12 ; et l'accusé, son, ou ses défenseurs, dans leurs moyens de défense, etc. (*suivre la formule ordinaire*).

Le conseil délibérant à huis clos, le président a posé les questions ainsi qu'il suit :

Le nommé (*mettre les nom et prénoms de l'accusé*), qualifié ci-dessus, accusé de désertion, est-il coupable (1) ?

Les voix recueillies, en commençant par le grade inférieur, le président ayant émis son opinion le dernier, le conseil de guerre spécial déclare à l'unanimité ou à la majorité de *quatre*, de *cinq* ou de *six* voix sur sept, que (*les nom et prénoms de l'accusé*) est coupable.

Les voix recueillies de nouveau, pour l'application de la peine, par le président, dans la forme indiquée ci-dessus,

Le conseil de guerre spécial, faisant droit aux réquisitions du rapporteur, condamne (à l'unanimité *ou* à la majorité de quatre, cinq ou six voix sur sept) le nommé (*répéter les nom, prénoms, grade, domicile, signalement, etc. de l'accusé*) à la peine de (*mettre la peine*) et à l'amende de 1500 francs, conformément aux articles (*désigner les articles de l'arrêté du 19 vendémiaire an 12 et celui de la loi du 17 ventôse an 8*), ainsi conçus : (*relater ces articles tout au long*).

(*Quand le jugement devra être imprimé, on mettra ce qui suit.*)

Ordonne, en outre, l'impression, l'affiche et la distribution du présent jugement, au nombre de..... exemplaires ; condamne ledit (*le nom du condamné*) aux

---

(1) S'il y a des circonstances aggravantes, il faudra poser, pour chacune, la question de culpabilité ; il faudra aussi poser cette question pour chacun des accusés, s'il y en a plusieurs.

frais de la procédure et du présent jugement, montant ensemble à la somme de..... (*exprimer la solidarité, s'il y a plusieurs condamnés*), et ce conformément à la loi du 18 germinal an 7, dont les articles 1, 2 et 3 sont ainsi conçus : (*les relater en entier*).

Enjoint au rapporteur de lire de suite le présent jugement au condamné, en présence de la garde assemblée sous les armes, et de le faire exécuter, dans tout son contenu, dans les vingt-quatre heures.

Ordonne que le présent jugement sera transcrit, en son entier, sur les registres du corps auquel appartient le condamné, et transmis, dans les délais fixés par l'article 57 de l'arrêté du 19 vendémiaire, à LL. Ex. le ministre de la guerre et le ministre directeur général de la conscription militaire et des revues.

Fait, clos et jugé, sans désemparer, en séance publique à (*désigner la ville ou le lieu, et suivre la formule ordinaire*).

Jugement d'un conseil de guerre spécial portant acquittement d'un prévenu de désertion.

Même formule que ci-dessus, sauf qu'après avoir relaté l'audition du rapporteur, on doit indiquer si les conclusions tendent à l'absolution, et qu'après la position des questions, on doit mettre :

Le conseil spécial déclare à l'unanimité *ou* à la majorité, que l'accusé n'est pas coupable ; (*et ajouter :*) et ordonne en conséquence qu'il sera de suite remis en liberté et renvoyé à son corps. (*Le reste comme ci-dessus.*)

(*Si l'accusé de désertion, acquitté pour ce fait, était prévenu d'un autre délit, on ajouterait :*)

Et attendu que le nommé (*les nom, prénoms, etc.*) est prévenu de (*désigner le délit*), et que ce délit est de la compétence de (*désigner les tribunaux ordinaires ou le conseil de guerre permanent, ou une commission militaire, suivant qu'il y a lieu*), ordonne qu'il sera remis à la disposition du (*désigner le général commandant la division, si le délit est militaire, ou le procureur général en la cour de justice criminelle, si le délit est de la compétence des tribunaux ordinaires.*)

Jugement d'un conseil de guerre spécial, portant renvoi devant un autre tribunal, d'un accusé de désertion, prévenu en même tems d'un délit plus grave.

Même formule que dans le premier cas, et après l'interrogatoire de l'accusé, mettre ce qui suit :

Et attendu qu'il résulte de la plainte et du procès-verbal d'information (*ou de toute autre circonstance*) que le nommé (*ses noms, prénoms et grade*), accusé de désertion, est en même tems prévenu de (*désigner le crime*), et que ce délit est de nature à emporter une peine plus grave que la désertion.

Ouï le rapporteur, etc. (*comme ci-dessus*).

Le conseil spécial délibérant à huis clos, les voix recueillies, en commençant par le grade inférieur, et le président ayant émis son opinion le dernier,

Ordonne que sans qu'il soit, quant à présent, statué sur le crime de désertion imputé à l'accusé, le nommé (*ses nom, etc.*) sera renvoyé avec la procédure et les pièces du procès pardevant le tribunal compétent, pour

être par lui statué sur le crime de..... dont il est en
même tems prévenu, sauf, en cas d'acquittement sur ce
fait, à être traduit de nouveau devant le conseil de
guerre spécial, à l'effet d'y être jugé comme déserteur,
et ce conformément à l'article 34 de l'arrêté du 19 vendémiaire an 12, ainsi conçu : (*relater en entier l'article 34*).

Ordonne que le présent jugement sera exécuté à la
diligence du rapporteur.

Fait, clos et jugé sans désemparer, etc. (*comme ci-
dessus*).

<div style="text-align:center">~~~~~~</div>

*Jugement d'une commission militaire spéciale, portant
condamnation d'un embaucheur ou d'un espion.*

AU NOM DE L'EMPEREUR ET ROI.

NAPOLÉON, etc.

Cejourd'hui (*la date du mois et de l'année*);

La commission militaire spéciale créée en exécution
du décret impérial du 17 messidor de l'an 12,
composée, conformément à ce décret, de MM. (*les
noms et les grades des sept membres de la commission*),
M. (*le nom et le grade du rapporteur*), juge faisant
fonctions de rapporteur, tous nommés par M. le général
de division (*mettre le nom du général et ses titres*),
commandant la..... division militaire ; assisté du sieur
(*le nom du greffier et sa qualité*), greffier nommé par
le rapporteur.

Lesquels, aux termes des lois, ne sont parens ou
alliés, etc. (*comme ci-dessus*).

La commission militaire spéciale, convoquée par

l'ordre du commandant, s'est réunie dans (*désigner le lieu où elle siége*), à l'effet de juger (*les nom, prénoms, etc. de l'accusé*), accusé de (*espionnage ou embauchage* ; *ce sont les deux seuls délits de la compétence de ces commissions militaires spéciales*).

La séance, etc. le président a fait apporter par le greffier et déposer devant lui sur le bureau un exemplaire de la loi du 13 brumaire an 5, et un autre du décret impérial du 17 messidor an 12, et a demandé, etc. (*suivre la formule ordinaire*).

Ouï le rapporteur, etc. l'accusé a été reconduit par son escorte à la prison ; le greffier et les citoyens assistant dans l'auditoire, se sont retirés sur l'invitation du président.

La commission militaire délibérant à huis clos, le président a posé les questions ainsi qu'il suit :

Le nommé, etc. qualifié ci-dessus, accusé d'espionnage (*ou* d'embauchage), est-il coupable ?

Les voix recueillies, etc.

La commission militaire déclare à la majorité de cinq ou de six voix sur sept, ou à l'unanimité que l'accusé est coupable ; les voix recueillies de nouveau par le président sur l'application de la peine dans la forme indiquée ci-dessus,

La commission militaire condamne à l'unanimité ou à la majorité de cinq ou de six voix sur sept, le nommé (*ses noms, etc.*) à la peine de (*désigner la peine*), conformément à l'article (*désigner l'article*), ainsi conçu : (*relater l'article en entier*).

(*Lorsque le jugement doit être imprimé, on met ce qui suit.*)

Ordonne, en outre, l'impression, l'affiche et la distribution du présent jugement, au nombre de..... exemplaires ; condamne ledit (*le nom du condamné*) aux

frais de la procédure et du présent jugement, conformément aux articles 1, 2 et 3 de la loi du 18 germinal
an 7, ainsi conçus : (*les relater en entier*).

Enjoint au rapporteur de lire de suite le présent
jugement au condamné, en présence de la garde assemblée sous les armes, et au surplus de le faire exécuter,
dans tout son contenu, dans les vingt-quatre heures.

Ordonne qu'il en sera envoyé, à la diligence du rapporteur, une expédition tant à S. Ex. le ministre de la
guerre qu'à M. le général de division.

Fait, clos, etc.

Nota. Si le jugement acquitte l'accusé, on suit la
même formule, sauf les changemens précédemment
indiqués.

OBSERVATIONS *sur cette dernière formule.*

Les commissions militaires, créées en exécution de l'arrêté du 19 vendémiaire an 12, pour prononcer sur les
délits graves commis par les déserteurs condamnés au boulet ou aux travaux publics et réunis dans les atteliers,
doivent suivre la même forme de procéder et de juger que
les autres commissions militaires ; le président, au lieu de
faire apporter devant lui, sur le bureau, la loi du 13 brumaire an 5 et le décret du 17 messidor an 12, fait apporter l'arrêté du 19 vendémiaire an 12, qui institue cette
espèce de commission.

Les commissions militaires placées à la suite des corps
d'éclaireurs et celles que S. M. I. établit en pays ennemi,
pour remplacer momentanément les conseils de guerre
permanens, se conforment aux mêmes règles.

TABLE CHRONOLOGIQUE

DES LOIS,

DÉCRETS ET ARRÊTÉS

Rendus en matière criminelle militaire ou ordi-naire, qui sont cités dans la première partie, et dont la connaissance est utile aux membres des tribunaux militaires.

ANNÉE 1790.

29 *Octobre.* — Loi qui fixe la compétence des tribu-naux militaires, leur organisation et la manière de procéder devant eux.

29 *Octobre.* — Loi concernant la discipline militaire.

1er *Décemb.* — Loi pour la formation d'un tribunal de cassation.

ANNÉE 1791.

22 *Juillet.* — Loi relative à l'organisation de la police municipale et de la police correctionnelle.

6 *Octobre.* — Loi contenant le Code pénal ordinaire.

19 *Octobre.* — Loi contenant le Code militaire.

ANNÉE 1792.

16 *Mai.* — Loi relative à la tenue des cours martiales et à la forme des jugemens militaires en cam-pagne.

Année 1793.

30 *Avril.*— Loi pour congédier des armées les femmes inutiles.

12 *Mai.* — Loi sur l'organisation des tribunaux criminels militaires.

12 *Mai.* — Loi contenant le Code pénal militaire pour toutes les troupes de la république en tems de guerre.

An 2.

3 *Pluviôse.* — Loi sur l'organisation de la justice militaire.

14 *Germinal.*— Loi qui prescrit la manière de procéder, à l'égard des faux témoins, devant les tribunaux criminels militaires.

18 *Prairial.* — Décret *relatif aux dépositions des militaires cités comme témoins devant les tribunaux.*

La convention nationale, après avoir entendu le rapport de son comité de législation, sur les inconvéniens qui résultent des déplacemens multipliés et fréquens des militaires assignés pour déposer, comme témoins, devant les tribunaux, décrète :

Art. 1er. Les militaires et les citoyens attachés aux armées ou employés à leur suite, dont le témoignage sera requis dans les affaires criminelles ou de police correctionnelle, qui s'instruiront soit devant un tribunal militaire de leur arrondissement, soit devant un tribunal ordinaire siégeant dans la place où ils seront en garnison, seront entendus, et donneront leurs déclarations de la même manière que les autres personnes citées en justice pour déposer.

2. Lorsque le témoignage de militaires, ou de citoyens attachés aux armées ou employés à leur suite, sera requis dans des affaires criminelles ou de police correctionnelle, portées soit devant un autre tribunal militaire que celui de leur arrondissement, soit devant un autre tribunal ordinaire que celui de leur garnison, il sera procédé ainsi qu'il suit :

3. L'officier de police civil ou militaire, le directeur du juré, l'accusateur public ou militaire, qui jugera nécessaire de faire entendre des témoins de la qualité énoncée en l'article précédent, rédigera et communiquera au prévenu ou accusé la série des questions auxquelles il croira qu'il doit répondre; il tiendra note des observations du prévenu ou accusé, les lui fera signer, ou fera mention de la cause pour laquelle il n'aura pas signé, et adressera le tout à l'accusateur militaire de l'armée où ils seront employés, ou s'il l'ignore, à la commission de l'organisation et du mouvement des armées de terre (1), qui en fera l'envoi, dans les trois jours, à l'accusateur militaire dont il vient d'être parlé.

4. La même forme sera observée à l'égard des témoins de la qualité énoncée en l'article 2, que le prévenu ou accusé voudrait faire entendre pour sa justification, sauf qu'en ce cas, le prévenu ou accusé pourra rédiger lui-même sa série de questions.

---

(1) Aujourd'hui au ministre de la guerre.

5. L'accusateur militaire à qui auront été adressées les questions et observations mentionnées dans les deux articles précédens, les fera de suite passer à l'officier de police de sûreté militaire le plus à portée des témoins à entendre, et il veillera à ce que cet officier reçoive, sans délai et par écrit, leurs déclarations sur chacune des questions qui lui auront été transmises, et à ce qu'il les fasse parvenir, sans le moindre retard, à l'officier de police, directeur du juré, ou accusateur public militaire, qui aura envoyé les questions et observations ci-dessus.

6. Immédiatement après avoir reçu ces déclarations, l'officier de police, directeur du juré, ou accusateur public ou militaire, les communiquera au prévenu ou accusé.

7. Il tiendra note des observations que le prévenu ou accusé fera sur ses déclarations, et les lui fera signer, ou fera mention de la cause pour laquelle il ne les aura point signées.

8. Le prévenu ou accusé pourra, en conséquence de ces observations, requérir l'officier de police, directeur du juré, ou accusateur public ou militaire, de faire interroger une seconde fois les témoins qui auront donné ces déclarations.

L'officier de police, directeur du juré, ou accusateur public ou militaire, pourra également d'office les faire interroger une seconde fois.

Dans l'un et l'autre cas, les règles prescrites par les articles 3, 4 et 5, pour la première audition, seront observées pour la seconde.

9. Pour l'exécution des articles précédens, les tribunaux criminels sont autorisés, nonobstant les articles 21 et 22 du titre 6 de la seconde

partie de la loi du 16 septembre 1791, à prononcer tous les délais nécessaires, soit sur la demande des accusés, soit sur les réquisitions des accusateurs publics.

10. Les déclarations données par écrit de la manière qui vient d'être déterminée, seront considérées comme dépositions orales,

Par les officiers de police;

Par les tribunaux de police correctionnelle;

Par les directeurs du juré;

Par les jurés d'accusation.

11. Dans les affaires portées devant les jurés de jugement, ces déclarations et ces observations faites par l'accusé, en conséquence des articles 3 et 7, seront lues publiquement lors du débat.

12. Après le débat et la position des questions auxquelles il donnera lieu, le président demandera aux jurés de jugement s'ils sont en état de prononcer sans entendre oralement les témoins, soit militaires, soit attachés aux armées ou employés à leur suite, dont les déclarations auront été lues.

13. Les jurés se retireront dans leur chambre et décideront d'abord cette dernière question à la pluralité absolue des voix.

14. S'ils la décident pour l'affirmative, ils passeront de suite à l'examen des questions du fond, telles qu'elles auront été posées par le président.

15. S'ils la décident pour la négative, ils rentreront sur-le-champ dans l'auditoire, et annonceront, dans la forme ordinaire, le résult t de leur délibération.

16. Dans ce cas, s'il s'agit d'un délit contre-révolutionnaire, le tribunal ordonnera que les témoins, soit militaires, soit attachés aux armées ou employés à leur suite, seront assignés à comparaître en personne, et que le débat sera entièrement recommencé devant les mêmes jurés et à jour fixe.

Il ne pourra néanmoins faire citer les généraux en chef ou de division qu'après y avoir été autorisé par le comité de salut public (1).

17. S'il s'agit d'un délit ordinaire, le tribunal déclarera qu'il est sursis à prononcer sur l'acte d'accusation, jusqu'à ce que les témoins, dont l'audition orale aura été jugée nécessaire, cessent d'être employés activement à l'armée, ou jusqu'à ce que le comité de salut public (2) ait déclaré qu'ils peuvent être assignés à comparaître en personne.

18. Les dispositions ci-dessus seront observées, même dans les procès commencés avant la publication de la présente loi.

19. La présente loi ne sera adressée qu'aux tribunaux : son insertion au bulletin tiendra lieu de publication.

Visé par l'inspecteur.

Collationné à l'original par nous président et secrétaires de la convention nationale, à Paris, le 19 prairial an 2 de la république française.

Signé etc.

---

(1) Il faut demander aujourd'hui l'autorisation de S. M. I.

(2) *Ibid.*

An 3.

25 *Brumaire.*— LOI concernant les émigrés (1).

30 *Prairial.* — LOI qui ordonne la distribution des secours promis aux habitans des départemens pacifiés, et détermine les peines à infliger à tous les individus qui, après avoir prêté serment à la république, auraient conspiré contre elle.

2e. *Jour compl.*—LOI qui établit. un nouveau mode pour le jugement des délits militaires.

An 4.

1er. *Vendém.*—LOI portant que les rebelles, ceux connus sous le nom de *chouans*, etc. dont le jugement était attribué aux tribunaux militaires, seront jugés par les conseils militaires établis par la loi du deuxième jour complémentaire de l'an 3.

23 *Vendém.* — LOI sur les récusations des juges.

3 *Brumaire.*—LOI contenant le Code ordinaire des délits et des peines.

4 *Nivôse.* — LOI qui détermine les peines à infliger aux embaucheurs et aux provocateurs à la désertion.

25 *Ventôse.* — LOI qui ordonne la remise, dans des dépôts, de tous les titres, papiers et registres provenant des tribunaux extraordinaires révolutionnaires et des conseils militaires.

17 *Germinal.*—LOI qui détermine les formalités à observer avant l'exécution des jugemens militaires.

---

(1) Cette loi n'est citée qu'à l'occasion des commissions militaires, dont le titre 5 ordonnait la formation.

An 4.

11 *Prairial.* — Loi portant des peines contre les témoins qui ne comparaissent pas sur les citations à eux données.

22 *Prairial.* — Loi *portant des peines contre la tentative du crime.*

Le conseil des anciens, adoptant les motifs de la déclaration d'urgence qui précède la résolution ci-après, approuve l'acte d'urgence.

Suit la teneur de la déclaration d'urgence et de la résolution du 15 prairial :

Le conseil des cinq-cents, considérant que le code pénal ne prononce aucune peine contre les tentatives du vol, de l'incendie et des autres crimes, à l'exception de l'assassinat et de l'empoisonnement ;

Considérant que l'impunité enhardit et multiplie les coupables,

Déclare qu'il y a urgence.

Le conseil des cinq-cents, après avoir déclaré l'urgence, résout :

Art. 1er. Toute tentative de crime, manifestée par des actes extérieurs et suivie d'un commencement d'exécution, sera punie comme le crime même, si elle n'a été suspendue que par des circonstances fortuites, indépendantes de la volonté du prévenu.

2. La présente résolution sera imprimée.

Signé etc.

Après une seconde lecture , le conseil des anciens approuve la résolution ci-dessus. Le 22 prairial an 4 de la république française.

Signé etc.

AN 4.

22 *Messidor.* — LOI *qui fixe la compétence des conseils militaires (lorsque parmi les co-prévenus, il y a des individus non militaires).*

LE conseil des anciens, adoptant les motifs de la déclaration d'urgence qui précède la résolution ci-après, approuve l'acte d'urgence.

Suit la teneur de la déclaration d'urgence et de la résolution du 11 messidor :

Le conseil des cinq-cents, considérant qu'il importe de déterminer, sans délai, la compétence des conseils militaires d'après les principes des articles 204 et 290 de l'acte constitutionnel,

Déclare qu'il y a urgence.

Le conseil des cinq-cents , après avoir déclaré l'urgence, prend la résolution suivante :

ART. 1er. Nul délit n'est militaire, s'il n'a été commis par un individu qui fait partie de l'armée : tout autre individu ne peut jamais être traduit comme prévenu devant les juges délégués par la loi militaire.

2. Si parmi deux ou plusieurs prévenus du même délit, il y a un ou plusieurs militaires, et un ou plusieurs individus non militaires, la connaissance en appartient aux juges ordinaires.

3. Dans les cas prévus par la présente résolution, les procédures déjà commencées pardevant les tribunaux militaires, seront, ainsi que les prévenus, renvoyées devant les juges ordinaires.

4. La présente résolution sera imprimée.

Signé etc.

Après une seconde lecture, le conseil des anciens approuve la résolution ci-dessus. Le 22 messidor an 4 de la république française.

Signé etc.

AN 4.

20 *Thermidor.* — Loi qui détermine la manière dont seront reçues les dépositions des membres du corps législatif, etc. cités en témoignage devant des tribunaux autres que ceux séant dans la commune où ils exercent leurs fonctions.

18 *Fructidor.* — Loi qui détermine les cas dans lesquels il y a lieu à la révision des jugemens militaires.

21 *Fructidor.* — Loi portant que le recours en cassation contre le jugement des commissions militaires, est admissible pour cause d'incompétence.

27 *Fructidor.* — Loi portant que les prévenus de délits militaires ont le droit de se choisir dés défenseurs dans le lieu où s'instruit la procédure.

An 5.

13 *Brumaire*. — Loi *qui règle la manière de procéder au jugement des délits militaires* (1)

Le conseil des anciens, considérant que les lois actuellement existantes ont été reconnues insuffisantes pour détruire les germes d'insubordination et d'indiscipline, et que les délais prescrits par la constitution pour les cas ordinaires, pourraient compromettre le salut et la gloire de l'Etat, approuve l'acte d'urgence.

Suit la teneur de la déclaration d'urgence et de la résolution du 9 brumaire :

Le conseil des cinq-cents, considérant qu'il importe à l'honneur et à la gloire des armées de la république de mettre un frein aux délits qui s'y commettent, et de leur conserver, dans toute sa pureté, cette réputation de bravoure qui les distingue;

Considérant que c'est contre le vœu et les intentions de la nation française, que plusieurs de ses défenseurs oublient la protection qu'ils

---

(1) Les lois des 13 et 21 brumaire an 5 étant les lois fondamentales de la législation militaire, je les ai transcrites ici en entier pour l'usage des conseils de guerre permanens, comme j'ai inséré aussi dans cette table celles des 18 vendémiaire, 15 brumaire et 27 fructidor de l'an 6, relatives aux conseils de révision, et l'arrêté du 19 vendémiaire an 12, ainsi que le décret du 17 messidor même année, pour faciliter les opérations des conseils de guerre spéciaux et des commissions militaires.

doivent aux habitans et aux propriétés de tous les pays ;

Considérant enfin l'insuffisance des lois militaires existantes pour rappeler l'ordre et la discipline dans les armées,

Déclare qu'il y a urgence.

Le conseil des cinq-cents, après avoir déclaré l'urgence, prend la résolution suivante :

ART. 1er. Il sera établi, pour toutes les troupes de la république, et jusqu'à la paix, un conseil de guerre permanent dans chaque division d'armée et dans chaque division de troupes employées dans l'intérieur, pour connaître et juger de tous les délits militaires.

2. Chaque conseil de guerre sera composé de sept membres ; savoir :

D'un chef de brigade, lequel remplira toujours les fonctions de président ;

D'un chef de bataillon ou chef d'escadron ;

De deux capitaines ;

D'un lieutenant ;

D'un sous-lieutenant et d'un sous-officier.

Un capitaine fera les fonctions de rapporteur.

Le greffier sera toujours au choix du rapporteur.

3. Il y aura toujours près le conseil de guerre, un capitaine faisant les fonctions de commissaire du pouvoir exécutif, tant pour l'observation des formes que pour l'application et l'exécution de la loi.

4. Les membres du conseil de guerre, le rapporteur, et le capitaine chargé des fonctions de commissaire du pouvoir exécutif, seront nommés par le commandant en chef de la division :

en cas d'empêchement légitime de quelqu'un de ses membres, il sera pourvu à son remplacement par le commandant.

5. Le commandant en chef de chaque division est autorisé à changer tout ou partie des membres du conseil de guerre, lorsqu'il le croira nécessaire pour le bien du service : ce changement ne pourra néanmoins avoir lieu pour le jugement d'un délit à raison duquel le prévenu sera arrêté, ou l'information commencée.

6. A moins de maladie bien constatée, aucun officier ou sous-officier nommé membre du conseil de guerre, ne pourra refuser sa nomination, sous peine d'être destitué et puni de trois mois de prison ; le conseil de guerre sera compétent pour prononcer cette peine, dont l'application se fera sur l'ordre par écrit du président, qui sera tenu d'en rendre compte au ministre de la guerre.

7. Les parens et alliés au degré prohibé par la constitution, ne peuvent être membres du même conseil de guerre.

8. Aucun parent du prévenu au degré prohibé par la constitution, ne siégera comme juge au conseil de guerre ; dans ce cas, il sera momentanément pourvu à son remplacement.

9. Nul ne sera traduit au conseil de guerre, que les militaires, les individus attachés à l'armée et à sa suite, les embaucheurs, les espions, et les habitans du pays ennemi occupé par les armées de la république, pour les délits dont la connaissance est attribuée au conseil de guerre.

10. Sont seuls réputés attachés à l'armée et à sa suite, et, comme tels, justiciables du conseil de guerre,

1.   16

1°. Les voituriers, charretiers, muletiers et conducteurs de charrois, employés au transport de l'artillerie, bagages, vivres et fourrages de l'armée, dans les marches, camps, cantonnemens, et pour l'approvisionnement des places en état de siége ;

2°. Les ouvriers suivant l'armée ;

3°. Les gardes-magasins d'artillerie, ceux des vivres et fourrages pour les distributions, soit au camp, soit dans les cantonnemens, soit dans les places en état de siége ;

4°. Tous les préposés aux administrations pour le service des troupes ;

5°. Les secrétaires-commis et écrivains des administrateurs, et ceux des états-majors ;

6°. Les agens de la trésorerie près les armées ;

7°. Les commissaires des guerres ;

8°. Les individus chargés de l'établissement et de la levée des réquisitions pour le service ou approvisionnement des armées, et ceux préposés à la répartition et perception des contributions militaires ;

9°. Les médecins, chirurgiens et infirmiers des hôpitaux militaires et ambulances; les aides ou élèves des chirurgiens desdits hôpitaux et ambulances ;

10°. Les vivandiers, les munitionnaires et les boulangers de l'armée ;

11°. Les domestiques au service des officiers et des employés à la suite de l'armée.

11. Tout justiciable du conseil de guerre, prévenu d'un délit militaire, sera mis aussitôt en état d'arrestation, sous la garde d'une force suffisante, qui en répondra.

12. L'officier supérieur commandant sur le lieu, qui, par voie de plainte, notoriété publique ou autrement, aura connaissance certaine d'un délit commis par un militaire ou autre justiciable du conseil de guerre, ordonnera sur-le-champ au capitaine faisant les fonctions de rapporteur, de recevoir la plainte, s'il en est fait une, de faire sur-le-champ l'information, d'entendre les témoins, d'interroger le prévenu, et de lui rendre compte. A défaut de plainte, il sera également procédé à l'information.

13. Après avoir reçu la plainte, le rapporteur recevra la déposition des témoins; s'il y a des preuves matérielles du délit, il les constatera. Les témoins signeront leurs déclarations; s'ils ne savent signer, il en sera fait mention.

Dans le cas où les témoins refuseraient de déposer, ou de signer leur déposition, il sera passé outre à l'interrogatoire du prévenu.

14. Pour l'information, comme pour le reste de la procédure jusqu'au jugement définitif, le rapporteur se fera aider du greffier.

15. Après avoir constaté le corps et les circonstances du délit, et reçu la déposition des témoins, il interrogera le prévenu sur ses nom, prénoms, âge, lieu de naissance, profession et domicile, et sur les circonstances du délit; s'il y a des preuves matérielles du délit, elles seront représentées au prévenu, pour qu'il ait à déclarer s'il les reconnaît.

16. S'il y a plusieurs prévenus du même délit, chacun d'eux sera interrogé séparément.

17. L'interrogatoire fini, il en sera donné lecture au prévenu, afin qu'il déclare si ses réponses ont été fidèlement transcrites, si elles

contiennent vérité, et s'il y persiste, auquel cas il signera ; s'il ne peut ou ne veut signer, il en sera fait mention, et l'interrogatoire sera clos par la signature du rapporteur et celle du greffier. Il sera pareillement donné lecture, au prévenu, du procès-verbal d'information.

18. Les interrogatoires et réponses des prévenus du même délit, seront inscrits de suite sur un seul et même procès-verbal, et séparés seulement par leurs signatures et celles du rapporteur et du greffier.

19. Après avoir clos l'interrogatoire, le rapporteur dira au prévenu, de faire choix d'un ami pour défenseur.

Le prévenu aura la faculté de choisir ce défenseur dans toutes les classes des citoyens présens sur les lieux ; s'il déclare qu'il ne peut faire ce choix, le rapporteur le fera pour lui.

20. Dans aucun cas, le défenseur ne pourra retarder la convocation du conseil de guerre.

21. Il sera donné au défenseur communication du procès-verbal d'information, de l'interrogatoire subi par le prévenu, et de toutes les pièces tant à charge qu'à décharge envers ledit prévenu.

22. Le rapporteur rendra compte aussitôt, à l'officier-commandant, de l'état de la procédure; et sur-le-champ ledit officier-commandant convoquera le conseil de guerre, qui se tiendra toujours au lieu indiqué par le président.

23. Le conseil de guerre, une fois assemblé, ne pourra désemparer avant que les prévenus, pour lesquels il aura été convoqué, ne soient définitivement jugés.

24. Les séances du conseil de guerre seront publiques; mais le nombre des spectateurs ne pourra excéder le triple de celui des juges : ils ne pourront entrer avec armes, cannes ni bâtons; ils s'y tiendront chapeau bas et en silence; et si quelqu'un d'entre eux s'écartait du respect dû au tribunal, le président pourra le reprendre et le condamner à garder prison jusqu'au terme de quinze jours, suivant la gravité du fait.

25. Le conseil étant assemblé, le président fera apporter et déposer devant lui, sur le bureau, un exemplaire de la loi : le procès-verbal fera mention de cette formalité indispensable. Il demandera ensuite au rapporteur, la lecture du procès-verbal d'information, et celle des pièces à charge comme à décharge envers le prévenu.

26. Lecture faite du procès - verbal et des pièces, le président ordonnera que l'accusé soit amené devant le conseil ; l'accusé paraîtra devant ses juges, libre et sans fers, accompagné de son défenseur ; l'escorte restera en dehors de la salle du conseil, ou elle y sera introduite, selon que le président en ordonnera.

27. Le président interrogera l'accusé, lequel répondra par lui ou par son défenseur, excepté sur les questions auxquelles il sera interpellé de répondre personnellement.

Les membres du conseil pourront faire des questions à l'accusé.

28. Si la partie plaignante se présente au conseil, elle y sera admise et entendue ; elle pourra faire ses observations, auxquelles l'accusé répondra, ou son défenseur pour lui : après quoi, le président demandera à l'accusé et à son défenseur, s'ils n'ont rien à ajouter pour leur dé-

fense; sur leur réponse négative, il leur ordonnera de se retirer : l'accusé sera reconduit à la prison par son escorte.

29. Le président demandera aux membres du conseil, s'ils ont des observations à faire; sur leur réponse, et avant d'aller aux opinions, il ordonnera que tout le monde se retire : les membres du conseil opineront à huis clos, en présence seulement du capitaine faisant les fonctions de commissaire du pouvoir exécutif.

30. Le président posera la question ainsi qu'il suit : *N.....*, *accusé d'avoir commis tel délit, est-il coupable ?*

Il recueillera les voix, en commençant par le grade inférieur : il émettra son opinion le dernier.

31. Dans le cas où trois membres du conseil déclareraient que l'accusé n'est pas coupable, il sera mis sur-le-champ en liberté, et rendu à ses fonctions.

32. Si le conseil déclare, à la majorité de cinq voix, que l'accusé est coupable, l'officier faisant les fonctions de commissaire du pouvoir exécutif, requerra l'application de la peine prononcée par la loi contre le délit; le président lira le texte de la loi, et prendra l'avis des juges pour l'application de la peine, qui sera déterminée par la majorité de cinq voix.

33. Dans le cas où la majorité de cinq voix ne se réunirait pas pour l'application de la peine, l'avis le plus favorable à l'accusé sera adopté.

34. Les opinions ainsi recueillies, le président

fera rouvrir la porte du conseil ; le rapporteur et le greffier reprendront leur place.

35. Le président, après avoir rendu à haute voix et fait inscrire au procès-verbal la décision du conseil sur la culpabilité de l'accusé, lira de nouveau le texte de la loi, et appliquera la peine prononcée par le conseil.

36. Le jugement de condamnation ainsi prononcé, le président ordonnera au rapporteur de faire ses diligences pour qu'il soit mis de suite à exécution.

Le greffier, en présence du conseil, écrira le jugement motivé au pied du procès-verbal, qui sera ensuite clos et signé de tous les membres du conseil, du rapporteur et dudit greffier.

37. Dans le cas prévu par l'article 31 ci-dessus, le procès-verbal sera terminé par le renvoi ou la décharge d'accusation et la mise en liberté du prévenu, clos et signé comme il vient d'être dit.

38. Le rapporteur, muni de la copie du jugement, ira de suite en faire lecture à l'accusé, en présence de la garde rassemblée sous les armes. Aussitôt après cette lecture, le rapporteur se rendra auprès de l'officier-commandant ; il lui donnera communication de la sentence, et le requerra, au nom du conseil, de donner les ordres sur-le-champ pour le lieu et l'heure de l'exécution, et le nombre d'hommes en armes qui devra s'y trouver.

39. Dans les trois jours qui suivront l'exécution, le rapporteur sera tenu de faire passer copie certifiée du jugement de chaque condam-

né, au conseil d'administration du corps don
il faisait partie, afin qu'il soit pourvu de suite à
sa radiation définitive de tout état et contrôle
de solde, masse, fournitures et décompte.

40. La minute de toutes les procédures instruites et des jugemens rendus en conséquence
par le conseil de guerre, sera inscrite sur un
registre coté et paraphé avec soin, dont le président restera dépositaire. Il sera envoyé au
commencement de chaque mois, par le président, au ministre de la guerre, copie certifiée de
tous les jugemens rendus par le conseil de guerre
pendant le mois précédent.

41. Dans la quinzaine de la réception des
copies des jugemens dont l'envoi est prescrit par
l'article précédent, le ministre de la guerre sera
tenu de les notifier aux municipalités du domicile des condamnés, et de s'en faire accuser, par
les agens municipaux, la réception et la notification aux familles desdits condamnés.

42. A dater de la publication de la présente
loi, les conseils et commissions militaires établis
en vertu de la loi du second jour complémentaire de l'an 3, seront et demeureront suppri-
més.

43. La présente résolution sera imprimée.

Signé etc.

Après une seconde lecture, le conseil des anciens approuve la résolution ci-dessus. Le 13
brumaire an 5 de la république française.

Signé etc.

Publiée le 13 brumaire an 5 par le directoire
exécutif.

An 5.

21 *Brumaire.*—LOI *contenant le Code des délits et des peines pour les troupes de la république.*

LE conseil des anciens, adoptant les motifs de la déclaration d'urgence qui précède la résolution ci-après, approuve l'acte d'urgence.

Suit la teneur de la déclaration d'urgence et de la résolution du 15 brumaire :

Le conseil des cinq-cents, considérant qu'il est instant de ne rien laisser à l'arbitraire dans le jugement et la punition de quelques excès d'indiscipline non prévus par les lois militaires existantes,

Déclare qu'il y a urgence.

Le conseil, après avoir déclaré l'urgence, prend la résolution suivante :

(*Nota.* Les titres premier et second, relatifs à la désertion, sont abrogés. Voyez ci-après l'arrêté du gouvernement du 19 vendémiaire an 12, titre 3.)

TITRE III.

De la trahison.

ART. 1er. Tout militaire ou autre individu attaché à l'armée ou à sa suite, convaincu de trahison, sera puni de mort.

2. Sont réputés coupables de trahison,

1°. Tout individu qui, en présence de l'ennemi, sera convaincu de s'être permis des clameurs tendant à jeter l'épouvante et le désordre dans les rangs ;

2°. Tout commandant d'un poste, toute sentinelle ou vedette, qui, en présence de l'ennemi, soit à l'armée, soit dans une place assiégée, aura donné de fausses consignes, lorsque, par suite de cette faute, la sûreté du poste aura été compromise ;

3°. Tout commandant d'une patrouille à l'armée ou dans une place assiégée, qui, envoyé en présence de l'ennemi pour faire quelque découverte ou reconnaissance locale, aura négligé d'en rendre compte, ou bien n'aura pas exécuté ponctuellement l'ordre qui lui était donné, lorsque, par suite de sa négligence ou de sa désobéissance, le succès de quelque opération militaire se sera trouvé compromis ;

4°. Tout commandant d'un poste à l'armée en présence de l'ennemi ou dans une place assiégée, qui n'aurait pas rendu compte à celui qui le relève, des découvertes qu'il aurait faites, soit par lui-même, soit par ses patrouilles, lorsque, par suite de son silence, la sûreté du poste se sera trouvée compromise ;

5°. Tout militaire convaincu d'avoir communiqué le secret du poste ou le mot d'ordre à l'ennemi ;

6°. Tout militaire ou autre individu attaché à l'armée et à sa suite, qui entretiendrait une correspondance dans l'armée ennemie sans la permission par écrit de son supérieur ;

7°. Tout militaire ou autre individu attaché à l'armée ou à sa suite, qui, sans ordre de son supérieur, ou sans motif légitime, aurait encloué ou mis hors de service un canon, mortier, obusier ou affût ; ainsi que tout charretier ou conducteur qui, dans une affaire, déroute ou retraite, en présence de l'ennemi, aurait, sans ordre de son supérieur, coupé les traits des chevaux, brisé ou mis hors de service aucune pièce du train ou équipage confié à sa conduite ;

8°. Tout commandant d'une place assiégée, qui, sans avoir pris l'avis ou contre le vœu de la majorité du conseil militaire de la place (auquel devront toujours être appelés les officiers en chef de l'artillerie et du génie), aura consenti à la reddition de la place avant que l'ennemi y ait fait brèche praticable ou qu'elle ait soutenu un assaut ;

9°. Tout commissaire-ordonnateur, ou autre en faisant les fonctions, qui n'aurait pas pourvu aux distributions des vivres et fourrages ordonnées pour toutes les parties du service confié à sa surveillance, lorsqu'il en avait les moyens, ou qui aurait négligé ou refusé d'instruire le général en chef de l'armée, ou d'une division détachée de l'armée, des besoins en ce genre de ladite armée ou division, si par suite de cette prévarication, le salut de l'armée ou le succès de ses opérations a été compromis.

TITRE IV.

De l'embauchage et de l'espionnage (1).

ART. 1er. Tout embaucheur ou complice d'embauchage pour une puissance en guerre avec la république, sera puni de mort.

---

(1) Quoique les conseils de guerre permanens ne

2. Tout individu, quel que soit son état, qualité ou profession, convaincu d'espionnage pour l'ennemi, sera puni de mort.

3. Tout étranger surpris à lever les plans des camps, quartiers, cantonnemens, fortifications, arsenaux, magasins, manufactures, usines, canaux, rivières, et généralement de tout ce qui tient à la défense et conservation du territoire et à ses communications, sera arrêté comme espion et puni de mort.

TITRE V.

Du pillage, de la dévastation et de l'incendie.

Art. 1er. Tout militaire ou autre individu attaché à l'armée et à sa suite, convaincu de pillage à main armée ou en troupe, soit dans les habitations, soit sur les personnes, soit dans les propriétés des habitans de quelque pays que ce soit, sera puni de mort.

2. Sera également puni de mort, tout militaire ou autre individu attaché à l'armée et à sa suite, qui sera convaincu d'avoir porté le ravage et le dégât, à main armée ou en troupe, sur les propriétés des habitans de quelque pays que ce soit, sans l'ordre par écrit du général ou autre commandant en chef.

3. Tout militaire ou autre individu attaché à l'armée et à sa suite, qui sera convaincu d'avoir

---

soient plus compétens pour juger les embaucheurs et les espions, les dispositions pénales étant maintenues, j'ai transcrit ici le titre 4. (Voyez ci-après le décret 17 messidor an 12.)

mis le feu aux magasins, arsenaux, maisons ru-
rales ou d'habitation, ou à toute autre propriété
publique ou particulière, moissons ou récoltes
faites ou à faire, en quelque pays que ce soit,
sans l'ordre par écrit du général ou autre commandant en chef, sera puni de mort.

4. Tout militaire ou autre individu attaché à
l'armée et à sa suite, convaincu d'avoir attenté
à la vie de l'habitant non armé, à celle de sa
femme ou de ses enfans, en quelque pays et lieu
que ce soit, sera puni de mort.

Le viol commis par un militaire ou tout autre
individu attaché à l'armée et à sa suite, sera puni
de huit ans de fers. Si le coupable s'est fait aider
par la violence ou les efforts d'un ou de plusieurs
complices, ou si le viol a été commis sur une fille
âgée de moins de quatorze ans, la peine sera de
douze ans de fers.

Si la fille ou la femme violée est morte des
excès commis sur sa personne, le coupable sera
puni de mort.

5. Tout militaire qui, hors le cas d'un ordre
donné par le général ou autre commandant en
chef, sera convaincu d'avoir, pendant ou après
une action et sur le champ de bataille, dépouillé
un homme tué au combat, sera puni de cinq ans
de fers.

La peine sera de dix ans de fers pour le vivandier ou autre individu non militaire convaincu
du même délit.

6. Tout militaire convaincu d'avoir, pendant
ou après une action et sur le champ de bataille,
dépouillé un homme mis hors de combat, mais
encore vivant, sera puni de dix ans de fers.

La peine sera de vingt ans de fers pour le vivandier ou autre individu non militaire convaincu du même délit.

7. Tout individu qui, en dépouillant un homme mis hors de combat, mais encore vivant, sera convaincu de l'avoir mutilé ou tué pour s'assurer de sa dépouille, sera puni de mort.

8. Tout vivandier ou autre individu attaché à l'armée et à sa suite, qui aura acheté, recélé, ou qui sera de toute autre manière détenteur ou dépositaire de la dépouille enlevée à un homme dans les cas prévus par les articles 5, 6 et 7 ci-dessus, sera chassé de l'armée, camp ou cantonnement; tous ses effets, marchandises et argent seront saisis : lesdits effets et marchandises seront vendus à l'encan, et le produit du tout sera appliqué au profit des hôpitaux et ambulances de l'armée.

9. Seront pareillement saisis et vendus à l'encan, tous les effets et marchandises du vivandier ou autre individu condamné pour un des faits de pillage, dévastation, incendie et spoliation prévus et spécifiés au présent titre, et le produit en provenant sera appliqué au profit des hôpitaux et ambulances de l'armée.

10. A l'égard des effets reconnus pour avoir appartenu aux hommes dépouillés sur le champ de bataille, ils seront vendus, et le prix en provenant sera déposé dans les caisses des conseils d'administration des corps respectifs, soit de ces mêmes hommes, soit de ceux qui auront été condamnés pour le fait de spoliation, pour être le produit desdits effets remis aux familles qui les réclameront.

Les effets provenant des militaires condamnés à mort pour le fait de spoliation prévu par l'article 7 ci-dessus, seront pareillement vendus, et les deniers en provenant rendus aux familles qui les réclameront.

TITRE VI.

De la maraude.

Art. 1er. Tout sous-officier ou volontaire, ou tout autre individu attaché à l'armée et à sa suite, qui, s'étant introduit dans la maison, cour, basse-cour, jardin, parc ou enclos fermé de murs, et généralement dans toute propriété close de l'habitant, sera convaincu d'y avoir pris soit bétail, soit volaille, viande, fruits, légumes ou tout autre comestible ou fourrage, sera condamné à faire deux fois le tour du quartier que son corps occupera, soit au camp, soit au cantonnement, au milieu d'un piquet bordant la haie, le reste de la troupe étant dehors et sous les armes : il portera ostensiblement la chose dérobée, ayant son habit retourné, et sur la poitrine un écriteau apparent, portant le mot *maraudeur*, en gros caractères.

Si la chose dérobée ne peut être portée par le maraudeur ; après avoir fait les deux tours avec l'habit retourné et l'écriteau seulement, il sera exposé pendant trois heures en avant du centre ou sur la place du quartier, ayant près de lui la chose dérobée, l'habit et l'écriteau comme il est dit. Il sera maintenu en cette exposition par une garde suffisante.

2. Si le maraudeur a escaladé les murs ou forcé

les portes, il fera trois tours et subira une heure de plus d'exposition.

3. Sera condamné aux peines ci-dessus, tout militaire ou autre individu attaché à l'armée et à sa suite, convaincu d'avoir pris du bétail gardé à la corde ou en troupeau dans le champ de l'habitant.

4. La récidive dans les délits de maraudage ci-dessus spécifiés, de la part des militaires, sera punie de cinq années de fers.

5. Tout sous-officier convaincu de maraudage dans l'un des cas prévus par les articles 1, 2 et 3 ci-dessus, sera cassé, indépendamment de la peine prononcée pour le délit.

6. Tout employé à la suite de l'armée, convaincu de maraudage dans l'un des cas prévus par les articles 1, 2 et 3 ci-dessus, sera chassé de son emploi; ce qui sera échu de ses appointemens ou salaires, lui sera retenu à concurrence du prix de la chose dérobée, et payé au propriétaire, le tout indépendamment de la peine encourue pour le fait de maraude.

7. Tout vivandier ou autre individu attaché à l'armée et à sa suite, non entretenu des fonds de la république, convaincu de maraudage, sera puni de cinq ans de fers, et condamné à restituer au propriétaire le double du prix de la chose dérobée, même par voie de saisie et vente de ses marchandises et effets, jusqu'à concurrence de la somme due pour restitution.

8. Tout militaire ou employé à la suite de l'armée et entretenu des fonds de la république, convaincu de résistance dans un délit de maraudage, ou de refus d'obéir au supérieur qui aurait voulu s'y opposer, sera puni de cinq ans de fers.

9. Tout délit de maraudage commis en troupe à main armée, sera puni de huit ans de fers.

10. Tout officier convaincu de ne s'être point opposé à la maraude faite en sa présence, ou qui, s'y étant inutilement opposé, n'aura pas aussitôt dénoncé à l'officier supérieur le délit et ses auteurs, sera destitué et puni de trois mois de prison.

11. Tout officier qui, oubliant ce qu'il doit, en sa qualité, au maintien de la discipline et de l'honneur militaire, sera convaincu d'un délit de maraude, sera destitué, chassé du corps, puni de deux ans de prison, déclaré incapable d'occuper aucun grade dans les troupes de la république, et déchu de tout droit à la pension ou récompense, à raison de son service antérieur.

S'il a commis le délit avec ses subordonnés, il sera puni de dix ans de fers ; s'il a conduit sa troupe à la maraude, il sera puni de mort.

12. Sera destitué et puni d'un an de prison, tout officier qui aura acheté ou reçu de ses subordonnés, aucuns objets provenant de la maraude.

TITRE VII.

Du vol et de l'infidélité dans la gestion et manutention.

ART. 1er. Tout militaire ou employé à la suite de l'armée, qui, pour faire payer à sa troupe ou à ses subordonnés ce que la loi leur accorde, sera convaincu d'avoir porté son état de situation au-dessus du nombre effectif présent, sera puni de trois ans de fers, et condamné à restituer ce qu'il aura touché au-delà de ce qui revenait à sa troupe ou à ses subordonnés.

2. Tout commissaire des guerres convaincu de connivence avec le militaire ou l'employé qui aurait fait un état de paie ou de distribution porté au-dessus du nombre effectif présent, sera puni de cinq ans de fers, et condamné à restituer les sommes payées ou les fournitures délivrées sur son ordonnance au-delà de ce qui revenait de droit à la troupe comprise audit état.

3. Tout garde-magasin, distributeur ou manutentionnaire des vivres et fourrages pour les emmagasinemens et distributions à faire à l'armée et dans les places en état de siége, tout voiturier, charretier, muletier ou conducteur de charrois employé au transport de l'artillerie, bagages, vivres et fourrages de l'armée, qui sera convaincu d'avoir vendu ou détourné à son profit une partie des objets confiés à sa garde, manutention ou conduite, sera puni de cinq ans de fers, et condamné à la restitution desdits objets.

4. Tout munitionnaire ou boulanger de l'armée qui sera convaincu d'avoir détourné ou vendu à son profit, soit des farines, soit du bois ou des ustensiles destinés à alimenter son service, sera puni de cinq ans de fers, et condamné à la restitution desdits objets.

5. Tout munitionnaire ou boulanger de l'armée qui sera convaincu d'avoir altéré ses farines par l'introduction de matières étrangères ou évidemment malfaisantes, ou d'en avoir introduit d'une qualité inférieure à celles fournies

par les administrations, sera puni de cinq ans de fers.

6. Tout munitionnaire ou boulanger qui sera convaincu d'avoir, par sa négligence, laissé gâter ou corrompre les grains ou farines confiés à sa manipulation, sera puni de six mois de prison, et condamné au remplacement des objets dépéris par sa négligence.

7. Tout munitionnaire ou boulanger de l'armée convaincu d'infidélité dans le poids des rations de pain, sera puni de deux ans de fers, et condamné à une amende quadruple du prix des rations de pain par lui fournies dans la même distribution.

8. Tout munitionnaire chargé de la fourniture et distribution de la viande aux armées, convaincu d'avoir fourni et distribué des viandes dont le débit est prohibé par les réglemens de police, sera puni de trois ans de fers.

S'il a abattu et débité des animaux attaqués de maladie contagieuse, il sera puni de vingt ans de fers.

Dans l'un et l'autre cas, il sera condamné au remplacement des viandes réprouvées.

9. Tout munitionnaire chargé de la fourniture et distribution de la viande aux armées, qui aura débité et distribué des viandes gâtées ou corrompues, sera puni de trois mois de prison, et de six mois si le fait provient de sa négligence. Dans l'un et l'autre cas, il sera condamné au remplacement, à ses frais, de la viande réprouvée.

10. Tout munitionnaire chargé de la fourniture et distribution de la viande aux armées, qui

17*

sera convaincu d'avoir distribué à faux poids, sera puni de deux ans de fers, et condamné à une amende quadruple du prix des viandes par lui débitées dans la même distribution.

11. Tout manutentionnaire de légumes et fourrages, qui sera convaincu d'avoir, par défaut de soin, laissé gâter ou avarier ces objets, sera puni de six mois de prison, et condamné au remplacement des quantités dépéries par sa faute.

12. Tout distributeur de légumes et fourrages à l'armée et dans les places en état de siége, convaincu d'infidélité dans la mesure ou dans le poids des rations, sera puni de deux ans de fers.

TITRE VIII.

De l'insubordination.

Art. 1er. Tout militaire ou autre individu employé au service de l'armée, qui, lorsque la générale aura été battue, ne se sera pas rendu à son poste, sera, pour la première fois, puni d'un mois de prison; pour la seconde fois, de trois mois, et destitué de son grade ou emploi. Le simple volontaire, dans ce second cas, sera puni de six mois de prison.

Dans le cas d'une seconde récidive, le coupable sera puni de deux ans de fers.

2. Tout officier qui, devant marcher à l'ennemi, ne se sera pas rendu à son poste, sera destitué, puni de trois mois de prison, et déclaré incapable de remplir aucun grade dans les armées de la république.

Si c'est un sous-officier, il sera puni de deux

mois de prison, cassé de son grade et réduit à la paie de simple volontaire.

Si c'est un simple volontaire, il sera puni d'un mois de prison.

Enfin, si c'est un employé attaché au service de l'armée, il sera destitué de son emploi et puni d'un mois de prison.

La récidive de la part du sous-officier ou volontaire, sera punie de deux ans de fers.

3. La révolte ou la désobéissance combinée envers les supérieurs, emportera peine de mort contre ceux qui l'auront suscitée, et contre les officiers présens qui ne s'y seront point opposés par tous les moyens à leur disposition.

4. La révolte, la sédition ou la désobéissance combinée de la part des habitans du pays ennemi occupé par les troupes de la république, sera punie de mort, soit que la désobéissance se soit manifestée contre les chefs militaires, soit que la révolte ou sédition ait été dirigée contre tout ou partie des troupes de la république.

Sera puni de la même peine, tout habitant du pays ennemi, convaincu d'avoir excité le mouvement de révolte, sédition ou désobéissance, quand même il n'y aurait pas autrement pris part, ou que ses efforts pour l'exciter auraient été sans succès.

5. En cas d'attroupement de la part des militaires ou autres individus attachés à l'armée et à sa suite, les supérieurs commanderont, au nom de la loi, que chacun se retire. Si le rassemblement n'est pas dissous par le commandement fait au nom de la loi, les supérieurs sont autorisés à employer tous les moyens de force qu'ils

jugeront nécessaires pour le dissiper. Les auteurs dudit attroupement (au nombre desquels seront toujours compris les officiers et sous-officiers qui en feront partie) seront aussitôt saisis, traduits au conseil de guerre, et punis de mort.

6. Toute troupe qui aura abandonné en masse et sans ordre supérieur le poste où elle était de service, sera déclarée en révolte. Dans ce cas, les officiers et sous-officiers, ou à leur défaut, les six plus anciens de service faisant partie de la troupe, seront saisis, traduits au conseil de guerre, et punis de dix ans de fers, à moins qu'ils ne déclarent les vrais auteurs du délit, sur lesquels seront alors dirigées les poursuites, et qui subiront la peine de mort, comme chefs de révolte.

7. Tout militaire convaincu d'avoir, dans une affaire avec l'ennemi, jeté lâchement ses armes, sera puni de trois ans de fers.

8. Toute troupe qui, étant commandée pour marcher ou donner contre l'ennemi, ou pour tout autre service ordonné par le chef, aura refusé d'obéir, sera déclarée en révolte, et traitée conformément aux dispositions de l'article 6 ci-dessus.

9. Tout militaire ou autre individu attaché à l'armée, qui, étant commandé pour marcher ou donner contre l'ennemi, ou pour tout autre service ordonné par le chef, en présence de l'ennemi et dans une affaire, aura formellement refusé d'obéir, sera puni de mort.

10. Tout militaire trouvé endormi en faction ou en vedette dans les postes les plus près de l'ennemi, ou sur les fortifications d'une place

assiégée ou investie, sera puni de deux ans de fers.

11. Tout militaire qui, étant en faction ou en vedette dans les postes les plus près de l'ennemi, ou sur les fortifications d'une place assiégée ou investie, sera convaincu de n'avoir point exécuté sa consigne, sera puni de deux ans de fers.

12. Tout commandant d'un poste devant l'ennemi ou dans une place assiégée, qui sera convaincu d'avoir changé la consigne donnée, sans en avoir sur-le-champ rendu compte au commandant en chef, sera puni de six mois de prison.

13. Tout militaire convaincu d'avoir forcé ou violé la consigne générale donnée pour la troupe, soit au camp, soit au cantonnement, quartier, garnison ou caserne, sera puni de dix ans de fers.

14. Toute violation d'une consigne générale, commise par une troupe, sera poursuivie comme acte de désobéissance combinée ; les chefs et instigateurs de ce délit, ainsi que les officiers qui y auraient pris part, seront punis de dix ans de fers.

Si la violation de la consigne a été faite à main armée par une troupe, il en sera usé à son égard conformément aux dispositions de l'ar. 6 du présent titre.

15. Tout militaire convaincu d'avoir insulté ou menacé son supérieur, de propos ou de gestes, sera puni de cinq ans de fers ; s'il s'est permis des voies de fait à l'égard du supérieur, il sera puni de mort.

16. Tout militaire qui, hors les cas de défense

naturelle et ceux de ralliement des fuyards devant l'ennemi, ou de dépouillement des morts ou des blessés sur le champ de bataille, prévus par les articles 5, 6 et 7 du titre 5 du présent code, sera convaincu d'avoir frappé son subordonné, sera destitué de son grade, puni d'un an de prison, et déclaré incapable d'occuper aucun grade dans les troupes de la république.

Si la mort s'est ensuivie des mauvais traitemens, le coupable sera puni de mort.

17. Lorsque, par une coupable négligence, la force armée aura laissé évader un prévenu de délit militaire, confié à sa garde, les officiers, sous-officiers, et les quatre volontaires plus anciens de service faisant partie de la force armée, seront poursuivis et punis de la même peine que le prévenu aurait dû subir, sans néanmoins que cette peine puisse excéder deux ans de fers. Si dans le débat, le véritable auteur du délit est découvert, il en portera seul la peine, qui pourra être étendue à trois années de fers.

18. Toute force armée qui se sera opposée, par quelque moyen que ce soit, à la traduction, poursuite et jugement ou exécution d'un coupable de délit militaire, sera réputée en révolte et traitée comme telle, conformément aux articles 3, 5 et 6 du présent titre.

19. Tout complice d'un délit subira la même peine que celui qui aura commis le délit.

20. Dans tous les cas où, d'après les dispositions du présent code, la peine du délit emporte celle de destitution, cette dernière peine sera formellement prononcée par la sentence de condamnation.

21. Toute condamnation d'un militaire à la peine des fers, emportera dégradation aussitôt après la sentence rendue.

22. Tout délit militaire non prévu par le présent code, sera puni conformément aux lois précédemment rendues.

23. Tout général d'armée, tout commandant en chef de troupes, reste autorisé à faire tous les réglemens de simple discipline correctionnelle qu'il jugera nécessaires au maintien de l'ordre et de la subordination des militaires et autres individus au service des troupes soumises à son commandement.

24. La présente résolution sera imprimée.
Signé etc.

Après une seconde lecture, le conseil des anciens approuve la résolution ci-dessus. Le 21 brumaire an 5 de la république française.
Signé etc.

Publiée par le directoire exécutif le 22 brumaire an 5.

An 5.

4 Fructidor. — Loi *additionnelle à celle du 13 brumaire an 5, sur la manière de procéder au jugement des délits militaires.*

Le conseil des anciens, adoptant les motifs de la déclaration d'urgence qui précède la résolution ci-après, approuve l'acte d'urgence.

Suit la teneur de la déclaration d'urgence et de la résolution du 25 messidor :

Le conseil des cinq-cents, considérant que la

loi du 13 brumaire dernier, qui établit la manière de procéder au jugement des délits militaires, ne spécifie point quelle sera la composition du conseil de guerre dans le cas où les officiers généraux, chefs de brigade, chefs de bataillon ou d'escadron, commissaires des guerres ordonnateurs ou ordinaires, seraient prévenus d'un délit prévu par le code pénal militaire;

Considérant qu'il est instant de prononcer sur le silence de la loi, afin de ne pas suspendre plus long-tems le cours de la justice militaire à l'égard des officiers généraux, officiers supérieurs et commissaires des guerres,

Déclare qu'il y a urgence.

Le conseil des cinq-cents, après avoir déclaré l'urgence, prend la résolution suivante:

ART. 1er. Lorsqu'un général d'armée sera prévenu d'un délit spécifié au code pénal militaire, le directoire exécutif le fera traduire dans le délai de dix jours, par le ministre de la guerre, devant un conseil de guerre, pour y être jugé suivant les formes prescrites par la loi du 13 brumaire dernier, portant établissement de conseils de guerre pour toutes les troupes de la république.

2. Le conseil de guerre, dans le cas prévu par l'article précédent, sera composé d'un général ayant commandé en chef les armées de la république, de trois généraux de division et de trois généraux de brigade, d'un commissaire du pouvoir exécutif, et d'un rapporteur; le plus ancien général de division présidera.

3. Les fonctions de commissaire du pouvoir exécutif seront remplies par un commissaire-

ordonnateur : le rapporteur sera au choix du président, qui ne pourra le prendre que parmi les adjudans généraux ou les chefs de brigade.

4. Aucun des membres du conseil de guerre, dans le cas prévu par l'article 1er., ne pourra être pris parmi les officiers généraux employés sous le commandement du prévenu.

5. Les officiers généraux qui, dans le cas prévu par l'article 1er., devront faire partie du conseil de guerre, ainsi que celui d'entre eux qui devra le présider, seront désignés par le ministre de la guerre, qui ne pourra les prendre qu'à tour de rôle, et par ordre d'ancienneté de grade, sur le tableau des officiers généraux employés dans l'armée et dans les divisions militaires de l'intérieur les plus à portée. Le commissaire du pouvoir exécutif sera nommé par le ministre de la guerre.

6. Le ministre de la guerre sera tenu d'envoyer au plus ancien officier général employé dans l'armée ou dans les divisions militaires de l'intérieur d'où il aura tiré les membres du conseil, le tableau par ordre d'ancienneté de grade, des officiers généraux employés dans lesdites armées ou divisions, avec l'indication en marge de ceux qu'il aura désignés pour composer le conseil de guerre, ainsi que de celui qui devra le présider, et du lieu où ils devront s'assembler. En cas d'erreur ou omission dans la désignation des membres, l'officier général auquel l'état aura été envoyé, en préviendra le ministre, qui sera tenu de le rectifier aussitôt; il en préviendra également le président, qui surseoira à la convocation du conseil jusqu'à ce que sa composition ait été faite conformément à la loi.

7. Le ministre de la guerre indiquera dans l'armée ou dans l'une des divisions militaires de l'intérieur la plus à portée du prévenu (hors l'étendue de son commandement), le lieu qui présentera le plus de facilité pour la réunion des membres du conseil, afin que leur service ordinaire éprouve le moins d'interruption possible. Cette indication par le ministre sera notifiée à chacun des membres désignés, avec ordre de s'y rendre à jour fixe et dans le plus court délai.

8. Le plus ancien général de division désigné membre du conseil et devant le présider, fera choix aussitôt d'un rapporteur conformément à l'article 3 ; il lui ordonnera de se rendre de suite au lieu indiqué pour la tenue du conseil, et, dans les vingt-quatre heures de son arrivée, de commencer l'information conformément à la loi du 13 brumaire dernier. L'information faite, le président convoquera le conseil pour procéder à l'instruction et au jugement.

9. Le ministre de la guerre fera traduire à l'avance le prévenu au lieu indiqué pour la réunion des membres du conseil de guerre.

10. Lorsqu'un général de division ou un général de brigade sera prévenu d'un délit militaire, il sera traduit au conseil de guerre par ordre du général ou commandant en chef de l'armée. Dans ce cas, le lieutenant, le sous-lieutenant et le sous - officier qui, aux termes de la loi du 13 brumaire dernier, font partie du conseil de guerre permanent, seront remplacés par trois officiers généraux du grade du prévenu : ces trois officiers seront désignés

par le général ou commandant en chef de l'armée, et pris à tour de rôle, par ancienneté de grade, dans toute l'armée ou dans tout le commandement (la division du prévenu exceptée). Le conseil de guerre sera présidé par le plus ancien officier général ; les fonctions de rapporteur seront remplies par un chef de bataillon ou d'escadron.

11. Aucun officier général prévenu d'un délit militaire ne pourra être traduit qu'au conseil de guerre de la division d'armée, ou division militaire de l'intérieur, la plus à portée de celle à laquelle il est attaché.

12. Lorsqu'un adjudant général, un chef de brigade, chef de bataillon ou d'escadron, sera prévenu d'un délit militaire, il sera traduit, par ordre du général ou commandant en chef de la division à laquelle il est attaché, au conseil de guerre de la même division. Dans ce cas, le sous-lieutenant et le sous-officier qui, aux termes de la loi du 13 brumaire dernier, font partie du conseil de guerre permanent, seront remplacés par deux officiers supérieurs du grade du prévenu ; ces officiers seront désignés par le général ou commandant en chef de la division, et pris à tour de rôle, par ancienneté de grade, dans toute la division. Le conseil sera présidé par le plus ancien chef de brigade.

13. Dans le cas où un commissaire-ordonnateur serait prévenu d'un délit prévu par le code pénal militaire, il sera traduit, par ordre du général ou commandant en chef de l'armée, au conseil de guerre le plus à portée : le lieutenant, le sous-lieutenant et le sous-officier faisant partie

de ce conseil, seront remplacés par un commissaire-ordonnateur et deux commissaires ordinaires des guerres, lesquels seront désignés par
le général ou commandant en chef de l'armée,
et pris à tour de rôle, par ancienneté de grade
pour le général de brigade, et par ancienneté de
commission pour les commissaires des guerres.
Le conseil sera présidé par le général de brigade.

14. Lorsqu'un commissaire ordinaire des
guerres sera dans le cas de prévention d'un délit militaire, il sera traduit au conseil de guerre
de la division à laquelle il est attaché, par le
général ou commandant en chef de la même division. Dans ce cas, le lieutenant, le sous-lieutenant et le sous-officier seront remplacés par deux
commissaires ordinaires de première classe et un
de deuxième classe, qui seront désignés par le
général ou commandant en chef de la division,
et pris à tour de rôle, en suivant l'ordre d'ancienneté de commission. En cas d'insuffisance de
commissaires des guerres dans sa division, le général ou commandant en chef demeure autorisé
à y suppléer par des commissaires pris dans les
divisions les plus à portée.

15. Lorsqu'un officier général, un officier supérieur ou un commissaire des guerres prévenu
d'un délit militaire, se trouvera dans l'intérieur
de la République, et qu'il n'y aura pas de possibilité de réunir un nombre suffisant de grades
correspondans pour composer le conseil de guerre
ainsi qu'il est prescrit ci-dessus, le ministre de
la guerre le fera traduire au conseil de guerre
d'une division d'armée la plus à portée du prévenu : dans ce cas, le conseil de guerre sera con-

voqué par le général ou commandant de la division où sera traduit le prévenu ; cet officier général ordonnera dans le conseil les remplacemens prescrits par la présente résolution, conformément au grade et à la qualité du prévenu.

16. Les dispositions de l'article 6 du titre 1.er de la loi du 13 brumaire dernier, sont applicables à tous les membres qui doivent composer le conseil de guerre, dans les cas prévus par la présente résolution.

17. Dans tous les cas prévus par la présente résolution, les prévenus seront poursuivis et jugés conformément aux dispositions de la loi du 13 brumaire dernier.

18. La présente résolution sera imprimée.

Signé, etc.

Après une seconde lecture, le Conseil des Anciens approuve la résolution ci-dessus. Le 4 fructidor an 5 de la République française.

Signé, etc.

An 5.

19 *Fructidor.* — Loi contenant des mesures de salut public, etc. (1)

An 6.

4 *Vendémiaire.* — Loi relative aux préposés à la garde des détenus.

---

(1) Cette loi n'est citée qu'à cause des commissions militaires dont les articles 16 et 17 ordonnaient la formation.

An 6.

18 *Vendémiaire.*—Loi *portant établissement de conseils permanens pour la révision des jugemens des conseils de guerre.*

Le conseil des anciens, adoptant les motifs de la déclaration d'urgence qui précède la résolution ci-après, approuve l'acte d'urgence.

Suit la teneur de la déclaration d'urgence et de la résolution du 18 vendémiaire :

Le conseil des cinq-cents, considérant que la loi du 13 brumaire dernier, portant établissement des conseils de guerre pour les troupes de la république, n'assure aux militaires prévenus aucune garantie contre la violation ou l'omission des formes, ni contre l'incompétence des conseils de guerre ;

Considérant que cette garantie peut se concilier avec la célérité qu'il convient d'apporter dans l'exercice de la justice criminelle militaire ; qu'il est instant de faire participer les troupes au bienfait que la constitution accorde à tous les citoyens, autant que le régime militaire peut le comporter, et de la manière la plus analogue à la nature et à la composition de ces tribunaux,

Déclare qu'il y a urgence.

Le conseil, après avoir déclaré l'urgence, prend la résolution suivante :

Art. 1er. Il sera établi pour toutes les troupes de la république, un conseil de révision permanent, dans chaque division d'armée, et dans chaque division de troupes employée dans l'intérieur.

2. Le conseil de révision sera composé de cinq membres; savoir :

D'un officier général, qui présidera;

D'un chef de brigade;

D'un chef de bataillon ou d'escadron;

De deux capitaines;

Et d'un greffier, qui sera toujours au choix du président.

Le rapporteur sera pris parmi les membres du conseil, et choisi par eux.

3. Il y aura près le conseil de révision un commissaire-ordonnateur, ou un commissaire ordinaire des guerres de la première classe, faisant les fonctions de commissaire du pouvoir exécutif.

4. Les généraux d'armée, les généraux ou commandans en chef des divisions de troupes dans l'intérieur, nommeront, chacun dans leur commandement respectif, les membres du conseil de révision, ainsi que le commissaire ordonnateur ou ordinaire des guerres chargé d'y remplir les fonctions de commissaire du pouvoir exécutif.

Ils demeurent également autorisés à pourvoir au remplacement momentané de ceux des membres du conseil qui se trouveraient empêchés par des motifs légitimes.

5. A défaut d'un nombre suffisant d'officiers admissibles au conseil de révision dans une division de troupes employée dans l'intérieur, le commandant en chef de cette division demeure autorisé à y suppléer par des officiers de

grades correspondans, retirés chez eux par suite de réforme ou suppression, et ayant servi dans la guerre de la liberté. Dans aucun cas, le commandant en chef de la division qui a nommé les membres du conseil de guerre, ne sera admis au conseil de révision.

6. Aucun militaire ne sera membre du conseil de révision, s'il n'est âgé de trente ans accomplis, s'il n'a fait trois campagnes devant l'ennemi, ou s'il n'a six ans de service effectif dans les armées de terre ou de mer.

7. Les dispositions des articles 6, 7 et 8 de la loi du 13 brumaire an 5, sont applicables aux membres du conseil de révision.

8. Nul ne pourra participer à la révision du jugement d'un conseil de guerre auquel son parent ou allié au degré prohibé par l'article 207 de la constitution, aura siégé comme juge : dans ce cas, il sera momentanément remplacé ainsi qu'il est prescrit par l'article 4 ci-dessus.

9. Le conseil de révision sera toujours convoqué par le président, et dans le local qu'il désignera.

10. Les séances du conseil de révision seront publiques; mais le nombre des spectateurs ne pourra excéder le triple de celui des juges : ils s'y tiendront chapeau bas et en silence; et si quelqu'un d'eux s'écartait du respect dû au conseil, le président pourra le reprendre, et le condamner à garder prison jusqu'au terme de quinze jours, suivant la gravité du fait.

11. Le conseil est chargé de réviser (sur la demande du commissaire du directoire exécutif, ou celle des parties, par elles ou leurs défenseurs)

les jugemens rendus par les conseils de guerre établis par la loi du 13 brumaire, et ceux rendus par les conseils militaires depuis le 17 germinal an 4, qui n'auraient pas été soumis à la révision.

12. En cas qu'il n'existe pas de pourvoi de la part des parties, le commissaire du pouvoir exécutif pourra se pourvoir d'office : cependant, en cas d'acquittement des prévenus, il n'aura que vingt-quatre heures de délai pour notifier son pourvoi au greffe du conseil de guerre.

13. Dans les vingt-quatre heures de la notification du pourvoi, le conseil de guerre enverra les pièces de la procédure, avec copie de son jugement, au président du conseil de révision, qui sera tenu de convoquer aussitôt les membres de ce conseil.

14. Le conseil de révision une fois assemblé pour prononcer sur la validité d'un jugement, ne pourra désemparer avant d'avoir donné sa décision.

15. Les défenseurs des parties seront admis au conseil, s'ils s'y présentent. Ils pourront, après le rapport, faire toutes observations pertinentes ; ensuite le commissaire du pouvoir exécutif fera ses réquisitions, auxquelles les défenseurs seront admis à faire des observations, s'ils le croient nécessaire, et le conseil procédera au jugement.

16. Le conseil de révision prononce, à la majorité des voix, l'annulation des jugemens, dans les cas suivans ; savoir :

1°. Lorsque le conseil de guerre n'a point été formé de la manière prescrite par la loi ;

2°. Lorsqu'il a outre-passé sa compétence, soit à l'égard des prévenus, soit à l'égard des délits dont la loi lui attribue la connaissance ;

3°. Lorsqu'il s'est déclaré incompétent pour juger un prévenu soumis à sa juridiction ;

4°. Lorsqu'une des formes prescrites par la loi n'a point été observée, soit dans l'information, soit dans l'instruction ;

5°. Enfin, lorsque le jugement n'est pas conforme à la loi dans l'application de la peine.

17. Le conseil de révision ne peut connaître du fond de l'affaire ; mais il est tenu d'annuler le jugement lorsqu'il est attaqué d'un des vices spécifiés en l'article précédent.

18. Si la nullité du jugement résulte du défaut de compétence, le conseil de révision renvoie le fond du procès au tribunal qui doit en connaître. Dans tout autre cas, il le renvoie au conseil de guerre spécialement établi dans chaque division, ainsi qu'il est dit ci-après, pour qu'il y soit procédé à une nouvelle information et instruction.

19. Il sera établi, conformément à la loi du 13 brumaire an 5, dans chaque division d'armée et dans chaque division de troupes dans l'intérieur, un second conseil de guerre permanent, pour connaître et juger tous les délits militaires, en cas d'annulation des jugemens par le conseil de révision de la division.

20. Les lois des 13 brumaire et 4 fructidor an 5, sont communes à ces conseils de guerre ; l'article 5 de la présente leur est pareillement applicable.

21. Dans aucun cas, les membres des conseils

de guerre établis par la loi du 13 brumaire, ne pourront se réunir, pour l'instruction de la procédure, avec ceux établis par la présente.

22. En cas de confirmation du jugement, le conseil de révision renvoie les pièces du procès, avec copie de sa décision, signée de tous ses membres, au conseil de guerre dont le jugement est confirmé, lequel est tenu d'en poursuivre l'exécution dans les délais et aux termes de la loi du 13 brumaire.

En cas d'annulation, l'envoi des pièces du procès et de la décision du conseil, se fait, dans les vingt-quatre heures, au tribunal indiqué par l'article 19 ci-dessus. L'envoi de la décision seulement se fait tant au ministre de la guerre qu'au conseil de guerre dont le jugement est annulé.

La transmission des pièces et de la décision du conseil se fait par le rapporteur, auquel il doit être donné acte de la remise, pour sa décharge.

23. Lorsqu'après une annulation, le second jugement sur le fond est attaqué par les mêmes moyens que le premier, la question ne peut plus être agitée au conseil de révision ; elle est soumise au corps législatif, qui porte une loi à laquelle le conseil de révision est tenu de se conformer (1).

24. Aucune décision ne sera prise par le

______

(1) Le recours au corps législatif ne peut plus aujourd'hui avoir lieu. Voyez l'avis du conseil d'état du 5 germinal an 11, approuvé par le premier consul le 10 du même mois ; voyez aussi le chapitre de la révision, page 128, et la septième formule officielle.

conseil de révision, sans qu'au préalable le président n'ait fait apporter et déposer sur le bureau un exemplaire tant de la loi du 13 brumaire an 5, que de celle qui statue sur la composition des conseils de guerre pour le jugement des officiers généraux et autres, et de la présente. Le registre des séances constatera cette formalité indispensable, et il en sera fait mention sur les copies de la décision du conseil, à transmettre soit au conseil de guerre, soit à un autre tribunal.

25. La décision du conseil de révision sera motivée.

26. Le directoire exécutif est chargé d'envoyer aux conseils de guerre et de révision, des modèles de jugemens et de décisions, conformes aux dispositions de la loi du 13 brumaire et de la présente.

27. La présente résolution sera imprimée. *Signé*, etc.

Après une seconde lecture, le conseil des anciens approuve la résolution ci-dessus. Le 18 vendémiaire an 6 de la république française. *Signé*, etc.

Publiée par le directoire exécutif le 19 vendémiaire an 6.

AN 6.

15 *Brumaire.* — Loi *relative à la révision des jugemens militaires.*

LE conseil des anciens, adoptant les motifs de la déclaration d'urgence qui précède la résolution ci-après, approuve l'acte d'urgence.

Suit la teneur de la déclaration d'urgence et de la résolution du 7 brumaire :

Le conseil des cinq-cents, considérant qu'un grand nombre de jugemens rendus par les conseils militaires depuis le deuxième jour complémentaire an 3, époque de leur établissement, jusqu'au 17 germinal an 4, n'ont pu être soumis à la révision, et qu'il est juste et instant de leur étendre la même faveur qu'à ceux rendus postérieurement ;

Considérant qu'il est indispensable de fixer le délai pour se pourvoir en révision, et voulant prévenir les difficultés qui pourraient s'élever sur le mode d'exécution de la loi du 18 vendémiaire dernier,

Déclare qu'il y a urgence.

Le conseil, après avoir déclaré l'urgence, prend la résolution suivante :

ART. 1er. La faculté de se pourvoir en révision, accordée par l'article 11 de la loi du 18 vendémiaire dernier, contre les jugemens militaires rendus depuis le 17 germinal an 4, est étendue à tous les jugemens rendus par les conseils militaires depuis leur établissement.

2. Les individus condamnés par jugement militaire avant le 18 vendémiaire, qui voudront se pourvoir, sont tenus d'en faire la demande dans les deux mois qui suivront la proclamation de la présente : passé ce délai, ils n'y seront plus admis.

3. Cette demande sera adressée et notifiée au greffe du conseil de révision de la division militaire dans l'arrondissement de laquelle ils se trouveront.

Le greffier en tiendra note sur un registre destiné à cet effet.

4. Le président du conseil s'adressera, en cas de besoin, au ministre de la guerre, pour se procurer les pièces et tous les renseignemens concernant les demandes en révision.

5. En cas de confirmation du jugement, le conseil de révision, indépendamment de l'envoi qu'il est tenu de faire de sa décision au ministre de la guerre et au conseil de guerre qui a rendu le jugement, en fait passer une expédition à l'individu condamné.

6. En cas d'annulation, le conseil renvoie le prévenu, avec sa décision et les pièces du procès, pour qu'il soit procédé à une nouvelle information et instruction, devant le conseil de guerre le plus à portée d'entendre les témoins et de vérifier les faits.

7. Les individus condamnés par jugement militaire depuis le 18 vendémiaire dernier jusqu'à la publication de la présente, qui n'avaient pas notifié leur pourvoi, auront deux décades pour le faire, à partir de ladite publication.

8. Le délai pour se pourvoir en révision des jugemens à rendre par les conseils de guerre, est de vingt-quatre heures, à partir de la lecture du jugement qui doit être faite par le rapporteur à l'accusé : passé ce délai, l'accusé ne peut plus être admis à se pourvoir.

Le rapporteur est tenu, après la lecture, d'avertir l'accusé de cette disposition, et d'en faire mention au pied du jugement.

9. Le commissaire du pouvoir exécutif n'a également que vingt-quatre heures pour se pourvoir d'office, après le délai accordé à l'accusé.

10. La présente résolution sera imprimée.

Signé, etc.

Après une seconde lecture, le conseil des anciens approuve la résolution ci-dessus. Le 15 brumaire an 6 de la république française.

Signé, etc.

Publiée par le directoire exécutif le 16 brumaire an 6 de la république française.

An 6.

24 *Brumaire.* — Loi concernant l'exécution de celles relatives aux déserteurs et aux réquisitionnaires.

11 *Frimaire.* — Loi *relative à la formation des conseils de guerre et de révision dans les places de guerre investies et assiégées.*

Le conseil des anciens, adoptant les motifs de la déclaration d'urgence qui précède la résolution ci-après, approuve l'acte d'urgence.

Suit la teneur de la déclaration d'urgence et de la résolution du 29 vendémiaire :

Le conseil des cinq-cents, considérant que la loi du 13 brumaire de l'an 5, qui règle la manière de procéder au jugement des délits militaires, et celle du 18 de ce mois, portant établissement des conseils de révision, n'ont pas prévu le cas où une place de guerre serait investie et assiégée, et qu'il est instant de réparer cette omission,

Déclare qu'il y a urgence.

Le conseil, après avoir déclaré l'urgence, prend la résolution suivante :

ART. 1er. Dans toute place de guerre investie et assiégée, il sera formé des conseils de guerre et de révision, dont les membres seront pris sur la désignation du commandant en chef de la place, parmi les officiers et sous-officiers de la garnison.

2. La durée de leurs fonctions ne pourra excéder celle de l'état de siége.

3. Les présidens de ces conseils adresseront au ministre de la guerre, aussitôt qu'il leur sera possible, copie certifiée des jugemens rendus.

4. Les lois relatives aux conseils de guerre et de révision permanens sont communes à ceux établis par la présente, en tout ce qui n'y est pas contraire.

5. La présente résolution sera imprimée.

Signé, etc.

Après une seconde lecture, le conseil des anciens approuve la résolution ci-dessus. Le 11 frimaire an 6 de la république française.

Signé, etc.

AN 6.

29 *Nivôse.* — LOI contenant des dispositions pénales pour la répression des vols et des attentats sur les grandes routes, etc. et le rétablissement de la sûreté publique (1).

______

(1) Voyez ci-après la loi du 29 brumaire an 7.

An 6.

28 *Germinal.* — Loi relative à l'organisation de la gendarmerie nationale.

29 *Prairial.* — Loi relative à la nouvelle instruction des procès en cas d'annulation de jugemens rendus par des conseils de guerre.

27 *Fructidor.* — Loi *relative aux attributions des conseils de guerre et de révision.*

Le conseil des anciens, adoptant les motifs de la déclaration d'urgence qui précède la résolution ci-après, approuve l'acte d'urgence.

Suit la teneur de la déclaration d'urgence et de la résolution du 9 fructidor :

Le conseil des cinq-cents, considérant que le bon ordre et la discipline des armées exigent la plus grande célérité dans l'exercice de la justice militaire,

Déclare qu'il y a urgence.

Après avoir déclaré l'urgence, le conseil prend la résolution suivante :

ART. 1er. Les conseils de guerre établis par l'article 19 de la loi du 18 vendémiaire an 6, connaîtront, concurremment avec ceux créés par la loi du 13 brumaire an 5, de tous les délits militaires.

2. En cas d'annulation d'un premier jugement, le conseil de révision fait, conformément à l'article 22 de la loi du 18 vendémiaire, l'envoi des pièces et de sa décision au conseil de guerre

de la même division qui n'a pas connu de l'affaire.

3. Si, d'après l'exposé du capitaine-rapporteur près chaque conseil de guerre, sur la quantité et la nature des affaires dont il est chargé, il est jugé nécesaire de lui adjoindre provisoirement un ou plusieurs substituts pour accélérer la marche de la justice, le président du conseil en fait la demande au commandant en chef de la division, qui nomme ces substituts.

Les substituts sont pris dans le grade de capitaine ou dans celui de lieutenant.

La durée des fonctions de substitut ne peut excéder trois mois : après ce délai, ils peuvent être continués ou remplacés, au besoin, sur la demande du président du conseil de guerre.

4. Pareillement, s'il est jugé nécessaire d'adjoindre au greffier près chaque conseil de guerre un ou plusieurs commis, le capitaine-rapporteur les nomme.

La durée de leurs fonctions est la même que celle des substituts du rapporteur.

5. Le conseil de révision distribue entre ses membres, le président excepté, les rapports à faire sur les jugemens soumis à la révision.

6. Le chef de l'état-major d'une division ne peut être membre des conseils de guerre ni du conseil de révision.

7. Toutes dispositions de loi contraires à la présente, sont abrogées.

8. La présente résolution sera imprimée.

Signé, etc.

Après une seconde lecture , le conseil des anciens approuve la résolution ci-dessus. Le 27 fructidor an 6 de la république française.

Signé , etc.

Publiée par le directoire exécutif le 27 fructidor an 6 de la république française.

AN 7.

29 *Brumaire.*— LOI qui proroge (pour un an) l'exécution de celle du 29 nivôse an 6, sur la répression des assassinats et brigandages (1).

18 *Germinal.*— LOI relative au remboursement des frais de justice en matière criminelle.

AN 8.

3 *Frimaire.*— ARRÊTÉ des consuls de la république, qui ordonne la formation d'une commission militaire extraordinaire pour l'examen des causes de la reddition de plusieurs places fortes d'Italie.

22 *Frimaire.*— CONSTITUTION de la république française.

25 *Frimaire.*— LOI qui attribue aux tribunaux de police correctionnelle la connaissance de plusieurs délits (2).

17 *Pluviôse.* — ARRÊTÉ relatif au mode de jugemens des prisonniers de guerre étrangers.

---

(1) La loi du 29 nivôse an 6, n'ayant pas été prorogée de nouveau, cessa d'exister au 29 nivôse an 8.

(2) Cette loi règle aussi les peines qui leur sont applicables.

AN 8.

17 *Ventôse.* — LOI qui met à la disposition du gouvernement tous les Français dont la vingtième année a été terminée le 1er. vendémiaire an 8.

27 *Ventôse.* — LOI sur l'organisation des tribunaux.

14 *Germinal.* — AVIS du conseil d'état, approuvé par le premier consul, sur la manière dont un conseiller d'état peut être entendu en témoignage.

AN 9.

29 *Frimaire.* — ARRÊTÉ du gouvernement qui ordonne la formation, dans les départemens du Var et des Bouches-du-Rhône, de deux corps d'éclaireurs pour la poursuite des brigands (1).

7 *Pluviôse.* — LOI relative à la poursuite des délits en matière criminelle et correctionnelle (2).

18 *Pluviôse.* — LOI relative à l'établissement des tribunaux spéciaux.

12 *Germinal.* — ARRÊTÉ relatif à l'organisation du ci-devant Piémont (3).

7 *Thermidor.* — ARRÊTÉ qui règle la manière de citer en témoignage les membres du sénat conservateur, les préfets, sous-préfets et maires.

---

(1) Des commissions militaires extraordinaires étaient attachées à ces corps d'éclaireurs.

(2) C'est cette loi qui a créé les substituts criminels qu'on a depuis désignés sous le titre de magistrats de sûreté.

(3) Cet arrêté consacre l'existence des commissions militaires et en indique l'organisation.

AN 10.

17 *Vendém.* — ARRÊTÉ relatif à l'organisation des départemens du ci-devant Piémont (1).

23 *Floréal.* — LOI relative aux délits emportant peine de flétrissure et aux tribunaux spéciaux qui en auront la connaissance.

16 *Thermidor.* — SÉNATUS-CONSULTE organique de la constitution.

16 *Fructidor.* — ARRÊTÉ portant création de trois corps d'éclaireurs dans la 27e. division militaire.

AN 11.

10 *Germinal.* — AVIS du conseil d'état, approuvé par le premier consul, portant que dans l'état actuel de la législation, les conseils de guerre ne peuvent plus porter de référés au corps législatif.

28 *Germinal.* — LOI qui augmente le nombre des juges du tribunal criminel du département de la Seine, et lui attribue, pendant cinq années, la connaissance des crimes commis dans les colonies contre la sûreté générale et le gouvernement français.

2 *Floréal.* — LOI qui attribue au tribunal criminel du département de la Seine la connaissance de tous les crimes de faux dans lesquels le trésor public sera intéressé.

---

(1) Cet arrêté contient des dispositions sur les commissions militaires.

An 11.

6 *Floréal.* — Loi relative à une levée de conscrits de l'an 11 et de l'an 12 (1).

13 *Floréal.* — Loi relative au jugement des contre-bandiers.

28 *Floréal.* — Avis du conseil d'état, approuvé par le premier consul, portant que les tribunaux spéciaux sont compétens, à l'égard des militaires en activité, pour tous les délits dont la connaissance leur est attribuée par les lois.

8 *Prairial.* — Arrêté contenant organisation des compagnies de canonniers-gardes-côtes.

26 *Prairial.* — Arrêté relatif à l'organisation des bataillons francs de l'île d'Elbe et des compagnies franches de la Corse (2).

11 *Thermidor* — Avis du conseil d'etat sur la distinction à établir entre les canonniers-gardes-côtes sédentaires et les gardes-côtes en activité.

An 12.

13 *Vendémiaire.* — Avis du conseil d'état, approuvé par le premier consul, relatif à la compétence des cours criminelles et des conseils de guerre, à l'égard des gendarmes (3).

---

(1) Cette loi porte des peines contre les conscrits réfractaires et contre leurs père et mère.

(2) Cet arrêté n'est pas inséré au bulletin des lois.

(3) Cet avis n'est pas inséré au bulletin des lois.

AN 12.

19 *Vendémiaire.* — ARRÊTÉ *concernant les dépôts de conscrits déclarés réfractaires, la composition et la compétence des conseils de guerre spéciaux, la procédure devant ces conseils, et les peines contre la désertion.*

LE gouvernement de la république, sur le rapport du ministre de la guerre; le conseil d'état entendu,

Arrête:

TITRE PREMIER.

Des dépôts de conscrits qui, n'ayant pas rejoint leurs corps, auront été déclarés conscrits réfractaires en exécution de la loi du 6 floréal an 11.

ART. 1er. En exécution de l'article 10 de la loi du 6 floréal an 11, il sera établi onze dépôts militaires pour les conscrits qui, en vertu de ladite loi, auront été condamnés comme réfractaires.

2. Ces dépôts seront établis dans les places ci-après désignées:

La citadelle de Lille, pour les conscrits de la 1re., de la 16e. et de la 24e. division;

La citadelle de Givet, Charlemont, pour les 2e. et 25e. divisions;

La place de Luxembourg, pour les 3e. et 4e.;

La citadelle de Strasbourg, pour les 5e. et 26e.;

La citadelle de Besançon, pour les 6e., 18e. et 19e. divisions;

La place de Briançon, pour les 7e., 8e., 9e. et 23e.;

La citadelle de Perpignan, pour la 10e.;

La citadelle de Baïonne, pour les 11e. et 20e.;

La place de Saint-Martin-de-Ré, pour les 12e., 13e., 21e. et 22e.;

Le château de Caen, pour les 14e. et 15e.;

La citadelle d'Alexandrie, pour la 27e.

3. Les conscrits qui seront conduits dans lesdites places, seront divisés en compagnies, composées de cent soixante hommes, officiers et sergens non compris.

Chacune de ces compagnies sera commandée par les officiers et sous-officiers ci-après désignés; savoir :

Un capitaine,
Un lieutenant,
Deux sous-lieutenans
Un sergent-major,
Un fourrier,
Huit sergens.

Ces officiers et sous-officiers seront fournis, pour chaque compagnie, par un des corps d'infanterie stationnés dans l'une des divisions formant l'arrondissement du dépôt, au choix du général commandant la division où le dépôt sera établi.

Ces officiers et sous-officiers jouiront d'un supplément de traitement égal au tiers de leur solde.

4. Les conscrits de chaque compagnie seront divisés en seize escouades : à la tête de chacune

d'elles sera placé un caporal pris dans son sein, au choix du commandant de la place, sur la présentation de trois sujets, faite par le commandant de la compagnie.

5. Ces conscrits recevront le pain comme les autres troupes ; ils recevront la même solde, sauf les deniers de poche, qui seront mis en masse, et tenus à la disposition du général commandant la division, pour être employés comme il sera dit ci-après.

6. Ils seront logés dans une caserne particulière, et n'auront que des demi-fournitures.

7. Ils seront constamment consignés dans leurs casernes, n'en sortiront qu'en troupes pour les corvées, les exercices et les travaux : lorsqu'ils auront obtenu la permission de sortir individuellement, ils seront toujours accompagnés par un sous-officier.

8. La garnison fournira toutes les gardes, les plantons, rondes et patrouilles nécessaires pour la police et la sûreté du dépôt : il sera fourni, de plus, par les dépôts de gendarmerie des départemens formant chaque arrondissement, le nombre de brigades nécessaire pour prévenir l'évasion des conscrits réfractaires.

9. Les dépôts de conscrits ne se trouveront jamais aux exercices et manœuvres de la garnison, ne feront point le service avec elle.

10. Leurs vêtemens auront la forme et les couleurs affectées à l'infanterie, mais sans paremens, collet ni revers distinctifs.

Leur unique coiffure sera un bonnet de police : leurs cheveux seront constamment tenus extrêmement courts. Ils auront des fusils sans baïonnette.

11. Les conscrits seront, pour les fautes légères, condamnés, par leurs officiers et sergens, aux mêmes punitions de discipline que le reste des troupes ; mais la durée en sera toujours augmentée.

Pour les fautes graves, ils seront déférés à un conseil composé du commandant de la place, du capitaine et du lieutenant de la compagnie. Ce conseil prononcera les punitions qu'il jugera les plus propres à réprimer les coupables, le tout d'après l'instruction qui sera rédigée par le ministre de la guerre.

Pour les délits, ils seront déférés aux conseils de guerre institués par la loi du 13 brumaire an 5 ; et pour la désertion, ils seront traduits à un conseil de guerre spécial, formé dans la place du dépôt, et organisé ainsi qu'il sera dit ci-après.

12. Il ne sera formé une seconde compagnie dans chaque dépôt, que du moment où la première sera complétée.

Lorsqu'il y aura deux compagnies formées, le commandement du dépôt appartiendra au capitaine de la première compagnie formée.

13. Le général commandant la division aura la faculté de faire relever, aussi souvent qu'il le jugera convenable, tout ou partie des officiers et sous-officiers attachés au dépôt. Ils seront relevés de droit lorsque le corps dont ils feront partie sortira des divisions formant l'arrondissement du dépôt.

14. Les conscrits seront occupés chaque jour, ou à leur instruction militaire, ou à des corvées dans les arsenaux, ou à la réparation des forti-

fications de la place, ou à d'autres travaux qui seront ouverts à cet effet. Ils ne recevront, pour ces travaux, ni solde ni traitement; mais on tiendra note de ceux qui montreront le plus de zèle pour s'instruire et d'activité dans les travaux. Ces notes seront, lors de la revue, remises à l'inspecteur du dépôt.

15. Chaque dépôt sera inspecté, une fois chaque trimestre, par un officier supérieur ou général délégué, à cet effet, par le général commandant la division.

Cet officier prendra des notes sur l'instruction, la tenue et la conduite de chaque conscrit, et les adressera au général divisionnaire.

Le général commandant la division inspectera lui-même, deux fois par an, chaque compagnie; et d'après les comptes qu'il recevra des capitaines, et les renseignemens qui lui auront été transmis par les inspecteurs qu'il aura nommés, il désignera ceux d'entre les conscrits réfractaires qui lui paraîtront dignes d'être incorporés dans l'armée. Ceux que, d'après son rapport, le ministre de la guerre aura jugés tels, seront conduits par des officiers et sous-officiers de la compagnie du dépôt, au corps de troupes à pied ou à cheval que le général divisionnaire déterminera, d'après les instructions du ministre de la guerre.

Le général divisionnaire pourra accorder des gratifications à ceux des conscrits réfractaires qui auront rempli, avec le plus d'intelligence et de fermeté, les fonctions de caporal, ou qui se seront fait distinguer par leur instruction et leur activité dans les travaux. Ces gratifications seront prises sur la masse des deniers de poche.

TITRE II.

Composition et compétence des conseils de guerre spéciaux.

16. Tout sous-officier et soldat accusé de désertion, et tout conscrit condamné comme réfractaire, qui, après avoir été traduit au dépôt, sera accusé de désertion, sera jugé par un conseil de guerre spécial.

17. Le conseil de guerre spécial sera composé de sept membres ; savoir :

Un officier supérieur,

Quatre capitaines,

Deux lieutenans.

Un officier d'état-major, ou de gendarmerie, ou de la garnison, ayant au moins le grade de lieutenant, fera les fonctions de rapporteur et de commissaire du gouvernement ; et un sous-officier à son choix, celles de greffier.

18. Les membres du conseil de guerre et le rapporteur seront nommés par le commandant d'armes ou du lieu ; et à l'armée, par le général de brigade sous les ordres duquel sera le corps de l'accusé.

19. Les membres du conseil de guerre seront pris dans les différens corps de la garnison ; et à l'armée, dans les différens corps sous les ordres d'un même général de brigade. Ils seront commandés, à tour de rôle et à l'ordre, par ledit commandant d'armes ou général de brigade, la veille du jour où le conseil devra se réunir.

S'il n'y avait dans la place, ou sous les ordres du général de brigade, que le corps de l'accusé, les membres du conseil de guerre spécial seraient tous pris dans ce corps ; et s'il n'y en avait pas assez pour former ledit conseil, il en serait appelé un nombre suffisant de la garnison ou de la troupe la plus voisine.

20. A moins de maladie bien constatée, ou autre empêchement légitime, nul officier ne pourra refuser de remplir les fonctions auxquelles il aura été appelé près le conseil de guerre spécial, sous peine de destitution.

21. Le conseil de guerre spécial ne connaîtra que du crime de désertion et des circonstances aggravantes ci-après exprimées.

22. Tout conseil de guerre spécial sera dissous dès qu'il aura prononcé sur le délit pour le jugement duquel il aura été convoqué.

Aucun des membres qui l'auront composé, ne pourra être appelé de nouveau à un conseil de guerre spécial qu'à son tour de rôle.

Le même officier ne pourra remplir les fonctions de rapporteur dans deux affaires consécutives.

TITRE III.

Procédure devant le conseil de guerre spécial.

23. Tout chef de corps ou de détachement militaire dont un sous-officier ou soldat aura abandonné ou n'aura pas rejoint ses drapeaux, devra, sous peine de quinze jours d'arrêts forcés, et de plus forte peine, s'il y a lieu, porter plainte contre ledit sous-officier ou soldat, dans

les vingt-quatre heures qui suivront l'époque où, en exécution du titre 9 du présent arrêté, il devra être réputé déserteur.

Cette plainte sera portée, dans l'intérieur de la république, au commandant d'armes ou du lieu; et à l'armée, au général de brigade sous les ordres duquel sera le corps ou le détachement.

Copie de ladite plainte sera inscrite sur les registres des délibérations du conseil d'administration, dans les vingt-quatre heures où elle aura été portée : le chef du corps sera tenu d'annexer au registre le récépissé de la plainte, qui lui sera donné par le commandant d'armes ou général de brigade.

24. Les nom, prénoms, lieu de naissance, domicile au moment où il est entré au service, âge, grade, signalement de l'accusé, le corps dont il fait partie, et le jour de sa désertion, seront expressément mentionnés dans la plainte. Les témoins y seront également désignés.

25. Le commandant d'armes ou du lieu, ou le général de brigade, suivant les cas ci-dessus exprimés, mettra au bas de la plainte : *Soit informé ainsi qu'il est requis.*

S'il croit devoir se refuser à donner cette autorisation, il mettra au bas de la plainte : *Il n'y a point lieu à informer;* il signera sa décision, et dans les vingt-quatre heures il en fera connaître les motifs au ministre, qui prononcera sans délai.

26. S'il autorise l'information, le rapporteur qu'il aura nommé au bas de la plainte, s'occupera de suite à instruire le procès, de manière

qu'en trois jours l'affaire soit jugée contradictoirement ou par contumace.

27. Le rapporteur entendra de suite les témoins, interrogera le prévenu (s'il est arrêté);
et s'il y a des preuves matérielles du délit, il les
constatera.

28. Le témoin sera cité par une cédule, signée du rapporteur ; elle lui sera remise par une
ordonnance.

29. Les déclarations des témoins seront reçues à la suite les unes des autres, sur un seul
cahier.

30. Chaque déclaration sera signée du témoin, du rapporteur et du greffier. Si le témoin
ne sait ou ne veut signer, il en sera fait mention.

31. Le rapporteur interrogera le prévenu sur
ses nom, prénoms, âge, lieu de naissance, domicile au moment de son entrée au service, sur
le délit et sur ses circonstances.

32. Il lui représentera, s'il y en a, les preuves
matérielles du délit, pour qu'il déclare s'il les
reconnaît.

33. S'il y a plusieurs prévenus dans une même
affaire, le rapporteur les interrogera séparément.
Chaque interrogatoire, rédigé sur un cahier séparé, sera clos par la signature de l'accusé, du
rapporteur et du greffier. Si l'accusé ne sait ou
ne veut signer, il en sera fait mention.

34. L'information étant terminée, le conseil
de guerre sera assemblé.

Si le conseil ne trouve pas que l'instruction
soit complète, il ordonnera un plus amplement
informé, qui ne pourra être prolongé au-delà
de deux fois vingt-quatre heures.

Si, outre le crime de désertion, le conseil trouve que l'accusé en a commis un plus sévèrement puni par les lois, il renverra l'accusé, la procédure et les pièces du procès, par-devant le tribunal compétent, et il en rendra compte au ministre.

Si, au contraire, le conseil trouve que l'accusé n'a pas commis le crime de désertion, mais un délit moins grave, après l'avoir acquitté du crime de désertion, il le renverra, pour être puni, au tribunal ou chef militaire compétent.

Tout tribunal auquel un conseil de guerre spécial aura renvoyé un accusé de désertion comme en même tems accusé d'un crime plus sévèrement puni par les lois, renverra l'accusé après son jugement, s'il n'est pas condamné à une peine plus grave que celles portées contre la désertion, au conseil de guerre spécial, pour prononcer sur le crime de désertion, dont la connaissance lui est expressément et privativement attribuée.

Il en sera usé de même par tout tribunal qui devra prononcer sur un individu accusé de désertion.

35. Hormis dans le cas prévu dans le paragraphe 2 de l'article 34, le conseil de guerre, une fois assemblé, ne pourra désemparer avant d'avoir jugé le procès pour lequel il aura été convoqué. Il entendra la lecture de l'information, celle des pièces du procès, s'il y en a, l'interrogatoire de l'accusé, fera ensuite introduire dans la salle de la séance l'accusé, entendra les témoins, les conclusions du rapporteur, et enfin l'accusé.

36. Le président, au nom et de l'avis du conseil de guerre spécial, posera toutes les questions qui résultent de la plainte. Elles seront posées de la manière suivante :

« N. . . . est-il convaincu de s'être rendu coupable de crime de désertion ? »

« N. . . . est-il déserté à l'intérieur ? »

« N. . . . etc. »

Les questions relatives aux circonstances de la désertion seront présentées chacune séparément, sans qu'il soit nécessaire de commencer par les plus aggravantes.

37. Les questions étant définitivement posées en public et en présence de l'accusé, celui-ci sera reconduit en prison. Le président se retirera ensuite avec les autres membres du conseil de guerre spécial, dans la salle voisine, ou bien il fera sortir les spectateurs ; et les membres du conseil de guerre délibéreront à huis clos, en présence seulement du rapporteur.

38. Le président recueillera les voix, en commençant par le grade inférieur, et par le moins ancien dans chaque grade : il émettra son opinion le dernier. Chacun des juges émettra son opinion par écrit, et la signera.

39. Si l'accusé est acquitté, il sera renvoyé à son corps, pour y reprendre son service.

S'il est déclaré déserteur, le conseil le condamnera aux peines portées contre les coupables de ce crime.

40. Le jugement sera rendu à la majorité absolue des voix, et inscrit sur un registre à ce destiné et appartenant au corps du prévenu. L'information et les autres pièces du procès

seront transcrites sur le même registre, et y seront annexées. L'énoncé du jugement rappelera les nom, prénom, lieu de naissance, domicile, âge, grade et signalement de l'accusé.

41. Il est expressément défendu au conseil de guerre spécial, sous peine de forfaiture, de commuer ni de diminuer les peines ci-après portées contre les déserteurs.

42. Les jugemens des conseils de guerre spéciaux ne seront sujets ni à appel, ni à cassation, ni à révision : ils seront exécutés à la diligence du rapporteur, et, en ce qui concerne l'amende, à celle de l'administration des domaines et de l'enregistrement, ainsi qu'il sera dit ci-après.

43. Les conseils de guerre spéciaux tiendront leurs séances chez le commandant d'armes de la place, qui sera tenu de chauffer et éclairer le lieu de la séance, sans qu'il puisse pour cela réclamer aucune somme ni dédommagement.

Dans les lieux où il n'y aura pas de commandant d'armes en titre, la séance se tiendra à l'hôtel de la mairie et aux frais de la commune;

A l'armée, sous une tente qui sera dressée à cet effet.

TITRE IV.

Des peines contre la désertion.

44. Les peines de la désertion seront, suivant les circonstances du délit,

1º. La mort;

2º. Le boulet;

3º. Les travaux publics;

4º. L'amende dans tous les cas.

TITRE V.

De la peine de mort.

45. Les déserteurs condamnés à la mort continueront à être passés par les armes.

L'amende à laquelle ils seront condamnés, sera recouvrée ainsi qu'il sera dit titre 8.

TITRE VI.

De la peine du boulet.

46. Les condamnés à la peine du boulet seront employés, dans les grandes places de guerre, à des travaux spéciaux.

Ils traîneront un boulet de huit, attaché à une chaîne de fer de deux mètres et demi de longueur.

Ils travailleront huit heures par jour, depuis le 1er. brumaire jusqu'au 1er. germinal, et dix heures pendant le reste de l'année. Leurs ateliers seront toujours isolés de tous autres ateliers.

Ils porteront un vêtement particulier, dont la forme et les couleurs différeront absolument de la forme et des couleurs affectées à l'armée : ils n'auront que des sabots pour chaussure.

Ils ne pourront ni couper ni raser leur barbe : leurs cheveux et leurs moustaches seront rasés tous les huit jours.

Hors le tems des travaux, ils seront détenus et enchaînés dans des prisons particulières destinées à cet effet.

47. Le ministre de la guerre déterminera le nombre de places dans lesquelles il y aura des

condamnés au boulet ; celui des condamnés au boulet qui seront dans chaque place ; les travaux auxquels ils seront employés ; l'étoffe, la forme et la couleur de leurs vêtemens ; leur régime, police et discipline en santé et en maladie, dans leurs prisons et pendant leurs travaux : il déterminera enfin le nombre, l'espèce et la solde de leurs surveillans, et la manière de prévenir leur évasion.

Il sera successivement désigné au moins dix places de guerre dans lesquelles des condamnés au boulet seront détenus.

48. Les journées des condamnés au boulet leur seront payées moitié moins que celles des journaliers ordinaires du pays.

Un tiers des sommes que chaque condamné au boulet aura gagnées, lui sera remis pour être employé à améliorer sa nourriture ; un tiers lui sera remis au moment où il sera mis en liberté ; le dernier tiers restera à la disposition du ministre de la guerre, pour subvenir à une partie des dépenses des condamnés au boulet.

49. Il sera passé chaque année une revue des condamnés au boulet, par un inspecteur délégué à cet effet par le ministre de la guerre. Cet inspecteur, après avoir recueilli tous les renseignemens relatifs à la subordination, à la conduite et à l'activité dans les travaux de chacun des condamnés au boulet, désignera, dans son rapport au ministre de la guerre, ceux qui lui paraîtront avoir des titres à l'indulgence du gouvernement. Le ministre fera son rapport au premier consul, qui prononcera.

50. Il est expressément défendu à qui que ce soit, de procurer aux condamnés au boulet

d'autres vêtemens que ceux qui leur seront assignés, de leur en laisser porter d'autres, de leur couper ou faciliter les moyens de couper leur barbe, d'exciter ou de favoriser leur évasion de toute autre manière.

Sera réputé fauteur de désertion, et, comme tel, puni par voie de police correctionnelle, des peines portées par la loi du 24 brumaire an 6, tout individu convaincu de leur avoir procuré ou laissé porter d'autres vêtemens que ceux qui leur seront assignés, de leur avoir fourni ou facilité les moyens de couper ou raser leur barbe, ou d'avoir, de toute autre manière, excité ou favorisé leur évasion.

Tout individu qui aura arrêté un condamné au boulet qui s'évadera, recevra une gratification de cent francs.

La peine de tout condamné au boulet qui révélera un complot d'évasion formé par un ou plusieurs desdits condamnés, sera commuée en celle des travaux publics.

Tout condamné au boulet qui s'évadera, sera condamné par la commission qui sera désignée ci-après, soit à une détention double de celle qu'il devait subir, soit à traîner deux boulets pendant tout le tems de sa détention.

¶ 1. Les peines de discipline et de police seront prononcées, contre les condamnés au boulet, par le commandant de la place, d'après une instruction dressée à cet effet par le ministre de la guerre.

Pour les délits graves qu'ils pourront commettre, ils seront déférés à une commission militaire, composée du commandant de la place et des quatre officiers supérieurs les plus anciens du grade le plus élevé dans la garnison. Le commandant de la gendarmerie, dans ladite place, fera, près de cette commission, les fonctions de rapporteur. Cette commission les condamnera, suivant la nature et la gravité du délit, soit à la mort, soit à une plus longue détention, soit au double boulet pendant un tems déterminé. Le jugement de la commission ne pourra être exécuté qu'avec l'approbation du général commandant la division.

Toutes les fois qu'un condamné au boulet aura été condamné par la commission ci-dessus, soit au double boulet, soit à une plus longue détention, il lui sera fait, par son jugement, défense, sous peine de deux ans de fers, de fixer sa résidence, lorsqu'il aura été mis en liberté, à moins de vingt lieues de la ville où siége le gouvernement. Cette peine lui sera infligée par le conseil de guerre devant lequel il sera traduit.

TITRE VII.

De la peine des travaux publics.

52. Les déserteurs condamnés aux travaux publics seront employés soit à des travaux militaires, soit à des travaux civils.

Ils ne porteront ni chaîne ni fers, que lorsqu'ils y auront été momentanément condamnés par mesure de police ou discipline.

Ils travailleront le même nombre d'heures que les ouvriers du pays.

Leurs vêtemens pourront conserver quelque chose des formes militaires, mais différeront dès couleurs affectées à l'armée et de celles qui le seront aux condamnés au boulet : ils porteront dès souliers.

Ils ne pourront ni couper ni raser leur barbe; ils conserveront leurs moustaches; leurs cheveux seront rasés tous les huit jours.

Ils seront ou logés dans des casernes particulières, qui n'auront aucune communication avec celles de la garnison, ou bien campés ou baraqués proche de leurs travaux.

Dans leurs casernes, ils auront des demi-fournitures; dans leurs tentes ou baraques, les effets ordinaires de campement.

Ils recevront le pain militaire et une ration de riz ou légumes secs.

53. Chaque atelier sera composé de soixante-douze hommes, et sera divisé en six sections.

Il y aura pour chaque atelier une garde de police et de sûreté, composée de sous-officiers et gendarmes pris dans les dépôts de ce corps.

La force en sera réglée par le ministre de la guerre.

Ces sous-officiers et gendarmes recevront une augmentation de traitement d'un quart en sus.

Chaque section sera commandée par un chef de section pris parmi les condamnés.

Le chef de section aura un traitement particulier de dix centimes par jour.

Il ne sera formé un second atelier que lorsque le premier sera complet. Lorsqu'il y aura plusieurs ateliers formés, on n'en formera de nouveaux qu'après avoir complété les premiers.

Le ministre de la guerre et le ministre de l'intérieur se concerteront à l'effet de procurer sans cesse du travail aux ateliers; mais on ne mettra jamais plus de quatre ateliers les uns à portée des autres.

Le ministre de la guerre déterminera la forme et la couleur des vêtemens des condamnés aux travaux, leur régime, police et discipline, tant en santé qu'en maladie, dans leurs camps ou casernes, et pendant leurs travaux, et donnera tous les ordres nécessaires pour prévenir leur évasion.

Les journées des déserteurs condamnés aux travaux seront payées un quart moins que celles des journaliers ordinaires du pays.

Le prix de ces travaux sera réparti ainsi qu'il est dit article 48.

Il sera passé, tous les six mois, une revue de chaque atelier par un inspecteur délégué à cet effet par le ministre de la guerre. Cet inspecteur désignera, dans son rapport au ministre, ceux des condamnés qui lui paraîtront dignes par leur conduite, leur subordination, leur activité aux travaux, d'obtenir leur grâce. Le ministre fera son rapport au premier consul, qui prononcera.

54. Les paragraphes 1er. et 2 de l'article 50, relatifs aux fauteurs de désertion des condamnés au boulet, sont déclarés communs aux fauteurs de désertion des condamnés aux travaux publics.

Tout individu qui arrêtera un condamné aux travaux qui s'évadera, recevra une gratification de cent francs.

Tout condamné aux travaux qui révélera un complot d'évasion formé par un ou plusieurs condamnés aux travaux, recevra sa grâce.

55. Les peines de discipline et police seront prononcées contre les condamnés aux travaux,

par le maréchal-des-logis de gendarmerie chargé de la surveillance de l'atelier ; et ce, d'après une instruction rédigée à cet effet par le ministre de la guerre.

Pour les délits graves ils seront traduits devant une commission militaire composée ainsi qu'il est dit article 51.

Cette commission les condamnera, suivant la nature et la gravité du délit, soit à la mort, soit à la peine du boulet, pendant un tems qui ne pourra excéder dix ans, soit à une prolongation à la peine des travaux publics. Le jugement de la commission ne pourra être exécuté qu'avec l'approbation du général commandant la division.

TITRE VIII.

De la peine de l'amende.

56. Conformément à la loi du 17 ventôse an 8, tout déserteur sera condamné à une amende de quinze cents francs.

57. Dans la huitaine qui suivra la condamnation d'un déserteur, le commandant du corps enverra au ministre deux copies du jugement. Ces copies seront certifiées conformes à l'original par le commandant d'armes ou du lieu, ou par le général de brigade qui aura assemblé le conseil de guerre.

58. Le ministre de la guerre légalisera l'une de ces copies, et l'enverra au directeur général de l'administration de l'enregistrement et des domaines, pour faire poursuivre le paiement de

l'amende par les voies prescrites par la loi du 17 ventôse an 8.

Le ministre de la guerre adressera, chaque mois, au ministre du trésor public, un état nominatif de tous les déserteurs condamnés à l'amende pendant le mois précédent. Cet état fera connaître le département dans lequel se feront les poursuites, et le corps auquel l'amende devra être payée.

59. Il est alloué à l'administration de l'enregistrement, pour remises et frais, cinq centimes sur la recette desdites amendes. Ces amendes seront versées directement par les préposés de la régie aux receveurs d'arrondissement, qui s'en chargeront en recette. Ils en délivreront récépissé particulier et par duplicata. Le duplicata de ce récépissé sera adressé par la régie au conseil d'administration du régiment on du corps auquel le condamné appartenait.

Le produit desdites amendes sera délivré aux conseils d'administration par le trésor public, sur la demande qu'ils en feront au ministre de ce département, appuyé du duplicata du récépissé dont l'envoi leur aura été fait.

Ce paiement sera ordonnancé, en conformité de l'arrêté du 26 floréal an 11.

60. Il sera accordé au greffier du conseil de guerre spécial, dix francs pour la totalité des actes qu'il rédigera dans une même affaire jugée contradictoirement, soit auprès du rapporteur, soit auprès du conseil de guerre, y compris la transcription de la minute de la procédure et des autres pièces du procès sur le registre à ce destiné, les copies du jugement pour le ministre

de la guerre, celle qui doit être déposée au lieu où sera détenu le condamné, et celle pour le général de la division.

Lorsque l'affaire aura été jugée par contumace, le greffier n'aura que six francs.

61. Les membres du conseil de guerre spécial et le rapporteur n'auront droit, en raison de leurs fonctions respectives, à aucune indemnité, ni gratification, ni traitement ; ils les exerceront gratuitement.

62. Les militaires, les inspecteurs aux revues, les commissaires des guerres, les employés à l'armée ou à sa suite, qui reçoivent directement de la république un traitement d'activité, appelés en témoignage, ne pourront prétendre, à raison de leur déplacement, soit pendant le voyage, soit pendant le séjour, qu'à l'indemnité de route fixée à leur grade respectif.

63. Les citoyens non militaires et les employés à l'armée ou attachés à sa suite, auxquels la république ne paie directement aucun traitement d'activité, recevront, lorsqu'ils seront appelés en témoignage, une indemnité de deux francs cinquante centimes par jour de voyage ou de séjour.

64. Il sera également accordé une indemnité aux interprètes, laquelle ne pourra excéder six francs par séance entière de jour, et neuf francs de nuit, non compris la traduction des pièces de conviction, dont le prix sera évalué séparément, et suivant la nature du travail, par le conseil de guerre spécial.

65. Les indemnités prescrites par les articles précédens, ainsi que les gratifications accordées

par les arrêtés du gouvernement aux gendarmes et préposés aux douanes qui auront arrêté un déserteur, seront payées par le corps du condamné; savoir : au témoin, sur la représentation de la citation, au bas de laquelle le rapporteur aura fixé le montant de la taxe; à l'interprète, sur la représentation de la citation en vertu de laquelle il aura été appelé pour remplir les fonctions d'interprète, et au bas de laquelle le conseil de guerre aura fixé le montant de ce qui lui est dû; au gendarme ou préposé aux douanes, sur la représentation du procès-verbal d'arrestation; et au greffier, lors de la remise des pièces. Les sommes ci-dessus seront prélevées sur le produit des amendes que les déserteurs condamnés doivent payer.

66. Il sera tenu, dans chaque corps, un état du produit desdites amendes et des dépenses qui auront eu lieu en exécution de l'article précédent. L'excédant desdites dépenses sera, conformément à l'article 12 de la loi du 17 ventôse an 8, uniquement destiné, par les corps, à remplacer, par enrôlemens volontaires, les déserteurs condamnés.

TITRE IX.

Application des peines contre la désertion.

67. Sera puni de mort,

1°. Le déserteur à l'ennemi;

2°. Tout chef de complot de désertion;

3°. Tout déserteur étant en faction;

4°. Tout déserteur qui aura emporté ses armes ou celles de ses camarades;

5°. Tout déserteur à l'étranger, qui y aura pris du service, ou qui y sera passé une seconde fois;

6°. Tout condamné au boulet ou aux travaux, qui se sera rendu coupable de révolte ou soulèvement contre ses surveillans, ses chefs ou la garde; qui aura commis un crime, puni par le code pénal ou par le code militaire, de la mort ou des fers.

68. Seront réputés déserteurs à l'ennemi, ceux qui ont été qualifiés comme tels par la loi du 21 brumaire an 5.

Seront réputés chefs de complot, ceux qui ont été qualifiés comme tels par la loi précitée.

69. Seront punis de la peine du boulet,

1°. Le déserteur à l'étranger;

2°. Le déserteur à l'intérieur qui aura emporté des vêtemens ou des effets appartenant à ses camarades;

3°. Le déserteur à l'intérieur qui, à l'avenir, aura déserté plus d'une fois;

4°. Le déserteur des travaux publics.

70. La durée de la peine du boulet sera toujours de dix ans, et sera augmentée de deux ans pour chacune des circonstances ci-après; savoir :

1°. Si la désertion n'a pas été individuelle;

2°. Si le coupable était d'un service quelconque, ou s'il a escaladé les remparts;

3°. S'il est déserté de l'armée, ou d'une place de première ligne.

71. Sera réputé déserteur à l'étranger, tout sous-officier ou soldat qui, sans ordre ou permission par écrit de son supérieur, aura franchi

les limites fixées par le commandant de la troupe dont il fait partie, et qui sera arrêté dans les deux lieues de l'extrême frontière, allant vers cette frontière, lorsque sa famille n'aura pas son domicile dans ledit espace de deux lieues et du côté où il se dirigeait.

72. La désertion à l'intérieur sera punie de la peine des travaux publics.

La durée de la peine des travaux publics sera toujours de trois ans; mais elle sera augmentée de deux ans pour chacune des circonstances suivantes:

1°. Si la désertion n'a pas été individuelle;

2°. Si le coupable était d'un service quelconque, ou s'il a escaladé les remparts;

3°. S'il est déserté de l'armée, ou d'une place de première ligne;

4°. S'il a emporté des effets fournis par l'état ou par le corps.

73. Pendant la guerre, sera réputé déserteur, tout sous-officier ou soldat qui aura abandonné son corps sans permission, ou qui ayant obtenu un congé n'aura pas rejoint après l'expiration dudit congé.

Sera réputé avoir abandonné son corps, celui qui, à l'armée ou dans une place de guerre, en sera absent depuis vingt-quatre heures, et en tout autre lieu depuis quarante-huit heures.

Sera réputé n'avoir pas rejoint après l'expiration de son congé, celui qui aura dépassé de huit jours la durée dudit congé.

74. Pendant la paix, sera réputé déserteur, tout sous-officier ou soldat qui, ayant plus de six mois de service, aura abandonné son corps

depuis trois fois vingt-quatre heures, dans un camp ou une place de guerre, et depuis huit jours dans tout autre lieu, ou qui aura dépassé de quinze jours la durée de son congé.

Celui qui ayant moins de six mois de service abandonnera son corps dans un camp ou une place de guerre, ne sera déclaré déserteur qu'après quinze jours d'absence, et qu'après un mois dans tout autre lieu.

Celui qui aura moins de six mois de service, et qui aura obtenu un congé, ne sera déclaré déserteur qu'après un mois du jour de l'expiration de son congé.

Ne pourront prétendre à jouir des jours de repentir accordés, par le présent article, aux individus qui auront moins de six mois de service, ceux dont la désertion n'aura pas été individuelle ; ceux qui auront déserté étant de service ; et ceux qui auront emporté leur habit. Ils seront dénoncés comme déserteurs après le tems fixé pour ceux qui ont plus de six mois de service.

75. Sera déclaré déserteur et puni comme tel, tout conscrit qui, condamné comme réfractaire, et comme tel conduit à l'un des dépôts formés en exécution du présent arrêté, s'en sera absenté depuis vingt-quatre heures, ou aura abandonné depuis le même tems le détachement dont il faisait partie.

TITRE X.

De l'exécution des jugemens.

76. Tout déserteur condamné à la mort sera

exécuté ainsi qu'il a été prescrit par les lois antérieures.

77. Tout déserteur condamné au boulet sera conduit à la parade le lendemain du jour où il aura été jugé.

Il y paraîtra traînant le boulet, et revêtu de l'habillement des condamnés au boulet.

Il entendra la lecture de sa sentence à genoux et les yeux bandés. Il parcourra, toujours les yeux bandés, le front entier des gardes et de son corps, qui sera en bataille.

Le corps dont il faisait partie défilera ensuite devant lui à la tête des gardes du jour : sa compagnie marchera la première.

78. Le déserteur condamné aux travaux publics, arrivera à la parade revêtu de l'habillement prescrit aux condamnés aux travaux publics. Il entendra sa sentence debout, n'aura point les yeux bandés ; il ne parcourra ni le front de la parade, ni celui de son corps : les gardes et son corps défileront devant lui.

79. Les déserteurs condamnés partiront dans les vingt-quatre heures, sous l'escorte de la gendarmerie ; ils seront conduits directement au lieu où ils devront subir leur peine.

80. Les gendarmes chargés de conduire les condamnés dans les places ou autres lieux où ils devront être mis aux travaux publics ou au boulet, seront porteurs, sous peine d'un mois de prison, d'une copie en forme du jugement de chaque condamné.

Cette copie sera enregistrée par le commissaire des guerres, et, à son défaut, par le maire du lieu, sur un registre établi à cet effet, et y demeurera annexée. Le commandant d'armes ou du lieu signera cet enregistrement.

TITRE XI.

De la cessation de la peine.

81. Il sera délivré une cartouche rouge à tout condamné au boulet qui sera mis en liberté, après avoir subi le nombre d'années de détention auquel il aura été condamné. Cette cartouche portera qu'il est libéré de la peine du boulet. La cartouche de celui qui ne devra point fixer sa résidence à moins de vingt lieues de l'endroit où siégera le gouvernement, en fera mention.

Sa cartouche lui sera délivrée par le surveillant des condamnés, visée par le commandant d'armes et par le commissaire des guerres, approuvée par le général-commandant la division.

Il sera fait mention de la délivrance de la cartouche dans le registre, à la marge de l'enregistrement du jugement.

82. Tout condamné au boulet, dont la peine aura été commuée en celle de travaux publics, ne recevra point de cartouche : copie des lettres de commutation de peine qui lui auront été accordées, sera inscrite à la marge de l'enregistrement de son jugement de condamnation. Il sera conduit par la gendarmerie à l'atelier des travaux publics désigné par le ministre de la guerre.

83. Tout condamné aux travaux publics qui

aura subi sa peine ou obtenu sa grâce, sera mis en liberté : il recevra une cartouche sur papier blanc, portant qu'il a expié sa peine, et qu'il est, à compter de ce jour, à la disposition du gouvernement pendant huit ans.

Il sera de suite placé dans le corps de troupes qui sera indiqué par le ministre de la guerre. Il y sera inscrit au moment de son arrivée, comme un recrue ordinaire, et traité de même. Il ne sera fait sur les contrôles du corps aucune mention de la peine qu'il aura subie.

Sa cartouche lui sera délivrée par le maréchal-des-logis de la gendarmerie, visée par le commandant d'armes et par le commissaire des guerres, approuvée par le général commandant la division. Il sera fait mention de la délivrance de la cartouche à la marche de l'enregistrement du jugement.

TITRE XII.

Dispositions générales.

84. Lecture du présent arrêté sera faite, le premier dimanche de chaque mois, à tous les corps de l'armée française.

85. Pareille lecture sera faite, aux mêmes époques, aux condamnés aux travaux publics et aux condamnés au boulet.

86. Toutes dispositions contraires au présent arrêté sont abrogées.

87. Les ministres sont, chacun en ce qui le

concerne, chargés de l'exécution du présent arrêté, qui sera inséré au bulletin des lois.

Le premier consul, signé BONAPARTE.

Par le premier consul :

Le secrétaire d'état, signé HUGUES B. MARET.

Le ministre de la guerre, signé ALEX. BERTHIER.

AN 12.

24 *Ventôse.* — ARRÊTÉ concernant les formalités qui doivent être observées pour l'exécution des jugemens rendus en matière correctionnelle ou criminelle contre des membres de la légion d'honneur.

28 *Floréal.* — SÉNATUS-CONSULTE organique (1).

17 *Messidor.* — DÉCRET *relatif à l'établissement de commissions militaires spéciales pour le jugement des espions et des embaucheurs.*

NAPOLÉON, Empereur des Français,
Sur le rapport du ministre de la guerre,
Décrète ce qui suit :

ART. 1er. A l'avenir, les espions et les embaucheurs seront, ainsi que leurs complices, jugés par des commissions militaires spéciales.

2. Ces commissions seront composées de sept membres, parmi lesquels il y aura au moins un officier supérieur.

____

(1) C'est ce sénatus-consulte qui établit le gouvernement impérial.

3. Les membres de la commission seront nommés, savoir, dans les camps et armées, et dans les lieux où sont stationnées les troupes françaises, par le général commandant en chef; et, dans l'intérieur, par le général commandant la division, et choisis parmi les officiers en activité.

4. La commission sera présidée par celui de ses membres le plus élevé en grade; et à grade égal, par le plus ancien dans ce grade.

5. Un des membres de la commission remplira les fonctions de rapporteur; il aura voix délibérative au jugement.

6. Un sous-officier, au choix du rapporteur, fera les fonctions de greffier.

7. Les jugemens de la commission ne pourront être attaqués par recours à aucun autre tribunal, et seront exécutés dans les vingt-quatre heures de leur prononciation.

8. Toute commission militaire sera dissoute dès qu'elle aura prononcé sur les accusés pour le jugement desquels elle aura été convoquée.

9. Les dépenses auxquelles donneront lieu les opérations des commissions militaires spéciales, sont assimilées à celles des conseils de guerre permanens, et seront payées conformément aux arrêtés des 17 floréal an 5 et 18 germinal an 9.

10. Les officiers qui seront appelés à composer ces commissions, n'auront droit à aucune indemnité pour ce service extraordinaire.

11. A compter du jour de la publication du présent décret, les conseils de guerre permanens

cesseront de connaître des crimes d'embauchage et d'espionnage.

12. Le ministre de la guerre est chargé de l'exécution du présent décret, qui sera inséré au bulletin des lois.

Signé NAPOLÉON.

Par l'Empereur :

Le secrétaire d'état, signé HUGUES B. MARET.

AN 12.

7 *Fructidor.* — AVIS du conseil d'état, approuvé par S. M. l'Empereur, relatif à la compétence en matière de délits ordinaires commis par des militaires en congé ou hors de leur corps.

AN 13.

19 *Pluviôse.* — LOI qui attribue aux cours de justice criminelle spéciale la connaissance du crime de rébellion envers toute force armée.

7 *Ventôse.* — AVIS *du conseil d'état, approuvé par S. M. l'Empereur, relatif aux jugemens des commissions militaires, et à la manière dont se forme la majorité des suffrages devant ces commissions.*

LE conseil d'état, qui, d'après le renvoi fait par S. M. l'Empereur, a entendu le rapport de la section de législation sur celui du grand-juge ministre de la justice, relatif à la question de savoir si les jugemens des commissions militaires

spéciales doivent être rendus à la simple majorité des voix, ou si les condamnations ne peuvent
être prononcées qu'à la majorité prescrite par
la loi du 13 brumaire an 5 , concernant les conseils de guerre ;

Vu les lois des 4 et 6 prairial an 3 , celle du
19 fructidor an 5 , et les arrêtés des consuls des
3 frimaire an 8 et 29 frimaire an 9 ; lesdites lois
et arrêtés portant établissement de commissions
militaires pour certains cas et certains évènemens
politiques ,

La loi du 9 octobre 1792 , et l'article 7 du
titre 5 de celle du 25 brumaire an 3 , qui or-
donnent de traduire devant des commissions
militaires les émigrés qui seraient pris les armes
à la main ,

Le décret impérial du 17 messidor an 12 , qui
renvoie devant des commissions militaires les
espions et embaucheurs , précédemment justiciables des conseils de guerre établis par la loi
du 13 brumaire an 5 ;

Vu enfin ladite loi du 13 brumaire an 5 ;

Considérant que les commissions militaires qui
étaient, avant la loi du 13 brumaire an 5 , composées de cinq membres, le sont aujourd'hui de
sept, nombre égal à celui des membres composant les conseils de guerre ;

Que la disposition relative à la computation
des suffrages dans ces conseils, fondée sur le
principe qu'il faut au moins deux voix de plus
pour la condamnation , s'applique également
aux commissions militaires ;

Qu'outre ce motif général, il existe, à l'égard

des espions et embaucheurs, un moyen déduit de la loi du 13 brumaire an 5, dans les dispositions de laquelle ils étaient nominativement compris avant le décret impérial du 17 messidor an 12 ;

Que ce décret, en leur donnant d'autres juges, n'a dérogé ni explicitement, ni implicitement, à la disposition qui avait statué que trois voix sur sept suffisaient pour l'absolution, et qu'en matière pénale surtout cette dérogation ne saurait être ni présumée ni suppléée,

Est d'avis que les articles 31 et 32 de la loi du 13 brumaire an 5, concernant les conseils de guerre, sont applicables aux jugemens rendus par les commissions militaires.

Pour extrait conforme :

Le secrétaire général du conseil d'état,

Signé **J. G. Locré.**

Approuvé, au palais des Tuileries, le 7 ventôse an 13.

Signé **Napoléon.**

Par l'Empereur :

Le secrétaire d'état, signé **Hugues B. Maret.**

An 13.

9 *Ventôse.* — **Décret** impérial relatif à la réunion en un seul bataillon des deux bataillons francs de l'île d'Elbe, et à son organisation (1).

____

(1) Ce décret n'a pas été imprimé.

AN 13.

24 *Floréal*. — DÉCRET impérial portant création de compagnies de la réserve.

8 *Fructidor*. — DÉCRET impérial relatif à la levée de la conscription de l'an 14.

ANNÉE 1806.

14 *Avril*. — LOI contenant le Code de procédure civile.

12 *Mai*. — LOI contenant des dispositions pénales relativement aux menaces d'incendie.

20 *Juin*. — DÉCRET impérial concernant la manière de procéder à l'égard des commissaires généraux de police et de leurs délégués pour les reconnaissances de signatures et les dépositions.

8 *Juillet*. — DÉCRET qui remplace le comité des inspecteurs en chef aux revues par un conseiller d'état directeur général des revues et de la conscription militaire.

3 *Novembre*. — DÉCRET impérial portant création de commissions militaires en Prusse, pour le jugement des maraudeurs.

ANNÉE 1807.

22 *Janvier*. — DÉCRET impérial portant création de commissions militaires en Prusse, pour le jugement des employés attachés à l'armée, ou autres individus prévenus de vols et de dilapidations.

16 *Février*. — DÉCRET impérial qui règle la manière dont les conseils de guerre et de révision doivent

être formés et composés dans les divisions militaires de l'intérieur, lorsqu'il ne s'y trouve pas un nombre suffisant d'officiers des grades déterminés par les lois et les arrêtés.

25 *Mars.* — Avis du conseil d'état, approuvé par S. M. l'Empereur, portant que les lois pénales militaires sont applicables aux gardes nationales en activité ; mais que hors les cas de désobéissance devant l'ennemi, les jugemens rendus contre les individus faisant partie de ces gardes nationales, et prononçant des peines afflictives, ne pourront être exécutés qu'après avoir été soumis à l'examen de l'Empereur (1).

3 *Septembre.* — Loi contenant le Code Napoléon.

3 *Novembre.* — Décret impérial sur la composition des conseils de guerre pour le jugement des majors.

22 *Décembre.* — Décret impérial qui ordonne le licenciement des gardes nationales créées par le décret du 12 novembre 1806.

Année 1808.

15 *Janvier.* — Décret impérial qui règle la manière de faire juger les individus qui, ayant appartenu aux cohortes de gardes nationales, auraient été jugés par contumace.

2 *Février.* — Sénatus - consulte organique qui érige le gouvernement général des départemens au-delà des Alpes en grande dignité de l'empire.

______

(1) Cet avis n'a pas été inséré au bulletin des lois.

ANNÉE 1808.

21 *Février.* — DÉCRET impérial concernant le jugement des militaires prévenus de délits sous les drapeaux.

19 *Octobre.* DÉCRET impérial sur la peine encourue par les militaires et marins condamnés aux fers, en cas d'évasion ou de récidive.

FIN DE LA PROCÉDURE MILITAIRE.

9 782019 321277